沈阳市哲学社会科学规划青年课题

"沈阳现代化都市圈营商环境一体化建设效果及优化策略研究"

（项目编号：SY20230317Q）

资助成果

公共管理研究书系（第二辑）

地级市政府"放管服"改革
效能评价指标体系构建研究

陈诗怡 ◎ 著

华中科技大学出版社
http://press.hust.edu.cn
中国·武汉

图书在版编目(CIP)数据

地级市政府"放管服"改革效能评价指标体系构建研究/陈诗怡著.—武汉：华中科技大学出版社，2024.4

（公共管理研究书系.第二辑）

ISBN 978-7-5772-0770-4

Ⅰ.①地… Ⅱ.①陈… Ⅲ.①地方政府-行政管理-体制改革-研究-中国 Ⅳ.①D625

中国国家版本馆CIP数据核字(2024)第078187号

地级市政府"放管服"改革效能评价指标体系构建研究 陈诗怡 著
Dijishi Zhengfu "Fang Guan Fu" Gaige Xiaoneng Pingjia Zhibiao Tixi Goujian Yanjiu

策划编辑：	张馨芳
责任编辑：	林珍珍
封面设计：	孙雅丽
责任校对：	张汇娟
责任监印：	周治超
出版发行：	华中科技大学出版社（中国·武汉）　电话：(027)81321913
	武汉市东湖新技术开发区华工科技园　邮编：430223
录　排：	孙雅丽
印　刷：	湖北金港彩印有限公司
开　本：	710mm×1000mm　1/16
印　张：	14.5　插页：2
字　数：	286千字
版　次：	2024年4月第1版第1次印刷
定　价：	78.00元

本书若有印装质量问题，请向出版社营销中心调换

全国免费服务热线：400-6679-118　竭诚为您服务

版权所有　侵权必究

前 言

"放管服"改革即简政放权、放管结合、优化服务。2015年5月,李克强在全国推进简政放权放管结合职能转变工作电视电话会议上的讲话中提出,"当前和今后一个时期,深化行政体制改革、转变政府职能总的要求是:简政放权、放管结合、优化服务协同推进,即'放、管、服'三管齐下,推动大众创业、万众创新,充分发挥中央和地方两个积极性,促进经济社会持续健康发展,加快建设与社会主义市场经济体制和中国特色社会主义事业发展相适应的法治政府、创新政府、廉洁政府和服务型政府,逐步实现政府治理能力现代化"。由此,"放管服"改革作为深化行政体制改革、促进政府职能转变的重要抓手,在理论界和实务界受到高度关注和广泛推崇,相关研究成果汗牛充栋。然而,鲜有研究针对"放管服"改革实践展开系统化评价,实属遗憾。在以"国家治理效能得到新提升"为经济社会发展主要目标的"十四五"时期,"放管服"改革在促进制度优势向治理效能转化方面的地位和作用可谓举足轻重,系统化评价"放管服"改革效能更是对国家治理体系和治理能力现代化进程的有效回应,满足了理论和实践的双重需求。基于此,本书聚焦地级市政府"放管服"改革,从效能评价这一本土化视角切入,采用文献研究法、比较分析法、调查研究法以及综合评价法,尝试构建一套具有中国特色且适用于测量地级市政府的"放管服"改革效能评价指标体系,以期为系统化评价改革进展提供有效的测量工具。

全书分为七章,对地级市政府"放管服"改革效能评价指标体系构建议题展开深入探讨。首先,厘清地级市政府、"放管服"改革、"放管服"改革效能、"放管服"改革效能评价等核心概念的本质内涵,明确地级市政府在"放管服"改革中的重要地位,系统阐述结构功能主义理论、SPO模型以及服务型政府理论的发展脉络和理论内核,解析其在本书中的适用性和指导性,并以之为基础,构建内在潜能-外显效用二维分析框架，提出"放管服"改革效能方程式，即改革效能等于内在潜能与外显效用的乘积。该乘积结果越大，代表效能水平越高；乘积结果越小，代表效能水平越低。改革过程的有效性等于外显效用与内在潜能的比值，比值结果大于1，表明改革过程高效；比值结果等于1，表明改革过程达到有效性的基本标准；比值结果小于1，表明改革过程低效。其次，全面审视传统的绩效评价视角，分析效能评价视角的可能性、可行性以及与传统评价视角相比的显著优势，提出从绩效评价视角向效能评价视角的逻辑转向，并明确"放管服"改革效能评价的基本特征、价值取向等基本理论问题。再次，按照"放管服"改革效能的概念界定与理论框架，提炼评价维度，识别评价要素，探寻适用于评价地级市政府"放管服"改革效能的具体指标，形成指标初选库和备选池。通过两轮专家咨询，对具体指标进行逐层筛选，保留共识性指标，最终形成包含4项一级指标、12项二级指标的内在潜能量表和包含3项一级指标、10项二级指标、27项三级指标的外显效用量表。最后，立足于供给侧与需求侧双重维度，依据评价指标体系，分别面向地级市政府公务员群体和普通市民群体编制调查问卷，在问卷调查的基础上，采用多阶段分层抽样方式，以东北三省的9个地级市，即哈尔滨市、齐齐哈尔市、大庆市、长春市、吉林市、沈阳市、盘锦市、锦州市、辽阳市为样本城市开展实证测评，通过与学界权威性研究成果的相关性分析，证明了该评价指标体系的科学性、合理性、可靠性和稳健性。

  以上研究工作的顺利完成，得益于众多老师、前辈、家人、同仁和朋友们的无私支持与助力。感谢我的恩师孙萍教授，感谢参与多轮专家咨询工作的专家们，感谢帮忙发放调查问卷的伙伴们，感谢各位填写问卷的调查对象，感谢参考文献中各位学界前辈的研究成果，感谢华中科技大学出版社各位编辑的辛勤付出。千言万语，道不尽心中的感谢，谨以此书献给一路上不断支持、鼓励我的各位师友亲朋。

陈诗怡

2024年3月

目 录

第一章 绪论 001

第一节 "放管服"改革效能评价研究缘起 001
一、研究背景 001
二、问题提出 005
三、研究目的 006
四、研究意义 007

第二节 "放管服"改革效能评价研究述评 009
一、"放管服"改革的相关研究 010
二、政府改革绩效评价的相关研究 024
三、简要述评 031

第三节 研究思路、方法与创新点 033
一、研究思路 033
二、研究方法 034
三、研究创新点 037

第二章 "放管服"改革效能评价的基本理论阐释 038

第一节 "放管服"改革效能评价的相关概念 038
一、地级市政府 038
二、"放管服"改革 039
三、"放管服"改革效能 046
四、"放管服"改革效能评价 051

第二节 地级市政府在"放管服"改革中的重要地位 053
一、地级市政府是深化"放管服"改革的中坚力量 053
二、地级市政府能够全面呈现"放管服"改革任务 054

第三节 "放管服"改革效能评价的理论基础 054
一、结构功能主义理论及其应用 055
二、SPO模型及其应用 062
三、服务型政府理论及其应用 068

第四节 "放管服"改革效能评价的分析框架　073
    一、构建思路　074
    二、基本内容　074
    三、框架的适用性　077
    四、框架的指导作用　077

第三章　从绩效到效能："放管服"改革的评价视角转换　079

  第一节 "放管服"改革效能评价的逻辑起点　079
    一、传统绩效评价视角的理论审视　080
    二、效能评价新视角的提出　081
  第二节 "放管服"改革效能评价的理论内核　082
    一、"放管服"改革效能评价的核心要义　082
    二、"放管服"改革效能评价的内涵解读　084
    三、"放管服"改革效能评价的显著优势　086
  第三节 "放管服"改革效能评价的基本特征与价值取向　088
    一、"放管服"改革效能评价的基本特征　088
    二、"放管服"改革效能评价的价值取向　089
  第四节 "放管服"改革效能评价的价值意蕴　091
    一、开拓了政府改革评价研究的新视角　091
    二、纾解了对效能本质的模糊性认知　091
    三、为国家深化"放管服"改革战略提供决策依据　092
    四、为地方政府持续推进"放管服"改革指明方向　092

第四章　地级市政府"放管服"改革效能评价维度构建　094

  第一节　整体思路与实现路径　094
    一、整体思路　094
    二、实现路径　096
  第二节　地级市政府"放管服"改革效能评价维度的构建理据　097
    一、评价维度构建的规范分析　097
    二、评价维度构建的实证分析　101
  第三节　地级市政府"放管服"改革效能评价维度的主要内容　104
    一、内在潜能模块的主要内容　104
    二、外显效用模块的主要内容　106
  第四节　地级市政府"放管服"改革效能评价维度的基本形态　107

一、内在潜能模块的基本形态 ... 107
二、外显效用模块的基本形态 ... 110

第五章 地级市政府"放管服"改革效能评价指标设计与遴选 ... 113

第一节 实践路径与基本原则 ... 113
一、实践路径 ... 113
二、基本原则 ... 115

第二节 地级市政府"放管服"改革效能评价指标设计 ... 117
一、内在潜能量表的指标设计 ... 117
二、外显效用量表的指标设计 ... 119

第三节 地级市政府"放管服"改革效能评价指标遴选 ... 122
一、内在潜能量表的指标遴选 ... 123
二、外显效用量表的指标遴选 ... 129

第四节 地级市政府"放管服"改革效能评价指标确立 ... 140
一、内在潜能量表的指标确立 ... 140
二、外显效用量表的指标确立 ... 142

第六章 地级市政府"放管服"改革效能评价指标体系的实证检验 ... 145

第一节 地级市政府"放管服"改革效能的问卷编制 ... 145
一、问卷的基本结构 ... 146
二、问卷的主要内容 ... 147

第二节 地级市政府"放管服"改革效能的问卷试测 ... 148
一、内在潜能量表的预调查分析 ... 148
二、外显效用量表的预调查分析 ... 153

第三节 地级市政府"放管服"改革效能的数据采集 ... 159
一、样本选取 ... 159
二、样本特征分析 ... 164

第四节 地级市政府"放管服"改革效能的测量与分析 ... 166
一、量表质量分析 ... 166
二、地级市政府"放管服"改革效能的测评结果 ... 170

第五节 地级市政府"放管服"改革效能评价指标体系校验 ... 177
一、校验思路 ... 177
二、评价结果的相关性分析 ... 178
三、评价指标体系的校验结论 ... 179

第七章　结论与展望　180

第一节　基本研究结论　181

一、构建"放管服"改革效能评价指标体系是促进国家治理现代化的必经之路　181

二、"放管服"改革效能评价指标体系由内在潜能与外显效用量表共同构成　181

三、"放管服"改革的内在潜能量表包含12项具体指标　182

四、"放管服"改革的外显效用量表包含27项具体指标　182

五、"放管服"改革效能评价指标体系是一套科学可用的测量工具　182

六、省会城市的"放管服"改革效能水平基本上高于普通地级市　183

七、普通地级市的"放管服"改革过程有效性往往高于省会城市　183

八、供给侧视角下的"放管服"改革效能水平总体上高于需求侧　183

第二节　研究不足　184

一、样本的数量和代表性尚待加强　184

二、研究的理论分析深度尚待提升　184

第三节　研究展望　184

一、扩大实证研究的调查范围　184

二、结合典型的地方实践案例　185

三、开展国内的区域对比分析　185

参考文献　186

附录　204

附录A　"地级市政府'放管服'改革效能评价指标体系构建"专家咨询问卷（第一轮）　204

附录B　"地级市政府'放管服'改革效能评价指标体系构建"专家咨询问卷（第二轮）　213

附录C　地级市政府"放管服"改革效能的问卷调查（地级市政府公务员类）　219

附录D　地级市政府"放管服"改革效能的问卷调查（普通市民类）　223

第一章

绪　论

第一节　"放管服"改革效能评价研究缘起

"放管服"改革即简政放权、放管结合、优化服务,强调"放""管""服"三管齐下、协同推进,是党的十八大以来在行政体制改革步入"深水区"和"攻坚期"的背景下,党中央、国务院作出的一项重大战略决策。从2013年把"简政放权、放管结合"作为改革的"当头炮"和"先手棋",到2014年进一步强调"放管结合"的重要作用,并将加强"放管结合"视为深化改革的着力点,再到2015年将"优化服务"纳入"简政放权、放管结合"的改革之列,"放管服"改革已经形成三管齐下、全面推进的格局,改革综合效应不断显现。"放管服"改革战略作为与市场取向的改革思路一脉相承的改革实践[①],凝结了数十年改革开放的实践经验,扎根于中国改革现实,符合中国国情,具有中国特色,是对"放开搞活"历史经验的延续和发展,在历史和逻辑上具有深刻的双重必然性。自实施以来,各级行政机关及行政人员始终坚持上下联动、多措并举,探索出一系列独具特色、深受企业和群众欢迎、值得扩散和推广的好经验、好做法,为改革工作的持续推进提供了极大的助力和支持。[②]

一、研究背景

(一)工具引领:政府闭环管理的必经环节

"放管服"改革是当前政府管理的"重头戏"和"主战场",其生长

[①] 李克强:《在全国深化"放管服"改革 转变政府职能电视电话会议上的讲话》,载于《人民日报》2018年7月13日,第2版。

[②] 孙萍、陈诗怡:《"放管服"改革的功能定位与发展路径——基于制度优势转化为治理效能的理论思考》,载于《学习与探索》2021年第3期,第47-53,179页。

轨迹符合政府管理中的PDCA循环原理，在闭环系统的引领下，评价成为持续推进"放管服"改革的必要环节。所谓PDCA循环，是指管理工作可依次划分为计划（plan）、实施（do）、检查（check）、调整（action）阶段[①]，由四阶段集合而成的行为闭环以问题和经验为触角，进入逐层递进的PDCA循环，推动管理质量持续提升。[②]在"放管服"改革的闭环系统中，改革主体同样需要经历上述四阶段的循环往复。在计划阶段，要求改革主体科学、民主决策，结合区域发展实际制订严密、合理的改革计划；在实施阶段，要求改革主体遵循既定改革方案，严格执行、精准实施，灵活应对突发状况；在检查阶段，要求改革主体建立评价指标体系，全方位审视改革工作，厘清改革中存在的优势与短板；在调整阶段，要求改革主体根据实际测评结果对改革实践活动进行有针对性的整改，重新修订改革计划，从而实现调整阶段与计划阶段的首尾相连，开启新一轮的PDCA循环，在改革闭环的循环往复中将改革向纵深方向推进。2015年以来，简政放权、放管结合、优化服务三管齐下、全面推进的"放管服"改革在全国范围内广泛开展，各级政府科学制定"施工图"与"时间表"，统筹安排、全力部署，已然在计划和实施阶段倾注大量心力，当前，"放管服"改革理应进入检查阶段，通过科学、有效的评价工具，系统化测评改革工作，摸清底数，把握实际，总结成功经验，梳理现存问题，以促进"放管服"改革不断深化。

此外，推动"放管服"改革持续取得更大成效，亦是历次以"放管服"改革为主题的全国性电视电话会议恒久不变的核心命题。这一重要论断的提出，充分表明"放管服"改革是我国一项必将持续推进的改革策略，与此同时，这也引发了研究者的困惑和思考——如何判断"放管服"改革是否取得了更大成效？判断标准是什么？使"放管服"改革取得更大成效的着力点在哪里？对此，唯有构建一套与"放管服"改革相匹配的评价指标体系，对其改革实践展开科学化、系统化的实际测评，才能为"取得更大成效"的改革命题注入精神内核，对上述"标准"和"着力点"问题做出有效回应。

（二）价值依归：效能改革时代的题中应有之义

"放管服"改革效能评价契合了提升政府效能的时代主题，是效能改革时代的题中应有之义。改革开放以来，我国先后经历了九次政府改革，主要围绕加快推进政府机构调整、职能转变以及管理方式创新三方面内容展开。其中政府机构调

[①] 周云飞：《基于PDCA循环的政府绩效管理流程模式研究》，载于《情报杂志》2009年第10期，第72-75、84页。

[②] 杜岩岩、张赫：《PDCA循环理论视角下首尔国立大学绩效评估的策略及启示》，载于《现代教育管理》2020年第10期，第106-115页。

整解决的是"谁来管"的问题，政府职能转变解决的是"管什么"的问题，管理方式创新解决的是"怎么管"的问题①，当"谁来管""管什么""怎么管"的问题得到基本解决后，"管得怎么样"的问题便成为关键。"管得怎么样"的问题即管理效能的问题，是对管理效率、管理效果以及管理效益的综合反映，是对政府整体运行状态和作用发挥更为全面、系统的评述。

党的十八大以来，习近平总书记治国理政的"效能思想"得到充分发展，尤其在党的十九大召开后，"政府效能"问题引发全国层面的深切关注。在党的十九大报告中，"效"字被提及40次，其中明确提到"有效"的有19处②；党的十九届三中全会提出，"优化职能配置，深化转职能、转方式、转作风，提高效率效能"，"深入推进简政放权，完善市场监管和执法体制"，"全面提高政府效能，建设人民满意的服务型政府"③；党的十九届四中全会强调，"创新行政方式，提高行政效能，建设人民满意的服务型政府"，"加强系统治理、依法治理、综合治理、源头治理，把我国制度优势更好转化为国家治理效能"④；习近平总书记在参加十三届全国人大三次会议内蒙古代表团审议时提出"高效能治理"的概念，指出"要研究谋划中长期战略任务和战略布局，有针对性地部署对高质量发展、高效能治理具有牵引性的重大规划、重大改革、重大政策"⑤；党的十九届五中全会在充分肯定全面深化改革取得重大突破和进展的基础上，更将"国家治理效能得到新提升"纳入"十四五"时期经济社会发展主要目标⑥。可见，"效能改革"时代已然来临，"放管服"改革作为一项以理顺政府、市场和社会关系为核心的重要改革举措，是当前政府治理的"重头戏"和"主战场"，评价"放管服"改革效能无疑是解决政府"管得怎么样"问题的重中之重。

（三）现实审视：促进社会高质量发展的客观要求

2017年，习近平总书记在中国共产党第十九次全国代表大会上，对我国经济发展状态以及形成的阶段性变化作出关键性判断，即我国"正处在转变发展方式、

---

① 孙萍：《创新行政管理方式势在必行》，载于《沈阳日报》2016年6月8日，第7版。
② 习近平：《决胜全面建成小康社会 夺取新时代中国特色社会主义伟大胜利》，载于《人民日报》2017年10月28日，第1版。
③ 《中国共产党第十九届中央委员会第三次全体会议公报》，载于《中国纪检监察》2018年第4期，第4-5页。
④ 《中国共产党第十九届中央委员会第四次全体会议公报》，载于《人民法治》2019年第21期，第8-11页。
⑤ 《习近平参加内蒙古代表团审议》，载于《内蒙古统战理论研究》2020年第3期，第8-9页。
⑥ 《中国共产党第十九届中央委员会第五次全体会议公报》，载于《中国人大》2020年第21期，第6-8页。

优化经济结构、转换增长动力的攻关期",经济已由高速增长阶段转向高质量发展阶段,在未来发展中,"必须坚持质量第一、效益优先,以供给侧结构性改革为主线,推动经济发展质量变革、效率变革、动力变革","激发全社会创造力和发展活力,努力实现更高质量、更有效率、更加公平、更可持续的发展",来满足人民日益增长的美好生活需要。

"放管服"改革作为供给侧结构性改革的重要内容之一,与转方式、调结构、换动力的时代背景相适应,在促进高质量发展方面发挥着举足轻重的作用。具体来说,"放管服"改革是一场遵循发展旋律、顺应时代主题的刀刃向内的自我革命,行政机关及其行政人员通过简政放权、放管结合、优化服务等关键性改革举措,明确政府、市场、社会之间的界限,推动政府"瘦身""强体",解决根植于行政体制、机制内部的结构性障碍,减少政府对微观经济事务的直接干预,引导其将注意力转移到监管和服务上来,激发市场活力和社会创造力,充分发挥市场在资源配置中的决定性作用,也更好地发挥政府的作用,促进行政要素、市场要素和社会要素的充分涌流,实现"有为政府""有效市场""有序社会"的协同配合,为市场松绑,为群众解忧,打造高质、高效、公平、可持续的发展结构,为高质量发展助力开路,推动社会主义市场经济的跨越式发展。围绕地级市政府的"放管服"改革工作开展阶段性评价,能够帮助、引导地级市政府全面、系统地审视改革实践,明确其在改革中具备的优势和存在的问题,从而有的放矢地补齐短板、强化弱项。由此可见,在以评促建、以评促改的价值引领下,评价"放管服"改革显然成为促进社会高质量发展的客观要求。

(四)理论反思:公共管理学界的热点方向

长期以来,政府改革问题作为公共管理研究领域的焦点,在学界备受推崇与青睐,更有一批学者从政府绩效的视角切入,围绕"如何评价政府改革"问题展开深入探索,但鲜有评价政府改革效能的相关研究成果。有研究表明,学者们普遍认为政府效能和政府绩效之间存在较大交集,两个概念间的混用现象时常出现,以至于关于政府效能的大量研究落到了绩效板块。[①]追本溯源,回归概念本质,一般来说,绩效是指业绩和效果,侧重于对行政表现与事实的测量,与之相比,效能更强调对政府整体运行状态的系统性考察,其衡量范围更为广阔,由此,考虑到效能思想在治国理政理论与实践中的广泛应用,以及效能与绩效之间的本质性差异,笔者认为从效能评价的新视角来研究政府改革问题可谓恰逢其时。

---

① 方茜、贺昌政:《基于激励视角的政府效能提升路径研究——以基本公共服务为例》,载于《软科学》2013年第2期,第24-27页。

与此同时，伴随着"放管服"改革在全国范围内的持续性推进，"放管服"改革问题也引发了学界研究者的深入讨论，关于"放管服"改革的研究成果数量明显增加，且从目前态势来看，其关注度和热度仍在持续加速增长。纵观既有研究成果，笔者发现现有研究主要围绕"放管服"改革的理论内涵、逻辑理路、动力机制、现实困境以及未来方向等进行探讨，鲜有研究运用科学化、系统化的评估方法对"放管服"改革展开实际测评。屈指可数的评价类研究也更倾向于选择从营商环境优化的角度来透视"放管服"改革进展，但"放管服"改革与营商环境优化的理论内核并非完全等同。笔者认为，该做法在一定程度上混淆了"放管服"改革和营商环境优化的内涵与外延，有待商榷。此外，评价研究是对"放管服"改革的全方位透视，不能一蹴而就，需要以前期大量的学术成果作为积淀，是此议题发展到一定阶段的产物。自2015年我国形成"放""管""服"三管齐下的新局面以来，学界从理论和实践的多重角度对"放管服"改革形成了深刻认知，已然围绕此议题形成了深厚的学术积淀，由此可见，现阶段开展"放管服"改革评价研究可谓正当其时。

综上所述，笔者认为，在工具理性与价值理性、现实需求与理论需求的指引和驱动下，开展地级市政府"放管服"改革效能评价指标体系构建研究，可谓势在必行。这不仅顺应了政府改革的发展趋势，能够有效解决政府改革不到位的问题，为高质量发展开路，而且契合了当下学术研究的热点与方向。

二、问题提出

本书以构建地级市政府"放管服"改革效能评价指标体系为目标导向，提出以下三个亟待解决的研究问题。

（一）如何理解"放管服"改革效能

理解"放管服"改革效能是本研究的切入点，更是破题的关键所在。笔者通过对"放管服"改革效能这一核心概念的理论解构与逻辑解码，发现该概念中主要包括"'放管服'改革"和"效能"两个关键性词汇。关于"'放管服'改革"，笔者需要重点阐释"放管服"改革的理论内涵，理顺改革逻辑，明确改革时间和范围，厘定其在我国行政改革历程中的重要地位以及在现代化政府治理中所彰显的中国特色；关于"效能"，笔者需要重点阐释效能是什么，为什么是效能评价而非绩效评价，效能评价与绩效评价的本质区别是什么，以及与绩效评价相比，效能评价存在哪些优势。笔者尝试以此纾解人们对于效能的模糊性认知。

(二)如何设计评价指标体系

评价指标体系设计是本研究的着力点,更是解题的难点所在。笔者在厘清地级市政府的改革实践特征后,以"放管服"改革效能的本质内涵为基础,遵循评价指标体系构建的通用思路,综合关键性政策文本以及学界相关研究成果,初步构建地级市政府"放管服"改革效能评价指标体系,形成评价指标的初选库和备选池,而后通过面向理论专家和实践专家的多轮咨询,对指标库中的具体指标开展逐级筛选,科学地遴选出能够切实反映地级市政府"放管服"改革效能的具体指标,完成对评价指标体系的修订与调整。

(三)如何校验评价指标体系

评价指标体系校验是本研究的落脚点,更是"答题"的重点所在。实践是检验真理的唯一标准,为完成对评价指标体系的校验,笔者将经过多轮讨论、修正而成的评价指标体系投入实际应用,分别编制适用于地级市政府公务员群体和普通市民群体的调查问卷,并通过对黑龙江、吉林和辽宁三个省份的聚类分析和多阶段分层抽样确定样本城市,匹配样本数量,在完成问卷试测后,面向东北三省9个具有代表性的城市开展大规模的正式调查,而后将本文的实际测评结果与学界具有代表性和权威性的相关评价结果进行相关性分析,以全方位证明评价指标体系的科学性、合理性、稳健性。

三、研究目的

"放管服"改革以理顺政府、市场、社会三者间的关系为核心,是有效破解深埋于体制、机制内部的结构性障碍、促进人民满意的服务型政府建设的关键之举,其作为政府改革领域的焦点话题,同样备受公共管理研究者的关注。现阶段,学界已围绕"放管服"改革的理论解读、实践经验及改进方向等内容产出了一系列研究成果,却鲜有研究运用科学化、系统化的评价指标体系对"放管服"改革实践展开实际测评,且在屈指可数的评价研究中也大多从源于西方的绩效评价视角切入,缺乏对中国的本土化观照。因此,笔者选择从源于中国本土的效能评价视角切入,立足于政府改革实际,在结构功能主义理论、SPO模型以及服务型政府理论的多维指导下,厘清"放管服"改革效能的内涵与外延,以改革的具体实施者和推进者,即地级市政府为重心,构建"放管服"改革效能评价指标体系,并选取东北三省的9个城市作为实测样本,通过与学界权威性研究成果的多维比对,检验评价指标体系的科学性、稳健性。本选题尝试实现以下三个具体目标。

第一,厘清"放管服"改革效能的基本内涵,明确构建地级市政府"放管服"

改革效能评价指标体系的必要性和重要性。近年来，研究者倾向于从传统的绩效评价视角或营商环境的优化程度来判断"放管服"改革成效，但本研究认为源于西方国家的绩效评价视角缺乏中国的本土化特色，在具体应用方面存在一定的局限性，与"放管服"改革并不匹配，且"放管服"改革与营商环境优化并非完全等同，两个概念固然有一定的交集，但又各自存在独特之处，营商环境测评能够在一定程度上反映"放管服"改革成效，但难以展现"放管服"改革的全貌。现阶段，由理论界、实务界或双方联合主持的营商环境评价工作正在全国范围内如火如荼地开展。综合考虑"放管服"改革与营商环境优化、效能评价与绩效评价之间的本质差异以及地级市政府作为改革工作的直接推手在改革一线发挥关键性作用等多种因素后，笔者认为，学界有责任和义务在厘清"放管服"改革效能本质的基础上，构建一套适用于衡量地级市政府"放管服"改革效能的评价指标体系。

第二，综合相关理论模型与学界相关研究成果，构建一套科学、合理且适用于地级市政府的"放管服"改革效能评价指标体系。为保证评价指标体系的科学性与合理性，笔者积极探寻各级各项指标的理论来源与实践支撑。在充分考虑效能评价与绩效评价的差异性与相关性的基础上，笔者以结构功能主义理论、SPO模型以及服务型政府理论为依托，构建内在潜能-外显效用分析框架，结合相关研究成果、关键性政策文本和实践经验，遵循评价指标体系构建的一般性原则以及根植于"放管服"改革效能的特殊性原则，设计地级市政府"放管服"改革效能评价指标体系，并运用专家咨询法对相关指标进行逐级筛选。

第三，深入剖析实证测评结果，检验"放管服"改革效能评价指标体系的可靠性和稳健性。一般来说，构建评价指标体系是理论研究的重点领域之一，将经过多维验证的评价指标体系投入实践，形成批量化应用并指导实践活动，方可彰显理论研究的现实价值。对此，为确保评价指标体系能够切实发挥对改革实践活动的指导性作用，保证评价结果的可靠性和稳健性，笔者将在东北三省中选取9个城市作为实测样本，应用本研究构建的地级市政府"放管服"改革效能评价指标体系开展实际测评，通过与学界权威性研究成果的多维比对，完成指标体系校验。

四、研究意义

"放管服"改革是一场刀刃向内的自我革命，是我国政府行政体制改革的"重头戏"和"主战场"。如何科学、客观地评价"放管服"改革效能，是摆在理论研究者和改革实践者面前的亟待解决的重要问题，因此，开展地级市政府"放管服"改革效能评价指标体系构建研究无疑具有重要的理论和实践意义。

(一)理论意义

第一,有助于厘清"放管服"改革的理论认知。本研究以"放管服"改革为理论原点,率先界定"放管服"改革的内涵与外延,廓清改革边界,识别改革要素,提炼改革特征,理顺其与政府职能转变、行政审批制度改革、行政体制改革、营商环境优化等诸多改革热词的关系。在充分考虑"放管服"改革议题所具备的研究空间的基础上,笔者深入探索评价研究领域,提出效能评价的新视角,明确"放管服"改革效能的操作化定义,设计"放管服"改革效能的评价指标,为加强相关研究的深入性和针对性奠定基础。

第二,有助于丰富政府改革效能评价的研究成果。绩效评价作为政府改革评价研究中的主流视角,备受研究者的推崇与青睐,而效能评价视角却鲜少涉及,在为数不多的效能评价研究中也常常出现效能与绩效混用的现象。笔者认为,有必要对政府绩效和政府效能这组相近的概念加以辨析和区分,并且,效能作为中国本土化词汇,显然与中国的改革实践更为匹配。因此,本研究尝试在厘清绩效评价与效能评价异同的基础上,从效能评价的视角出发,选择一项中央政府和地方政府持续、协同推进的政府改革实践,即"放管服"改革为载体,开展"放管服"改革效能评价研究,以期丰富政府改革效能评价相关理论,充实政府改革效能评价的研究成果,进而在政府改革评价领域构建中国话语体系、贡献中国智慧、提供中国方案。

第三,有助于拓展"放管服"改革评价的新思路。随着改革工作的持续推进,研究者尝试对"放管服"改革开展评价,却鲜有研究者运用科学、系统的评价方法对其开展实际测评,既有研究更倾向于从营商环境的角度透视"放管服"改革进展,或基于政府工作报告、政策文本等二手资料开展规范性分析,主观研判改革进展。在寥寥无几的关于"放管服"改革评价指标体系构建的研究中,评价指标设计也基本停留在理论推演阶段,缺乏实证检验。因此,本研究扎根中国国情,聚焦于推进、深化"放管服"改革的中坚力量——地级市政府,从效能评价的角度出发,在借鉴成熟理论模型、相关研究成果以及关键性政策文本的基础上,结合"放管服"改革的实践经验与特色,尝试构建一套全面、系统的地级市政府"放管服"改革效能评价指标体系,并在东北三省的9个样本城市开展实际测评,通过与学界权威性研究成果的多维比对,证明了该评价指标体系的科学性、可靠性。

(二)实践意义

第一,为地级市政府"放管服"改革提供评价工具。当前,"放管服"改革的系列实践性活动正在如火如荼地开展，其在破除体制、机制等深层次结构化障碍方面的显著优势，使之成为促进经济高质量发展的"催化剂"和"助推器"。科学、合理、可靠、稳健的指标体系，能够为地级市政府"放管服"改革评价提供有效的技术工具，帮助改革主体捋顺实践进展，引导其对改革实践中的优势与劣势做出精准研判，及时地发现改革过程中存在的问题与不足，并做出有针对性的调整与修正，为新一轮改革工作指明方向，促进改革任务的有序推进，有助于更好地将制度优势转化为治理效能。

第二，帮助地级市政府明确在同类改革主体中的实践定位。自2015年实施以来，"放管服"改革充分调动了中央和地方政府的积极性，鼓励地方政府在遵循基本改革思路的基础上，结合区域发展实际，充分发挥自主性和创新性，实现顶层设计与地方首创的有机结合，因此，不同地区的"放管服"改革实践可能存在一定的差异。科学、合理、可靠、稳健的指标体系，为评价地级市政府"放管服"改革效能水平提供了一套通用的衡量标准，通过相对一致且具共识性的评价指标体系，帮助改革主体重新审视其在同级、同类改革主体中的实践定位，激发竞争意识，学习先进经验，促进优势互补，有助于推动"放管服"改革效能的全方位提升。

第三，引导地级市政府更好地释放"放管服"改革潜能。"放管服"改革是一项牵一发而动全身的系统性改革实践，会对经济社会发展的方方面面带来不同程度的影响。注重结果导向的绩效评价可能使评价结果陷入"马太效应"（即由于组织基础性条件的不断堆积，相对发达地区的测评结果通常会优于欠发达地区），这种做法显然只突出了发达地区的先发优势，而忽视了欠发达地区的后发优势，难以对发达地区与欠发达地区所付出的努力做出科学判断。与绩效评价相比，效能评价在关注改革结果之余，也注重对改革主体所具备的基础实力的考察。这种做法不仅能够凸显不同改革主体在内在潜能与外显效用中的水平差异，而且能够生动地刻画不同改革主体在将内在潜能转化为外显效用时所付出的努力程度，从而有助于敦促"放管服"改革实践的有效开展。

第二节 "放管服"改革效能评价研究述评

现阶段，学界对"放管服"改革效能评价和政府改革效能评价的直接性研究成果寥寥无几。为了全面、系统地掌握既有研究现状，笔者扩大检索范围，考虑到绩效评价与效能评价研究的相关性，以及绩效评价研究成果对本研究的参考价值，围绕"放管服"改革和政府改革绩效评价两方面展开文献梳理工作。

一、"放管服"改革的相关研究

"放管服"改革是一项有助于推进治理现代化进程的重要战略部署,凝结了数十年改革开放的实践经验,扎根于中国改革现实,符合中国国情,具有中国特色。笔者在文献检索中发现,或许是受到演化进展的迅捷性、话语体系变迁的频繁性、理论批判与反思的滞后性[1]等诸多因素的影响,"放管服"改革议题尚未引起国外学者的热切关注,相关研究成果主要集中于国内学界。通过对研究性文献的梳理与归纳,笔者认为学界关于"放管服"改革的研究成果主要集中在以下八个方面。

(一)"放管服"改革的基本概念研究

对基本概念的把握和厘清是开展"放管服"改革研究的重要前提,更是将研究向纵深推进的关键保障。当前学界主要从本质内涵、核心目标和基本特征三个方面对"放管服"改革的基本概念展开讨论。

1. 关于"放管服"改革的本质内涵

"放管服"改革,即简政放权、放管结合、优化服务改革,是党中央、国务院在总结历次政府改革实践经验的基础上作出的一项重大战略决策[2],是新时期政府系统性改革的简称[3],其改革内容涉及不同行政层级、不同行政部门对权力和利益的重新分配,事关中央与地方、政府与市场、政府与社会的关系优化问题[4]。其中,简政放权强调政府的减权、限权,减少政府对资源配置和微观经济活动的直接干预和控制,为权力做减法,给责任做加法[5];放管结合强调政府在权力下放后的监管职能,不仅要求政府部门扮演好监管者角色,对监管对象展开有效的规制,还要求监管者对自身的行政执法等行为做出有效规范[6];优化服务强调政府强化服

---

[1] 陈世香、黎德源:《中国"放管服"改革研究的进展与前瞻》,载于《上海行政学院学报》2021年第3期,第101-111页。

[2] 安宇宏:《"放管服"》,载于《宏观经济管理》2016年第8期,第80-81页。

[3] 赵光勇、辛斯童、罗梁波:《"放管服"改革:政府承诺与技术倒逼——浙江"最多跑一次"改革的考察》,载于《甘肃行政学院学报》2018年第3期,第35-46,127页。

[4] 王彦智:《"放管服"改革中提高西藏(地)市县(区)政府承接能力的思考》,载于《西藏民族大学学报(哲学社会科学版)》2017年第5期,第18-23,154页。

[5] 解安、杨峰:《"放、管、服"改革的经验启示及路径优化》,载于《中国行政管理》2018年第5期,第158-159页。

[6] 赵曼、朱丽君:《取消设立许可:养老机构事中事后监管研究》,载于《社会保障研究》2020年第2期,第13-19页。

务意识,创新服务方式,优化办事流程①,搞好政务服务,持续优化和提升政务服务质量②。

2. 关于"放管服"改革的核心目标

"放管服"改革事关发展环境的优化、服务质量的提升和社会公平正义的维护③,是全面深化改革、促进政府职能转变的重要突破口和关键性抓手。"放管服"改革的整体性目标在于改变重权力轻责任、重效率轻公平、重发展轻民生、重企业轻民众、重生产轻生活等价值取向④,将国家控制管理模式转变为新的社会治理模式⑤,推动政府治理体系和治理能力现代化。围绕三条改革主线具体分析,简政放权的核心目标在于充分发挥市场在资源配置中的决定性作用⑥,减少政府干预,激发市场活力和社会创造力;放管结合的核心目标在于推进市场监管转型和社会治理变革⑦,加速法治化治理进程;优化服务的核心目标在于促进公共服务的便利化,充分发挥生产要素的重要作用⑧,乘着"互联网+"的时代东风⑨,促进政务服务的智慧化,实现企业受益、市场规范、群众满意的发展格局⑩。此外,林清

---

①沈荣华:《推进"放管服"改革:内涵、作用和走向》,载于《中国行政管理》2019年第7期,第15-18页。

②李坤轩:《新时代深化"放管服"改革的问题与对策》,载于《行政管理改革》2019年第6期,第75-82页。

③陈振明:《中国政府改革与治理的目标指向和实践进展》,载于《东南学术》2020年第2期,第36-43,246页。

④李彦娅:《"放管服"改革的理性与价值——基于政府改革进程的梳理》,载于《理论与改革》2019年第6期,第138-145页。

⑤Guo B, "China's administrative governance reform in the era of 'new normal'", *Journal of Chinese Political Science*, 2017, Vol.22, No.2, pp.1-17.

⑥李军鹏:《十九大后深化放管服改革的目标、任务与对策》,载于《行政论坛》2018年第2期,第11-16页。

⑦王湘军:《国家治理现代化视域下"放管服"改革研究——基于5省区6地的实地调研》,载于《行政法学研究》2018年第4期,第106-115页。

⑧王彦智:《"放管服"改革中提高西藏(地)市县(区)政府承接能力的思考》,载于《西藏民族大学学报(哲学社会科学版)》2017年第5期,第18-23,154页。

⑨高学栋、李坤轩:《推进"互联网+政务服务"对策研究——基于山东省部分政府部门"放管服"改革第三方评估》,载于《华东经济管理》2016年第12期,第178-184页。

⑩中国行政管理学会课题组:《深化"放管服"改革 建设人民满意的服务型政府》,载于《中国行政管理》2019年第3期,第6-12页。

泉、刘典文①，赵曼、朱丽君②等将"放管服"改革进一步具化、细化至高等教育、养老服务等领域，结合行业发展特点，进一步提出更为细致和具体的发展目标。

3. 关于"放管服"改革的基本特征

"放管服"改革作为一场兼顾体制与机制的深刻革命，无时无刻不在彰显公开、法治、民主、平等、协同、责任、透明、回应、公平的价值理性③，主要具有攻坚性、协同性和创新性三大特征。具体来说，关于改革的攻坚性，改革开放以来，我国先后经历了九次大规模的政府改革，随着改革工作的不断深化，我国政府改革已然步入"深水区"和"攻坚期"，"容易的、皆大欢喜的改革已经完成了，剩下的都是难啃的硬骨头"④，"放管服"改革需要改革主体拿出壮士断腕的勇气，触动权力、利益、体制、理念等深层次矛盾⑤；关于改革的协同性，"放管服"改革要求简政放权、放管结合、优化服务三管齐下，注重三条改革主线的协调、配合，强调改革主体的协同发力和改革举措的配套推进⑥，简言之，每一个改革难题的破解都是统筹设计、系统考量、整体部署的过程⑦；关于改革的创新性，"放管服"改革注重地方首创精神，地方政府在坚决贯彻落实中央政府顶层设计的同时，充分发挥主观能动性，结合地方治理实际，大胆挑战，积极探索，敢于突破，创造性地提出了可复制、可推广、可扩散的政策工具，如"最多跑一次"改革、"不见面审批"、"两单一表三配套"改革等⑧，这不仅展现了"放管服"改革取得的显著成效，而且在一定程度上突出了地方特色。

---

① 林清泉、刘典文：《深化高等教育"放管服"改革的路径选择——基于福建省的实践与探索》，载于《教育评论》2016年第12期，第3-8页。

② 赵曼、朱丽君：《取消设立许可：养老机构事中事后监管研究》，载于《社会保障研究》2020年第2期，第13-19页。

③ 李彦娅：《"放管服"改革的理性与价值——基于政府改革进程的梳理》，载于《理论与改革》2019年第6期，第138-145页。

④ 习近平：《习近平谈治国理政第一卷》，外文出版社有限责任公司2018年版，第101页。

⑤ 沈荣华：《十八大以来我国"放管服"改革的成效、特点与走向》，载于《行政管理改革》2017年第9期，第10-14页。

⑥ 戴浩飞：《深化"放管服"改革的重点与方向——基于机构改革的分析视角》，载于《天津行政学院学报》2020年第1期，第46-53页。

⑦ 张占斌、孙飞：《改革开放40年：中国"放管服"改革的理论逻辑与实践探索》，载于《中国行政管理》2019年第8期，第20-27页。

⑧ 程波辉、彭向刚：《两种政府模式下的"放管服"改革比较》，载于《行政论坛》2019年第6期，第42-48页。

(二)"放管服"改革的实践价值研究

行政体制是现代国家治理体系中最重要的组成部分，其现代化水平更是衡量国家治理水平的重要标尺。[①]"放管服"改革作为深化行政体制改革的一项重要内容，其重要性不言自明。对"放管服"改革实践价值的提炼和概括，能够为"放管服"改革的有序推进提供学理上的解释和支持，当前学界主要聚焦于政治环境、经济环境和社会环境三个方面对"放管服"改革的实践价值展开研究。

1."放管服"改革对政治环境的实践价值

"放管服"改革的深入推进有助于优化政府职责[②]，改善政府形象。在优化政府职责方面，"放管服"改革直指行政体制的核心与关键，即政府职能[③]，是破解政府职能转变进程中深层次问题的新路径[④]，通过限权、减权、放权[⑤]等系列改革举措，简化审批流程，规范政府行为，提升行政效率，丰富服务内容，使得政府、市场、社会各司其职，实现协同共治；在改善政府形象方面，"放管服"改革以建设人民满意的服务型政府为依归，充分展现了以人民为中心的改革取向，是新时代塑造良好政府形象的重要路径[⑥]，尤其是"互联网＋政务服务"的有序推进，有利于实现政务服务的高效化、集约化和透明化，这不仅符合政府发展的时代新趋势，而且能够提升政府公信力，有助于塑造公开民主、廉洁法治、高效智慧的政府形象[⑦]。

2."放管服"改革对经济环境的实践价值

"放管服"改革的深入推进有助于激发市场主体活力，降低企业经营成本。在激发市场主体活力方面，政府最大限度地削减行政审批事项，促进企业经营权和

[①] 杨开峰等：《中国之治·国家治理体系和治理能力现代化十五讲》，中国人民大学出版社2020年版，第22页。

[②] 成协中：《"放管服"改革的行政法意义及其完善》，载于《行政管理改革》2020年第1期，第36-44页。

[③] 王湘军：《国家治理现代化视域下"放管服"改革研究——基于5省区6地的实地调研》，载于《行政法学研究》2018年第4期，第106-115页。

[④] 马宝成、吕洪业、王君琦等：《党的十八大以来政府职能转变的重要进展与未来展望》，载于《行政管理改革》2017年第10期，第28-34页。

[⑤] 赵光勇、辛斯童、罗梁波：《"放管服"改革：政府承诺与技术倒逼——浙江"最多跑一次"改革的考察》，载于《甘肃行政学院学报》2018年第3期，第35-46，127页。

[⑥] 高慧军、黄华津：《新时代我国政府公共关系优化研究》，载于《中国行政管理》2019年第6期，第16-21页。

[⑦] 曹莹：《政务公开如何用好"互联网＋"》，载于《人民论坛》2017年第33期，第70-71页。

决策权的回归,切实发挥企业的市场主体地位①,企业创新创业热情空前高涨,新增市场主体持续快速增长,2015年以来,全国平均每天新增4万户,其中新登记企业平均每天新增1.2万户,企业活跃度保持在70%左右②,截至2021年4月,登记在册的市场主体总数已由2012年的近5500万户增加到1.43亿户③;在降低企业经营成本方面,学界认为"放管服"改革的深入推进旨在实现对制度设计的最优化追求④,通过对审批、税收⑤等领域进行改革,使导致较高成本的制度、行为等获得一定程度的改善,降低制度性交易成本,减少企业负担,并有助于政企联系的制度化⑥,促进营商环境的优化和既亲又清政商关系的形成。

3. "放管服"改革对社会环境的实践价值

"放管服"改革的深入推进有助于促进社会组织健康有序发展,满足人民日益增长的美好生活需要。在促进社会组织健康有序发展方面,"放管服"改革充分践行政社分开理念,明确政府与社会的界限,理顺政府和社会的关系,并逐步出台直接登记、降低注册门槛等优惠政策⑦,优化社会组织管理体制,激发社会发展活力与创造力,切实推动社会组织健康有序发展;在满足人民日益增长的美好生活需要方面,随着经济的腾飞和社会的进步,我国已然进入中国特色社会主义新时代,社会主要矛盾也转化为"人民日益增长的美好生活需要和不平衡不充分的发展之间的矛盾"⑧,"放管服"改革以丰富公共服务内容、提升公共服务质量、满足人民群众多样化和个性化需求为依归,有助于实现人民群众对更高质量的美好生活的追求⑨。

---

① 廖福崇:《治理现代化、审批改革与营商环境:改革成效与政策启示》,载于《经济体制改革》2020年第1期,第5-12页。

② 安宇宏:《"放管服"》,载于《宏观经济管理》2016年第8期,第80-81页。

③ 李克强:《在全国深化"放管服"改革着力培育和激发市场主体活力电视电话会议上的讲话》,中华人民共和国中央人民政府网,2021年11月9日。

④ 周振超、蒋琪、彭华伟:《税收"放管服"改革视域下纳税人营商环境满意度》,载于《重庆社会科学》2020年第4期,第51-61页。

⑤ 王晓洁、郭宁、李昭逸:《优化税务营商环境的"加减乘除法"》,载于《税务研究》2017年第11期,第16-20页。

⑥ 廖福崇:《"放管服"改革优化了营商环境吗?——基于6144家民营企业数据的统计分析》,载于《当代经济管理》2020年第7期,第74-82页。

⑦ 李健、荣幸:《"放管服"改革背景下社会组织发展的政策工具选择——基于2004至2016年省级政策文本的量化分析》,载于《国家行政学院学报》2017年第4期,第73-78,146-147页。

⑧ 封丽霞:《新中国法治道路的逻辑展开——以中国社会主要矛盾的发展变化为线索》,载于《中共中央党校(国家行政学院)学报》2020年第2期,第101-111页。

⑨ 孙杰、郑永丰:《政府治理现代化视阈下"放管服"改革的路径》,载于《科学社会主义》2020年第1期,第117-122页。

(三)"放管服"改革的基础理论研究

当前学界关于"放管服"改革理论依据的讨论主要包括以下五种,即市场决定论、整体性治理理论、服务型政府理论、合作治理理论和行政负担理论。

1. 市场决定论

在自由资本主义时期,市场机制被认为是最有效的资源配置手段,政府的作用被限制在狭小的范围内,主要承担保障国家安全、维护社会治安、提供公共服务职能。[1]这里所说的市场决定论与西方资本主义国家的"市场决定论"不同,是中国特色社会主义"资源配置市场决定论"。党的十八届三中全会以来,我国强调要使市场在资源配置中起决定性作用、更好地发挥政府作用,积极构建"有效市场"和"有为政府"新格局。[2]厘清政府与市场的关系是"放管服"改革的重要任务之一,把政府不该管、管不好的事项交还给市场,激发市场活力,创造"有效市场",充分发挥政府的监管和服务职能,打造"有为政府",唯有如此,才能真正实现市场在资源配置中的决定性作用。

2. 整体性治理理论

整体性治理理论是英国学者佩里·希克斯和帕却克·邓利维等人在批判新公共管理种种弊端的基础上,提出的一种新型行政学理论范式。该理论强调公民需求导向、协作整合机制和信息技术应用[3],旨在解决新公共管理理论中的碎片化治理和部门自我中心主义问题。这与"放管服"改革在价值取向、治理结构、治理工具方面具有相当高的契合度[4],如寇大伟、崔建锋以河北省"放管服"改革为例,提出其中的行政审批改革、综合行政执法改革以及"双随机、一公开"的监管模式改革等都是整体性治理的具体体现[5]。

3. 服务型政府理论

服务型政府强调政府职能重心的转移,即从注重经济建设转向注重民生建设,

---

[1] 郑小强:《政府职能转变动力机制研究——系统动力学观点》,载于《上海行政学院学报》2013年第3期,第55-63页。

[2] 梁睿:《中国特色社会主义"资源配置市场决定论"解析》,载于《北方论丛》2015年第1期,第142-146页。

[3] 陈丽君、童雪明:《整体性治理视阈中的"最多跑一次"改革:成效、挑战及对策》,载于《治理研究》2018年第3期,第29-38页。

[4] 刘潇阳、魏楠:《地方政府"放管服"改革提升路径研究——基于整体性治理视角》,载于《领导科学》2018年第32期,第25-27页。

[5] 寇大伟、崔建锋:《整体性治理视域的"放管服"改革——以河北省"放管服"改革为例》,载于《领导科学》2019年第4期,第13-16页。

注重向公众提供公共产品和公共服务。①党的十九大将服务型政府建设的目标定位凝练为"建设人民满意的服务型政府","人民满意"的目标设定凸显了服务型政府建设以人民为中心的价值关怀,开启了服务型政府建设的新篇章。②"放管服"改革作为转变政府职能的重要突破口,必然以建设人民满意的服务型政府为目标,在服务型政府理论的指导下,改革主体通过简政放权、放管结合、优化服务等关键性改革举措,强化服务意识、创新服务方式、增强服务效率,使人民群众切实地享受到政策实惠。

4. 合作治理理论

伴随着"治理"一词的兴起,学界衍生出众多与治理相关的理论,如元治理、善治、协同治理等。合作治理理论以治理理论为本源,是对治理理论的继承与发展。该理论以共识为导向,侧重于用协商的方式来解决跨地域、跨部门的公共问题,是一种集体、平等的决策过程③,更是用于解决公地悲剧、囚徒困境的一种重要方式。"放管服"改革在追求导向、行动原则、社会价值等方面都与合作治理理论不谋而合,在合作治理模式的应用与指导下,以主体、理念和平台为现实性基础,引领"放管服"改革不断向纵深发展。④

5. 行政负担理论

行政负担理论认为,市场主体或社会主体在与行政主体打交道的过程中会产生一些显性或隐性成本,大体上可划分为合规成本、学习成本和心理成本三类。其中,合规成本是指市场主体和社会主体为达到政府规定的程序性要求而引发的成本⑤;学习成本是指市场主体和社会主体为了解、学习政策要求而引发的成本⑥;心理成本是指市场主体和社会主体在申请或接受相关服务时感受到的负面体验而引发的成本。"放管服"改革强调对行政负担的转移、消除,即将市场主体或社会

---

① 竺乾威:《服务型政府:从职能回归本质》,载于《行政论坛》2019年第5期,第96-101页。

② 田小龙:《我们为什么要从伦理路径建设服务型政府》,载于《安徽大学学报(哲学社会科学版)》2019年第6期,第148-156页。

③ 蔡岚:《合作治理:现状和前景》,载于《武汉大学学报(哲学社会科学版)》2013年第3期,第41-46、128页。

④ 李彦娅、冷普林:《江西省"放管服"改革:缘起、困境及其优化路径——基于合作治理的理论视角》,载于《四川行政学院学报》2020年第2期,第32-42页。

⑤ 马亮:《"放管服"改革:理论意蕴与政策启示》,载于《江苏师范大学学报(哲学社会科学版)》2020年第5期,第88-99页。

⑥ 马亮:《国家治理、行政负担与公民幸福感——以"互联网+政务服务"为例》,载于《华南理工大学学报(社会科学版)》2019年第1期,第77-84页。

主体的成本转移至行政主体，行政主体面对"增负"问题时，以管理转型、技术赋能等方式推动改革以降低行政负担。[①]

（四）"放管服"改革的逻辑理路研究

理顺"放管服"改革的逻辑理路，有助于把握"放管服"改革进程，厘清"放管服"改革的本质及其实现机理。当前学界主要围绕改革的发展历程和推进逻辑两个方面展开深入讨论。

1. "放管服"改革的发展历程

研究者按照改革发展的时间历程，以阶段性划分的方式梳理改革脉络，如李军鹏提出我国"放管服"改革的"三阶段论"，即面向市场经济转型阶段、市场经济体制完善阶段、市场发挥决定性作用阶段[②]；彭云、王佃利认为"放管服"改革经历了从体制改革到机制创新的探索过程，大体上可划分为向企业放权、向市场放权、取消下放审批权、放管结合、"放管服"三管齐下五个阶段[③]；秦德君认为"放管服"改革自2013年全面启动以来，主要经历了起始、攻坚和拓深三个历史阶段[④]。

2. "放管服"改革的推进逻辑

应小丽、蒋国勇深入地方改革实践，结合浙江省的现实案例，提炼出因势而谋、应势而动、顺势而为、乘势而上、因势利导的改革推进逻辑。[⑤]彭向刚通过典型文本分析，揭示"放管服"改革推进营商环境优化的内在逻辑，提出以权力规制为中轴、以技术赋能和制度供给为两翼的逻辑框架，即以技术赋能为先导，减少和降低改革阻力；以权力规制为根本，抓住改革的核心和关键问题；以制度供给为保障，巩固和夯实改革的基础。[⑥]

[①] 马亮：《"放管服"改革：理论意蕴与政策启示》，载于《江苏师范大学学报(哲学社会科学版)》2020年第5期，第88-99、124页。

[②] 李军鹏：《改革开放40年：我国放管服改革的进程、经验与趋势》，载于《学习与实践》2018年第2期，第29-36页。

[③] 彭云、王佃利：《机制改革视角下我国"放管服"改革进展及梗阻分析——基于七省市"放管服"改革的调查》，载于《东岳论丛》2020年第1期，第125-133页。

[④] 秦德君：《马克思主义国家职能理论框架中的"放管服"改革价值分析》，载于《学术界》2021年第4期，第41-50页。

[⑤] 应小丽、蒋国勇：《"放管服"改革的浙江实践与地方治理创新》，载于《中国行政管理》2018年第3期，第155-156页。

[⑥] 彭向刚：《技术赋能、权力规制与制度供给——"放管服"改革推进营商环境优化的实现逻辑》，载于《理论探讨》2021年第5期，第131-137页。

（五）"放管服"改革的动力机制研究

通过对"放管服"改革的动力机制研究，人们能够深入理解改革的触发机制，发现影响"放管服"改革的重要变量。当前学界主要围绕主体性因素、环境性因素和制度性因素三个方面展开讨论。

1. 主体性因素

行政人员作为改革工作的具体执行者与实施者，是推进"放管服"改革的主要动力之一。崔运武、李玫认为地方政府工作人员的能力素质是影响改革的重要因素，其对"放管服"改革政策意涵的理解与认识对改革执行具有至关重要的影响[①]；谭新雨、刘帮成也充分认可行政人员在改革中的重要性，强调基层公务员是打通"放管服"改革落地"最后一公里"的关键，他们通过分析158家单位793个有效样本，发现基层公务员的创新行为能够有效促进"放管服"改革任务绩效、政务服务满意度的提升，且改革目标清晰度和服务群众导向会促进基层公务员创新行为对"放管服"改革任务绩效、政务服务满意度产生积极影响[②]。

2. 环境性因素

环境作为一项外部因素，对"放管服"改革具有关键性影响。李彦娅、聂勇钢从政治系统论的角度提出，政府治理的环境变化是推进"放管服"改革的根本动因，这一方面源于经济转型和竞争的加剧、社会转型和组织变革、社会主要矛盾调整等环境的要求；另一方面源于科学进步与运用、第三部门的兴起与成熟等环境的支持[③]，引发"放管服"改革向纵深推进。诚如其所言，伴随着各国经济的腾飞，全球进入"超竞争"时代，政府改革已然成为应对治理风险与难题、扩大国际影响力的重要路径选择，同时科技革命与产业变革席卷全球，大数据、人工智能、云计算等颠覆性技术对人类社会的生产生活产生了巨大的影响，新智能革命的兴起也对政府治理提出了更高的要求[④]。

[①] 崔运武、李玫：《论我国地方政府"放管服"改革的挑战与应对——基于政策有效执行和整体性治理的分析》，载于《湘潭大学学报(哲学社会科学版)》2019年第2期，第13-20页。

[②] 谭新雨、刘帮成：《基层公务员创新何以提升"放管服"改革成效？——基于组织学视角的逻辑解释》，载于《中国行政管理》2020年第3期，第83-91页。

[③] 李彦娅、聂勇钢：《基于政治系统理论的"放管服"改革动因解析》，载于《成都行政学院学报》2019年第3期，第17-21页。

[④] 李水金、欧阳蕾：《十八大以来我国"放管服"改革的动因、成效、困境及推进策略》，载于《天津行政学院学报》2020年2期，第11-21页。

3.制度性因素

十九届四中全会强调,"坚持和完善支撑中国特色社会主义制度的根本制度、基本制度、重要制度","把我国制度优势更好转化为国家治理效能",由此可见制度在现代化治理中的重要地位。"放管服"改革亦是如此。秦长江认为,体制、机制、法律法规是助力"放管服"改革持续有序推进的关键性因素①;李坤轩指出,制度中存在的难题和问题会在一定程度上使改革成效打折扣,以致难以实现既定的改革目标,无法充分释放改革红利,阻碍改革任务的持续推进②。制度建设绝不是行政机关及其行政人员的一己之责,需要企业、社会组织、公民等主体共同参与,对此,宋林霖、赵宏伟聚焦"放管服"改革中的政务服务中心建设,指出中央政府先后出台的一系列政策与改革举措表明了政府部门推进改革的坚定决心,但是在促进多方共同参与制度建设方面还须继续加大力度③。

(六)"放管服"改革的发展现状研究

研究者在放眼全国宏观视野的同时,也聚焦于地方政府及具体领域、具体环节的微观层面,从不同维度出发对"放管服"改革的发展现状展开了深入研究,在肯定改革效用和推广典型经验的同时,进一步指出了改革实践中存在的桎梏与短板。

1."放管服"改革现状的系统性研判

当前"放管服"改革遵循国家治理现代化的逻辑理路,通过清单建设、商事制度改革、一门式办理、网上办理,明确政府职责边界,破除市场发展桎梏,优化政府公共服务,引导行政机关及其行政人员理顺政府、市场和社会的关系,在回归"市场本位""社会本位""服务本位"方面取得了一定的成效④。地方政府充分发挥改革积极性和自主性,结合区域发展实际,形成了一系列可复制、可推广、可扩散的典型经验;大数据技术的应用更为"放管服"改革注入了强大的动力,

---

① 秦长江:《"放管服"改革中存在的问题及其对策——基于河南的调研与思考》,载于《中州学刊》2019年第3期,第1-7页。
② 李坤轩:《新时代深化"放管服"改革的问题与对策》,载于《行政管理改革》2019年第6期,第75-82页。
③ 宋林霖、赵宏伟:《论"放管服"改革背景下地方政务服务中心的发展新趋势》,载于《中国行政管理》2017年第5期,第148-151页。
④ 王湘军:《国家治理现代化视域下"放管服"改革研究——基于5省区6地的实地调研》,载于《行政法学研究》2018年第4期,第106-115页。

为行政机关突破传统瓶颈、创新服务模式提供了想象空间和技术可能[1]。但是"放管服"改革并不是一蹴而就的，在改革实践的推进过程中仍面临政策落实不足、社会参与度不够、法律法规制度建设滞后[2]、信息共享和业务协同有待深化[3]等一系列现实挑战。尤其是在"放管结合"方面，由于涉及的情况比较复杂，政府监管经验有限[4]，个别部门认识还不到位，监管意识不足，对事关部门利益的行政审批项目不愿放、不愿减，所以监管工作相对滞后，形成了"放""服"的改革快于"管"的差序格局[5]。

2. "放管服"改革面临的共性问题

将"放""管""服"三项改革举措合而为一，从整体性视角出发，简政放权、放管结合、优化服务三项举措主要面临以下两个共性问题。其一，政策困境。李瑜、毕晓光对"政策打架"现象进行重点论述，提出在"科层-职能"运行模式下，管理行为被条块分割，以科层为条自上而下统一管理，以职能为块立足具体领域分而治之，纵横交错间，各级政策、各类政策的重叠与冲突难以避免。[6] 其二，机制困境。彭云、王佃利认为"放管服"改革存在功能性梗阻、联结性梗阻和信息性梗阻等机制问题，导致程序性制度缺失、部门职能定位不清、资源配置不科学、跨部门联结不顺畅、信息共享机制不完善等，使得政府无法有效履职，造成了资源浪费，降低了企业群众的获得感和满意度。[7]

3. "放管服"改革中的个性问题

将"放""管""服"三项举措独立成篇，从特殊性视角出发，不难发现简政放权、放管结合、优化服务中各自存在的问题。首先，简政放权不彻底。一些地方政府在简政放权中存在"放大不放小""明放暗不放"，甚至"边放边收"的现

---

[1] 邓念国：《"放管服"改革中政务大数据共享的壁垒及其破解——以"最多跑一次"改革为考察对象》，载于《天津行政学院学报》2018年第1期，第14-21页。

[2] 张占斌、孙飞：《改革开放40年：中国"放管服"改革的理论逻辑与实践探索》，载于《中国行政管理》2019年第8期，第20-27页。

[3] 陆生宏、井胜、孙友晋：《协同研究政务服务 助力优化营商环境》，载于《中国行政管理》2021年第8期，第146-148页。

[4] 宋林霖、许飞：《论大市场监管体制改革的纵深路径——基于纵向政府职责系统嵌套理论分析框架》，载于《南开学报(哲学社会科学版)》2018年第6期，第11-21页。

[5] 胡税根、冯锐、杨竞楠：《优化营商环境 培育和激发市场主体活力》，载于《中国行政管理》2021年第8期，第16-18页。

[6] 李瑜、毕晓光：《"政策打架"现象的机理与消解对策》，载于《领导科学》2019年第22期，第19-22页。

[7] 彭云、王佃利：《机制改革视角下我国"放管服"改革进展及梗阻分析——基于七省市"放管服"改革的调查》，载于《东岳论丛》2020年第1期，第125-133页。

象①，一些该放的权力还没有完全放开、放到位②。其次，地方承接有缺失。由于基层政府的事权承接能力有限、人员配备明显不足③、财务保障缺失、自身建设滞后等，所以部分行政审批事项"放下来、接不住"④。再次，政府监管出漏洞。政府监管是助力政府走出"一放就乱""一管就死"等怪圈的重要路径，但当前依旧存在监管理念滞后、监管体制不够健全、监管方式比较落后⑤，监督措施和管理手段兼顾不够⑥等亟待解决的现实问题。最后，政务服务存疑难。政务服务程序不清、标准不明、办事拖沓等现象还比较突出⑦，尤其在"互联网＋政务服务"方面，存在政务公开与新媒体融合不充分⑧、网上服务平台普及率不高、网络化服务水平欠佳、电子档案认可和利用度低⑨等系列问题。

（七）"放管服"改革的绩效评价研究

纵观学界，关于"放管服"改革绩效评价的研究成果屈指可数。笔者通过文献梳理，发现为数不多的研究成果主要围绕"为何评价""评价什么""如何评价"三方面内容展开讨论。

1. 为何评价

高小平、陈新明认为政府绩效管理是政府职能转变工作中的"指挥棒"，在厘清"放管服"改革逻辑脉络和本质要求的基础上，将绩效管理融入"放管服"改革实践，探寻新的发展理念、制度安排与推进路径是持续深化"放管服"改革的

---

① 庄嘉声：《深化"放管服"改革 激发市场主体活力——学习6·25全国电视电话会议精神的体会》，载于《中国行政管理》2019年第7期，第11-14页。

② 马宝成、吕洪业、王君琦等：《党的十八大以来政府职能转变的重要进展与未来展望》，载于《行政管理改革》2017年第10期，第28-34页。

③ 毕瑞峰、段龙飞：《"放管服"改革背景下的地方政府事权承接研究——基于广东省中山市镇区的调查分析》，载于《中国行政管理》2018年第8期，第30-34页。

④ 王彦智：《"放管服"改革中提高西藏(地)市县(区)政府承接能力的思考》，载于《西藏民族大学学报(哲学社会科学版)》2017年第5期，第18-23，154页。

⑤ 马宝成、吕洪业、王君琦等：《党的十八大以来政府职能转变的重要进展与未来展望》，载于《行政管理改革》2017年第10期，第28-34页。

⑥ 苏亮、马国芳：《地方政府推进"放管服"改革实证研究——以云南省楚雄州为例》，载于《云南行政学院学报》2019年第3期，第120-126页。

⑦ 马宝成、吕洪业、王君琦等《党的十八大以来政府职能转变的重要进展与未来展望》，载于《行政管理改革》2017年第10期，第28-34页。

⑧ 曹莹：《政务公开如何用好"互联网＋"》，载于《人民论坛》2017年第33期，第70-71页。

⑨ 高学栋、李坤轩：《推进"互联网＋政务服务"对策研究——基于山东省部分政府部门"放管服"改革第三方评估》，载于《华东经济管理》2016年第12期，第178-184页。

必然选择。①王丛虎提出考核评价是持续推进"放管服"改革的重要抓手和重点环节，尤其需要注重人民群众的评价，唯有如此，才能对改革是否落到了实处、改革是否深入到了基层、改革是否真正发挥了作用等问题做出有效判断。②王琛伟进一步强调，客观评价改革成效，能够帮助改革主体及时发现问题、采取相应措施，并为未来的改革方向、改革策略等一系列改革工作提供重要依据。③

2. 评价什么

李克强提出，检验"放管服"改革的成效应重点把握三个衡量标准，即企业申请开办时间压缩了多少，投资项目审批提速了多少，群众办事方便了多少。④中国行政体制改革研究会课题组将"放""管""服"合而为一，从改革成效、改革针对性、改革配套措施等方面对"放管服"改革做出总体评价。⑤与之不同，邓悦等将"放管服"改革按照简政放权、放管结合和优化服务三个方面进行维度划分，依托中国企业-劳动力匹配调查（CEES）的经验数据，分别采用企业办理行政审批的成本是否减少、企业评价的监督抽查次数是否减少、企业在线办理行政审批的比例作为衡量"放""管""服"改革水平的评价指标。⑥王琛伟遵循可行性、公平性、经济性与发展性的基本原则，尝试从企业实际收益、政府推动改革的工作效率、区域发展的实际效果、营商环境基础制度体系四个维度出发，围绕"放管服"改革，构建系统化的评价指标体系，且在其看来，这在国内对"放管服"改革成效评估的研究中尚属首次，具有一定的创新性。⑦

3. 如何评价

在为数不多的相关研究成果中，研究者主要选择问卷调查、案例分析、主观研判分析等方法展开研究，如：中国行政体制改革研究会课题组通过问卷调查的方式，收集党政干部、企业事业单位人员以及普通民众等社会各方对"放管服

---

① 高小平、陈新明：《政府绩效管理视角下深化"放管服"改革研究》，载于《理论与改革》2019年第2期，第51-60页。

② 王丛虎：《考核评价是"放管服"落实到基层的重要抓手》，载于《国家治理》2019年第48期，第33-34页。

③ 王琛伟：《我国"放管服"改革成效评估体系的构建》，载于《改革》2019年第4期，第48-59页。

④ 李克强：《衡量"放管服"改革成效要有明确量化指标》，中华人民共和国中央人民政府网，2020年2月20日。

⑤ 汪玉凯：《放管服改革如何深化——社会各界对简政放权、放管结合、优化服务的评价》，载于《中国党政干部论坛》2017年第9期，第47-50页。

⑥ 邓悦、郑汉林、郅若平：《"放管服"改革对企业经营绩效的影响——来自中国企业-劳动力匹配调查(CEES)的经验证据》，载于《改革》2019年第8期，第128-139页。

⑦ 王琛伟：《我国"放管服"改革成效评估体系的构建》，载于《改革》2019年第4期，第48-59页。

改革的评价意见①；侯志阳选取两个具有可比性的乡镇政府展开实地调研，通过对典型个案的考察与分析，厘清公共服务履职的应然与实然状态，揭示基层政府在"放管服"改革方面的实际进展②；丁邡等基于政府工作报告、政策文本等二手数据资料，厘清"放管服"改革在精简行政审批、改善营商环境、释放创新创业潜能、优化商事制度、完善公共服务等方面取得的阶段性成果，对改革的实际进展做出主观研判③。

（八）"放管服"改革的行动策略研究

"放管服"改革要适应中国特色社会主义新时代的发展要求④，未来就要在一体化、平衡点、协调性以及转作风上下功夫：要实现"放得开、管得住、服到位"的整体推进，实现三者的互促互进；要正确处理放权与承接、宽进与严管、不扰与优服的关系；要上下联动、左右配合，形成合力；要为政以公，对形式主义、官僚主义等不正之风加以整治⑤，营造透明高效的制度环境、规范有效的市场环境、亲商便民的政务环境和公正稳定的法治环境⑥。

"放""管""服"既可合而为一，又可独立成篇，在明确宏观发展战略的同时，我们有必要深入分析"放""管""服"三条改革主线，进一步提出具体的改革行动策略。第一，持续推动简政放权改革，以确保释放活力。要全面推行清单管理制度，持续减权限权、协同放权⑦，压缩行政事权范围⑧，以市场化、社会化、法治化、标准化、精准化和便民化为方向，全面推进行政审批改革⑨。第二，持续

---

① 汪玉凯：《放管服改革如何深化——社会各界对简政放权、放管结合、优化服务的评价》，载于《中国党政干部论坛》2017年第9期，第47-50页。

② 侯志阳：《强化中的弱势："放管服"改革背景下乡镇政府公共服务履职的个案考察》，载于《中国行政管理》2019年第5期，第46-51页。

③ 丁邡、逄金辉、乔靖媛：《我国"放管服"改革成效评估与展望》，载于《宏观经济管理》2019年第6期，第25-29页。

④ 李军鹏：《改革开放40年：我国放管服改革的进程、经验与趋势》，载于《学习与实践》2018年第2期，第29-36页。

⑤ 顾杰、何崇喜：《下硬功夫打造好发展软环境》，载于《中国行政管理》2019年第4期，第6-7页。

⑥ 王昌林、赵栩：《加快营造国际一流的营商环境——关于当前深化"放管服"改革、优化营商环境的一些思考》，载于《中国行政管理》2019年第7期，第19-20页。

⑦ 卫鑫：《"放管服"改革的现实问题与完善路径》，载于《中国行政管理》2021年第2期，第155-157页。

⑧ 秦德君：《马克思主义国家职能理论框架中的"放管服"改革价值分析》，载于《学术界》2021年第4期，第41-50页。

⑨ 王丛虎、门钰璐：《"放管服"视角下的行政审批制度改革》，载于《理论探索》2019年第1期，第91-96页。

加强放管结合改革，以切实管出公平。要促进公正监管与依法治国的有机结合、深化综合行政执法[1]、健全监管规则、创新监管方式、加强监管联动、强化社会信用体系建设和公共资源交易监管[2]，加大对违法、违规行为的惩处力度，进一步推进"互联网＋监管"，积极引导社会公众和第三方参与监管[3]。第三，持续深化优化服务改革，以真正服出便利。要创新政府公共服务的供给方式[4]，推行精准化、标准化、智能化的服务模式[5]，注重对"互联网＋政务服务"的应用与推广，通过优化再造服务流程、建立健全相关服务平台、打通数据壁垒等一系列现实性举措[6]，使之成为驱动政府、企业和社会实现数字化升级的引擎[7]。

二、政府改革绩效评价的相关研究

在系统梳理关于政府改革绩效评价的研究成果前，笔者认为有必要对为何围绕"政府改革绩效评价"而非"政府改革效能评价"展开综述予以说明。当前，绩效评价作为国际通用的政府改革研究视角，在学界备受研究者的青睐和推崇，而鲜有学者从效能评价角度来研究、理解政府改革问题，在屈指可数的政府效能评价研究中也常常出现效能与绩效混用的现象。对此，有研究者指出，由于政府效能与政府绩效这两个概念存在较大交集，且部分研究者在研究中未能对其做出明确区分，所以很大一部分政府效能的研究成果落到了绩效板块。[8]因此，考虑到"绩效"与"效能"的相关性、绩效评价研究成果对本研究的参考价值，这里将围绕"政府改革绩效评价"展开综述，主要涉及评价价值、评价难点、评价结果、评价维度和评价方法五个方面。

---

[1] 柴宝勇：《以加强公正监管大力推进"放管服"改革》，载于《中国行政管理》2019年第4期，第13-14页。

[2]《中国行政管理》编辑部：《深化"放管服"改革 优化营商环境》，载于《中国行政管理》2019年第7期，第5页。

[3] 马宝成、吕洪业、王君琦：《党的十八大以来政府职能转变的重要进展与未来展望》，载于《行政管理改革》2017年第10期，第28-34页。

[4] 侯志阳：《强化中的弱势："放管服"改革背景下乡镇政府公共服务履职的个案考察》，载于《中国行政管理》2019年第5期，第46-51页。

[5] 戴浩飞：《深化"放管服"改革的重点与方向——基于机构改革的分析视角》，载于《天津行政学院学报》2020年第1期，第46-53页。

[6] 高学栋、李坤轩：《推进"互联网＋政务服务"对策研究——基于山东省部分政府部门"放管服"改革第三方评估》，载于《华东经济管理》2016年第12期，第178-184页。

[7] 丁邡、逄金辉、乔靖媛：《我国"放管服"改革成效评估与展望》，载于《宏观经济管理》2019年第6期，第25-29页。

[8] 方茜、贺昌政：《基于激励视角的政府效能提升路径研究——以基本公共服务为例》，载于《软科学》2013年第2期，第24-27页。

（一）政府改革绩效评价价值的研究

政府改革是21世纪公共管理领域的一项重大研究课题[①]，研究者认为，政府改革大体上可以划分为两类，即管理改革和治理改革[②]，政府改革的目的往往在于提高行政系统的能力，使之更有效率和效力[③]。一般情况下，改革意味着参与者之间的权力斗争，在很大程度上会受到官僚政治的影响[④]，而政府改革绩效评价可以帮助改革者了解改革工作是否按照预期有序推进，并引导其寻找缩小改革现实与改革预期差距的路径及方法。同时，政府改革绩效评价有助于研究者与实践者厘清政府改革与绩效评价的关系，进一步明确绩效评价在多大程度上能够成为改革的一部分，即解决公共部门和公共组织对改革行为的评价程序制度化问题[⑤]，如：刘磊（Liu）等人选择能够代表中国社会发展和政治改革前沿的深圳市为样本，对为解决严重的环境问题，从21世纪初开始在中国的一些地方政府建立和推行的环境保护绩效评价制度进行评价[⑥]等。

此外，虽然公共部门改革的初衷在于改变政治和行政机构，试图通过一系列办法使公共部门的运行更为顺畅，产生更好的结果，但是并非所有的改革都能够带来积极的影响，其改革结果也并不总是正面的，如：比林（Billing）分析了布基纳法索改革的负面后果，运用夜间灯光指数证明了创建新的地方行政单位的改革举措会使公共产品供应水平显著下降[⑦]；孙东文（Sun）在国家与社会关系不断变化的背景下，分析我国台湾地区政府改革，认为台湾地区政府改革是政治化的产物，政治人物、官僚和社会成员试图通过这种政治化在互动关系中提升自身的

[①] Boyd N M, "Administrative Reform in the States", *Public Administration Quarterly*, 2009, Vol.33, No.2, pp.155-163.

[②] Sözen S, "Recent administrative reforms in Turkey: A preliminary assessment", *International Journal of Business and Social Science*, 2012, Vol.3, No.9, pp.168-173.

[③] Bari Durra A, "Assessment of training needs within the context of administrative reform in Jordan", *International Journal of Manpower*, 1990, Vol.11, No.7, pp.3-10.

[④] Bowornwathana B, Poocharoen O, "Bureaucratic politics and administrative reform: Why politics matters", *Public Organization Review*, 2010, Vol.10, No.4, pp.303-321.

[⑤] Hansen H F, "Evaluation in and of public-sector reform: The case of Denmark in a Nordic perspective", *Scandinavian Political Studies*, 2005, Vol.28, No.4, pp.323-347.

[⑥] Liu L, de Jong M, Huang Y, "Assessing the administrative practice of environmental protection performance evaluation in China: The case of Shenzhen", *Journal of Cleaner Production*, 2016, Vol.134, pp.51-60.

[⑦] Billing T, "Government fragmentation, administrative capacity, and public goods: The negative consequences of reform in Burkina Faso", *Political Research Quarterly*, 2019, Vol.72, No.3, pp.669-685.

利益和影响力，政府改革的供求失衡导致台湾地区的重建计划未能达到预期效果①。可见，政府改革绩效评价能够进一步揭示改革所带来的负面后果及成因。

（二）政府改革绩效评价难点的研究

沃尔曼（Wollmann）认为政府改革绩效评价主要存在以下三个难点：第一，作为衡量标准的目标难以确定，现代化的改革举措多为捆绑式，抽离难度较大；第二，目标难以转化为可操作、可衡量的指标；第三，难以获得可以代表该项指标的经验数据，往往越有意义的指标，越难以获得可行的数据，且进行稳健性检验的难度较大。②在国别比较的研究中，分析单位的不确定性、关键数据的稀缺性以及衡量指标的变化性和模糊性表现得更为明显。③阿斯基姆（Askim）等进一步强调，当前学者只是简单地将改革意图或目标与改革效果相连，但是在改革实践中改革目标往往是模糊的，是在改革的具体实施中不断修正、调整的，这无疑加剧了改革目标的不确定性。随着时间的推移，政府改革绩效评价虽然有助于揭示改革所带来的持续性影响，但是学者往往难以将其与同时发生的其他改革所带来的影响剥离开来，这进一步增加了评价的难度④，如：布鲁尔（Brewer）分析了25个西方民主国家的改革经验，证明官僚作风的改善并不完全是政府改革的结果，与政府改革相比，国家安全、种族宗教局势、政府统一性以及经济的稳定性等环境因素对官僚作风的影响和改善更为显著⑤。

（三）政府改革绩效评价结果的研究

回归政府改革绩效评价的本质，汉森（Hansen）认为政府改革绩效评价既可以是针对改革的总体性评价，也可以是侧重于某项具体改革内容的评价，该项工作既可以由政府内部机构完成，也可以由咨询公司、研究人员等外部独立人员完成，并可以依托不同的评价模型开展，如侧重于强调实施过程和差距的过程模型、

---

① Sun M T W, "Rhetoric or action? An assessment of the administrative reform in Taiwan", *Journal of Asian Public Policy*, 2008, Vol.1, No.1, pp.52-70.

② Wollmann H, "*Evaluation in public-sector reform: Concepts and practice in international perspective*", Edward Elgar Publishing, 2003, p.6.

③ Wollmann H, "*Evaluation in public-sector reform: concepts and practice in international perspective*", Edward Elgar Publishing, 2003, pp.6,12-21.

④ Askim J, Cheristensen T, Fimreite A L and Laegreid P, "How to assess administrative reform? Investigating the adoption and preliminary impacts of the Norwegian Welfare administration reform", *Public Administration*, 2010, Vol.88, No.1, pp.232-246.

⑤ Brewer G A, "Does administrative reform improve bureaucratic performance? A cross-country empirical analysis", *Public Finance & Management*, 2004, Vol.4, No.3, pp.399-428.

侧重于强调是否满足改革意图的目标实现模型,侧重于强调影响是否更为广泛的效应模型等[1]。但无论以谁为评价主体,依托何种评价模型,面对何种评价内容,对评价结果的讨论和分析始终是政府改革绩效评价的关键一环。对此,在政府改革绩效评价的研究领域,有部分研究者关注绩效评价结果,并致力于分析导致结果差异的原因。如马林(Marleen)等认为政府改革主要包含组织、人事、战略和财政四方面的内容,他们据此梳理比利时政府改革轨迹,并进一步从政治体制结构、行政文化和政策企业家的三维视角深入分析改革效果异同[2];包东华(Bowornwathana)和卜查隆(Poocharoen)选用官僚政治框架,根据权力领域的转变和所选择的管理工具,解释改革的不同结果[3];巴拉迪(Bonini Baraldi)聚焦文化遗产领域,具体分析意大利的行政改革结果,并通过与法国博物馆部门的比较,论证了变革过程中管理方式对改革效果产生的显著影响,并指出为了取得更好的改革效果,高级官僚必须更积极地参与改革的设计过程[4];利勃曼(Liebman)以法律改革为典型例证,强调在中国语境下实验和试点是促使改革成功的重要因素[5]。此外,杨开峰(Yang)和潘迪(Pandey)运用结构方程模型,进一步证明了注重结果的改革能够在一定程度上促进目标的明晰性和沟通的顺畅性。[6]

(四)政府改革绩效评价维度的研究

从宏观层面来看,评价维度的划分依托于对绩效概念的解构,克里斯托弗·波利特和海尔特·鲍克尔特将改革绩效划分为四种类型,即操作性结果、作为过程改进的结果、作为制度改进的结果、作为一种构想的实现结果[7]。通过对绩效本

---

[1] Hansen H F, "Evaluation in and of public-sector reform: the case of Denmark in a Nordic perspective", *Scandinavian Political Studies*, 2005, Vol.28, No.4, pp.323-347.

[2] Brans M, De Visscher C and Vancoppenolle D, "Administrative reform in Belgium: Maintenance or modernisation?", *West European Politics*, 2006, Vol.29, No.5, pp.979-998.

[3] Bowornwathana B, Poocharoen O, "Bureaucratic politics and administrative reform: Why politics matters", *Public Organization Review*, 2010, Vol.10, No.4, pp.303-321.

[4] Bonini Baraldi S, "Evaluating results of public sector reforms in Rechtsstaat countries: The role of context and processes in the reform of the Italian and French cultural heritage system", *International Public Management Journal*, 2014, Vol.17, No.3, pp.411-432.

[5] Liebman B L, "Assessing China's legal reforms", *Columbia Journal of Asian Law*, 2009, Vol.23, No.1, pp.17-33.

[6] Yang K, Pandey S K, "How do perceived political environment and administrative reform affect employee commitment?", *Journal of Public Administration Research and Theory*, 2008, Vol.19, No.2, pp.335-360.

[7] [英]克里斯托弗·波利特,[比利时]海尔特·鲍克尔特:《公共管理改革——比较分析》,夏镇平译,上海译文出版社2003年版,第91页。

质的不断研究与探索，学界形成了一系列适用于绩效的通用性评估框架，如：20世纪80年代，英国效率小组提出经典的"3E"模型，即经济（economy）、效率（efficiency）、效果（effectiveness），该模型得到学者的广泛认可，诸多学者在研究中将其延伸扩展，提出"4E""5E"等改进模型。

从微观层面来看，部分研究者将政府改革视为一种特殊的制度政策形式加以评价，如：库尔曼（Kuhlmann）认为对政府改革的评价主要包括对实施结果的评价、横向和纵向协同能力的评价以及政治问责和民主控制的评价[1]；拉慧文（Ra）和朱在贤（Joo）以韩国地方政府制定的"顾客导向"改革措施为例，主张从投入、产出、反馈等维度出发进行评价[2]。还有一些研究者深入具体的政府改革项目或行为来提炼评价维度，如：内斯科夫（Neshkova）和科斯塔迪诺夫（Kostadinova）提出改革举措一经实施，政府便会在减少腐败、吸引投资等方面发挥作用，因此可通过对政府透明度和外商直接投资的影响来判断改革的有效性[3]；陈升等结合李克强提出的衡量"放管服"改革成效的三个标准，综合考虑数据的可得性，最终选取新增企业单位数和固定资产投资（不含农户）新开工项目两项指标来测量行政审批改革绩效[4]；廖福崇认为，行政审批制度本质上是政府与市场关系的集中体现，行政审批制度改革已持续多年，可采用是否成立审批中心、成立时长、进驻部门数量、窗口数量以及事项数量来测量行政审批改革绩效[5]；胡建等以河北省集体林权制度改革为研究对象，尝试从经济效益、社会效益、生态效益三个方面出发，选取恰当的指标，来衡量、分析其改革绩效水平[6]；横山（Yokoyama）从地方政府效率和透明度的双重维度探究地方政府改革绩效[7]；卢卡西维奇（Lu-

---

[1] Kuhlmann S, "Reforming local government in Germany: Institutional changes and performance impacts", *German Politics*, 2009, Vol.18, No.2, pp.226-245.

[2] Ra H M, Joo J, "Evaluating customer-centred reforms in Korean local governments: Possibilities and limitations of reform measures for civil application", *International Review of Administrative Sciences*, 2005, Vol.71, No.3, pp.425-444.

[3] Neshkova M I, Kostadinova T, "The effectiveness of administrative reform in new democracies", *Public Administration Review*, 2012, Vol.72, No.3, pp.324-333.

[4] 陈升、王梦佳、李霞：《有限政府理念下行政审批改革及绩效研究——以浙、豫、渝等省级权力清单为例》，载于《公共行政评论》2017年第4期，第80-94，194页。

[5] 廖福崇：《"放管服"改革、行政审批与营商环境——来自企业调查的经验证据》，载于《公共管理与政策评论》2019年第6期，第80-96页。

[6] 胡建、程琳、贾进：《河北省集体林权制度改革绩效分析》，载于《河北学刊》2012年第5期，第236-238页。

[7] Yokoyama M, "Evaluation systems in local government: Are evaluation systems useful tools of administrative reform?", *Interdisciplinary Information Sciences*, 2009, Vol.15, No.2, pp.243-250.

kasiewicz）等提出从社会公正的角度评价政府改革绩效，聚焦于分配正义、程序正义、互动正义三个方面对澳大利亚政府持续推进的水务改革进行绩效评价[①]。

（五）政府改革绩效评价方法的研究

当前学界主要应用数据包络分析法（DEA）、层次分析法（AHP）、双重差分法（DID）、主成分分析法、混合方法、等级评分法、描述性分析7种研究方法完成对政府改革的绩效评价工作。

1. 数据包络分析法（DEA）

如蓝虹、穆争社运用三阶段DEA模型对2007—2012年全国115家县域法人样本农村信用社改革的总体绩效、商业绩效和涉农服务绩效做出具体评价[②]；李冠青利用DEA模型从技术效率和规模效率两方面出发，对山东省农村信用社的改革绩效展开实证评价[③]。

2. 层次分析法（AHP）

如苏永伟等从供给侧改革"三去一降一补"的任务出发，构建了包含5项一级指标和17项二级指标的评价指标体系，并采用层次分析法对各项指标赋权，完成对湖北省供给侧结构性改革绩效的实证测评[④]；毕克新等在遵循行政审批改革评价原则的基础上，从效率评价、效益评价、相关保障制度评价三个维度出发，构建行政审批改革绩效评价体系，利用模糊层次分析法对行政审批制度改革绩效展开评价[⑤]。

3. 双重差分法（DID）

如邓悦、周宇航运用双重差分法，将扩权强县改革作为"准自然实验"，选择河南省邓州市（扩权）与唐河县（未扩权）作比较，从县域宏观层面和微观企业

[①] Lukasiewicz A, Bowmer K, Syme G J, et al, "Assessing government intentions for Australian water reform using a social justice framework", *Society & Natural Resources*, 2013, Vol.26, No.11, pp.1314-1329.

[②] 蓝虹、穆争社：《我国农村信用社改革绩效评价——基于三阶段DEA模型Malmquist指数分析法》，载于《金融研究》2016年第6期，第159-175页。

[③] 李冠青：《农村信用社改革绩效评价及政策建议——基于山东地区的实证研究》，载于《东岳论丛》2013年第2期，第128-131页。

[④] 苏永伟、张跃强、陈池波：《湖北省供给侧结构性改革绩效评价》，载于《统计与决策》2018年第5期，第99-102页。

[⑤] 毕克新、施芳芳、温巧云：《基于FAHP的行政审批制度改革绩效评价研究》，载于《科技与管理》2012年第2期，第20-23页。

层面分析"省直管县"改革对县域经济的影响①；孙艳阳以各地级行政审批中心的设立为"准自然实验"，选择2001—2015年间的A股上市公司为样本，采用双重差分固定效应识别方法，实证分析行政审批中心设立是否影响以及如何影响企业价值②；布鲁恩（Bruhn）和麦肯齐（McKenzie）利用双重差分固定效应对巴西的Minas Gerais州的Minas Fácil Expresso改革项目进行评价③。

4. 主成分分析法

如陈俊营等选择企业家注册新企业所需要办理的审批手续以及在注册办理企业时所耗费的成本、时间和最低注册资本为替代变量，基于全球135个国家和地区的面板数据，利用主成分分析法，对全球放松准入管制政策改革绩效进行评价，并进一步揭示放松准入管制政策所带来的经济效用④；耿欣、代金奎以山东省133家农村信用社为样本，将时间范围限定在2002—2010年，从资本安全、经营效益、资产质量、服务"三农"、后续发展能力等方面选取8项指标，运用主成分分析法评价山东省农村信用社改革绩效⑤。

5. 混合方法

所谓混合方法是指研究中联合运用两种或两种以上的评价方法。如周小亮、吴洋宏认为厘清改革目的是评价改革绩效的关键，他们结合经济增长动力理论，构建以技术创新（科研投入、科研产出、经济产出）、结构优化（要素结构、产业结构、生态结构）和制度公平（起点公平、过程公平、结果公平）为基础的评价指标体系，运用主观层次分析和客观熵值相结合的组合赋权法，对2015—2017年供给侧结构性改革绩效做出评价⑥。

6. 等级评分法

如张电电等认为政府职能转变绩效是政府绩效的重要组成部分，他们采用任

---

① 邓悦、周宇航：《基于双重差分法的改革绩效评估——以河南邓州强县扩权为例》，载于《江西社会科学》2013年第2期，第178-182页。

② 孙艳阳：《行政审批改革与企业价值——基于行政审批中心设立的"准自然实验"》，载于《山西财经大学学报》2019年第7期，第14-30页。

③ Bruhn M，McKenzie D，"Using administrative data to evaluate municipal reforms: An evaluation of the impact of Minas Fácil Expresso"，*Journal of Development Effectiveness*，2013，Vol.5，No.3，pp.319-338.

④ 陈俊营、丁文丽、马宁辉：《降低准入管制就能促进经济增长吗？——全球放松准入管制政策改革绩效再评价》，载于《现代财经（天津财经大学学报）》2019年第1期，第72-85页。

⑤ 耿欣、代金奎：《农村信用社改革绩效评价——以山东省为例》，载于《山东社会科学》2012年第12期，第165-167页。

⑥ 周小亮、吴洋宏：《供给侧结构性改革绩效评价：基于经济增长动力视角》，载于《社会科学研究》2019年第3期，第8-18页。

务-周边绩效模型，运用七等级评分法，通过问卷调查对东部、中部以及西部地区的地方政府职能转变的内部优化绩效和社会适应绩效进行实地测评，并进一步明确地方政府职能转变绩效的异质性问题[①]；林永生等借鉴相关法律规定，提炼出五项判定市场经济国家的共性标准，而后遵循"总体—因素—子因素—指标"的四层次评价框架，构建了包含33个二级指标的市场指数体系，运用五等级评分法，测度1978—2016年中国市场改革绩效，并将测评结果与相关权威结果进行比对，从而确保测评结果的科学、可信[②]。

7. 描述性分析

如西迪奇（Siddiquee）以马来西亚的行政体制改革为例，梳理了20世纪80年代以来的改革轨迹，通过数据和语言来描述改革的成效和不足，揭示改革理想与现实的差距[③]；赵宏伟通过对天津市行政许可事项、权责清单管理、清费减负等内容的梳理与描述，评价党的十八大以来，天津市在简环节、优流程、提效能方面取得的明显成效[④]。

三、简要述评

从整体上看，"放管服"改革这一研究议题已然在学界引起广泛关注，研究成果浩如烟海。虽然鲜有研究围绕"放管服"改革评价展开，但是"放管服"改革的基本概念、实践价值、基础理论、逻辑理路、动力机制、发展现状、行动策略等方面的研究成果为本研究的开展与探索奠定了良好的学术基础。同样地，虽然当前学界将绩效评价视角（而非效能评价视角）作为研究政府改革问题的主流范式，但是考虑到效能与绩效的相似性，研究者仍然可以充分借鉴、吸收绩效评价研究在维度设计、难点突破以及方法运用等方面的优质成果，为构建效能评价模型、解决效能评价难题提供参考，实现科学研究中的求同存异。

（一）研究基础与共识

在关于"放管服"改革和"政府改革绩效评价"的既有研究成果中，研究者

[①] 张电电、张红凤、范柏乃：《地方政府职能转变绩效：概念界定、维度设计与实证测评》，载于《中国行政管理》2018年第5期，第33-39页。

[②] 林永生、郭治鑫、吴其倡：《中国市场化改革绩效评估》，载于《北京师范大学学报(社会科学版)》2019年第1期，第147-157页。

[③] Siddiquee N A，"Public management reform in Malaysia：Recent initiatives and experiences"，*International Journal of Public Sector Management*，2006，Vol.19，No.4，pp.339-358.

[④] 赵宏伟：《深化"放管服"改革 优化区域营商环境》，载于《中国行政管理》2019年第7期，第21-23页。

已针对以下问题达成基本共识，为本研究的顺利开展与深入探索打下了坚实的基础。

1. "放管服"改革评价的重要性

相关研究者认为评价作为一项有效的治理工具，能够反映改革实际结果与预期目标之间的差距。对于"放管服"改革而言更是如此。"放管服"改革作为我国持续推行的改革策略，已在中央政府以及各级地方政府全面铺开，唯有通过实际测评，才能了解改革进展，有针对性地解决当前改革中存在的现实问题，明确未来的改革方向，并且已有部分研究者采用问卷调查、典型案例剖析等方法对"放管服"改革评价做出了有益的探索。

2. "放管服"改革评价的主要内容

当前，根据党中央国务院相关政策文件指示，"放管服"改革是简政放权、放管结合、优化服务三项改革举措的简称，"放""管""服"三者既可合而为一，又可独立成篇，在以往研究中，研究者在解析"放管服"改革或评价其改革绩效时，也大多遵循此标准，围绕简政放权、放管结合、优化服务三个方面展开。

3. "放管服"改革对营商环境的优化效应

当前学界普遍认为"放管服"改革与营商环境优化是政府改革的"一体两翼"，互为表里，即"放管服"改革作为促进政府职能转变的"当头炮"和"先手棋"，是实现营商环境优化的重要路径，营商环境优化则是推进"放管服"改革的重要目标。

（二）已有研究存在的不足之处

当前学界尚未形成关于"放管服"改革效能评价的直接性研究成果，其相关研究成果主要在以下几个方面存在不足。

1. 评价视角

一方面，研究者倾向于从绩效评价视角切入，依托于成熟的绩效模型来评价政府改革实践，但源于西方国家的绩效评价模型缺乏对中国本土的现实观照，其在中国语境下的适用性有待商榷。另一方面，效能作为中国本土化词汇，与绩效一词颇为相近，却少有研究者从效能评价视角来测评中国的政府改革实践，且在处理绩效与效能的关系方面，多数研究仅关注绩效与效能的共通性，忽视了两者的差异性，导致绩效与效能之间的界限模糊不清，甚至出现两者混用的现象。

2. 指标设计

当前，学界缺乏关于"放管服"改革实践进展的评价类研究成果，围绕"放管服"改革构建评价指标体系的研究成果寥寥无几，为数不多的指标设计研究也侧重于强调对指标体系的理论推演，未能展开大规模的实际测评，缺乏数据支撑，指标体系的可操作性与可行性不详。

3. 测评方法

研究者大多采用问卷调查、案例分析、描述分析等方法来评价"放管服"改革。在问卷调查中，问卷设计在一定程度上缺乏理论指导，调查问卷的系统性和有效性有待提升。采用案例分析和描述性分析方法的研究成果，无论是在案例的选取还是在具体的评价分析中均表现得过于主观，缺乏大规模经验数据的检验。

（三）本研究的思路拓展

考虑到上述研究共识与研究不足，本研究以对"放管服"改革的理论解读为出发点，在厘清绩效评价与效能评价的共性与差异的基础上，尝试转换评价视角，从效能评价角度开展"放管服"改革研究，系统阐述效能评价的必要性及其显著优势。笔者以结构功能主义理论、SPO模型以及服务型政府理论为依据，提出内在潜能-外显效用分析框架，综合关键性政策文本以及学界相关研究成果，确定评价维度，厘定评价要素，遵循指标设计原则，初步构建地级市政府"放管服"改革效能评价指标体系，形成指标初选库，通过多轮专家咨询对指标初选库中的具体指标开展逐级筛选，科学地遴选出能够切实反映"放管服"改革效能的具体指标，完成对地级市政府"放管服"改革效能评价指标体系的修订与调整；而后，在充分考虑供给侧与需求侧统一性的基础上，分别面向地级市政府公务员群体和普通市民群体编制调查问卷，并在东北三省选取9个城市作为实测样本，应用该评价指标体系展开实际测评，将获得的测评结果与学界权威性研究成果进行多维比对，以证明指标体系及评价结果的科学性、合理性、可靠性。

第三节 研究思路、方法与创新点

一、研究思路

本书的研究议题是地级市政府"放管服"改革效能评价指标体系构建，其中地级市政府是对地方政府行政层级的限定；"放管服"改革效能是本研究的评价对象，研究者需要深入探索"放管服"改革与效能的理论内核，寻找相关基础性理论，明确其操作化定义，识别蕴含其中的关键性变量；评价指标体系构建是本研究的落脚点，研究者需要构建一套适用于测量地级市政府"放管服"改革效能的评价指标体系,并设法证明该评价指标体系的科学性与可用性。依据对题目的解构,笔者遵循"问题提出—理论基础—评价视角选定—评价维度设计—评价体系构建—评价体系校验"的研究思路,开展地级市政府"放管服"改革效能评价指标体系构建研究。首先,通过对研究背景的系统化梳理,提出研究议题,明确研究的主要内容和需要解决的重要问题;其次,在厘清相关概念内涵的基础上,依托相关理论模型,构建适用于效能评价的分析框架,明确转换评价视角的重要性与必要性;再次,根据既有研究成果、关键性政策文本以及专家咨询结果,构建、修订地级市政府"放管服"改革效能评价指标体系;最后,在东北三省选取9个城市为调查样本,应用地级市政府"放管服"改革效能评价指标体系开展实际测评,并通过与学界权威性研究成果的多维比对,完成对评价指标体系的校验,确保地级市政府"放管服"改革效能评价指标体系及评价结果的科学性与稳健性。

二、研究方法

研究方法与研究议题息息相关,根据研究议题选择恰当的、与之匹配的研究方法是展开科学研究的上佳之策。本研究尝试在厘清"放管服"改革效能的本质内涵后,围绕"放管服"改革效能进行理论构建和逻辑解码,明确评价维度和评价要素,构建地级市政府"放管服"改革效能评价指标体系,并在东北三省选取9个城市为调查样本,展开实证测评,通过对测评结果的多维校验,证明指标体系及评价结果的科学性、合理性、可靠性与稳健性。研究过程中主要运用了以下四种研究方法。

(一)文献研究法

文献研究法(literature research method)是通过收集、鉴别、整理、研究文献而形成对事实的科学认识的方法,其作为一种古老而富有生命力的研究方法,是科学研究中必不可少的方法之一[①]。本研究围绕如何评价"放管服"改革效能这一元问题展开,通过文献研究法,找到破题的切入点,理性认识"放管服"改革效能的概念和意涵,完成对"放管服"改革效能的理论构建和逻辑解码,在厘清评价维度的基础上,确定评价地级市政府"放管服"改革效能的初选指标。

---

① 魏顺平:《技术支持的文献研究法:数字化教育研究的一个尝试》,载于《现代教育技术》2010年第6期,第29-34页。

（二）比较分析法

比较分析法（comparative analysis method）是指对两个或两个以上的事物或对象加以对比，以找出它们之间异同的一种分析方法。这是认识事物的基本方法之一，又称类比分析法[①]。在本研究中，比较分析法主要应用在以下三个方面：其一，重点比较绩效评价与效能评价的共性与差异，充分论证效能评价视角在"放管服"改革研究中的显著优势；其二，在指标初选库中，对评价指标进行逐一比较、甄别，确定剔除指标与保留指标，论证保留指标的科学性与合理性；其三，在对东北三省9个城市的"放管服"改革效能的实际测评中，通过比较评价结果，确定9个城市在"放管服"改革效能水平上的排序。

（三）调查研究法

调查研究法（survey research method）是采用自填问卷或访谈调查等方法，通过系统地收集、分析被调查者的观点、态度和行为等方面的信息，来认识社会现象及其规律的社会科学研究方式。调查研究法具有研究内容的广泛性、资料收集工具的特定性、获取资料的及时性和全面概括性、资料分析的定量化等基本特征。[②]本研究主要在以下三个方面应用了调查研究法：一是在指标获取方面，采用问卷调查的方式，收集理论界与实践界的专家关于地级市政府"放管服"改革效能评价指标的观点；二是在指标筛选方面，采用问卷调查的方式，邀请专家对地级市政府"放管服"改革效能评价体系中的初选指标进行打分；三是在指标应用方面，采用问卷调查的方式，收集、获取东北三省9个样本城市的指标数据，完成对"放管服"改革效能的实际测评。

（四）综合评价法

综合评价法（comprehensive evaluation method）是指选定评价指标，对多个评价对象（或系统）的运行状况进行优选或排序。国内外已建立了数百种综合评价法，层次分析法、因子分析法、人工神经网络法、灰色关联度法等都是综合评价法中较为常见的研究方法[③]。本研究主要将综合评价法应用于指标筛选、指标赋

[①] 林聚任、刘玉安：《社会科学研究方法（第二版）》，山东人民出版社2008年版，第169页。
[②] 林聚任、刘玉安：《社会科学研究方法（第二版）》，山东人民出版社2008年版，第235页。
[③] 张发明、华文举、李玉茹：《几种综合评价方法的稳定性分析》，载于《系统科学与数学》2019年第4期，第595-610页。

权以及指标校验三个阶段。笔者通过专家咨询对指标库中的具体指标开展逐级筛选，并根据因子分析结果确定指标权重，而后将获得的测评结果与学界的权威性研究成果进行相关性分析，以证明指标体系及评价结果的科学性与稳健性。

本研究的技术路线如图1-1所示。

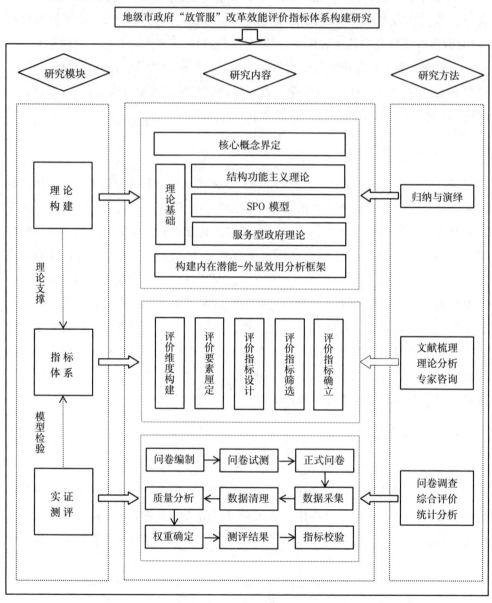

图1-1 本研究的技术路线

资料来源：作者根据研究思路绘制而成。

三、研究创新点

(一) 充实了"放管服"改革效能的理论内涵

当前学界缺乏对"放管服"改革效能的系统论述,相关概念界定尚未明确,且相关研究表明,当前学界缺乏政府效能相关研究成果的一个重要原因是研究者在研究过程中未能对政府绩效和政府效能这对相似概念做出明确区分,导致很大部分政府效能的研究成果落到了绩效板块。对此,本文在充分研读学界相关理论和研究成果的基础上,辨析了效能和绩效的关系,明确界定了"放管服"改革效能的内涵与外延,完成了内部维度的划分,进一步丰富、完善了"放管服"改革效能的理论内涵。

(二) 提出了"放管服"改革效能方程式

本研究在明确"放管服"改革效能相关概念的基础上,依托结构功能主义理论、SPO模型以及服务型政府理论,构建了适用于效能评价的内在潜能-外显效用分析框架,识别"放管服"改革效能所包含的关键性要素,并由此提出"放管服"改革效能方程式,完成对"放管服"改革效能概念的操作化定义,即改革效能等于内在潜能与外显效用的乘积,改革过程的有效性等于外显效用与内在潜能的比值。

(三) 构建了"放管服"改革效能评价指标体系

当前,学界已有部分研究者证明了评价"放管服"改革的重要性,但是鲜有围绕"放管服"改革展开系统化测评的研究成果,对此,本研究遵循指标设计的基本逻辑,依托内在潜能-外显效用分析框架,构建了一套地级市政府"放管服"改革效能评价指标体系,并应用该指标体系在东北三省9个地级市展开实证测评,通过对实测结果的多维分析,证明了该指标体系及其评价结果的科学性、合理性、可靠性,为评价地级市政府的"放管服"改革实践提供了有效的技术工具。

第二章

"放管服"改革效能评价的基本理论阐释

第一节 "放管服"改革效能评价的相关概念

概念界定是逻辑学术语,对概念的研究和论述是逻辑学研究的重要组成部分,主要包括概念之间的关系、概念的划分、概念的概括与限制等内容①。对研究内容进行概念界定和理论解析,是社会科学研究的逻辑起点。为确保后续研究的顺利进行,有必要率先对所涉及的核心概念做出清晰界定。

一、地级市政府

地级市政府是本书界定的第一个核心概念。从纵向结构来看,我国行政机关由中央行政机关和地方行政机关两部分组成,其中,中央行政机关即国务院,地方行政机关主要包括省、市、县、乡四级政府②。地级市是介于省级与县级之间的一级行政区域③,是地方政府的中坚力量。

20世纪80年代以来,中国开始设置行政建制为地区级别的市,地级市作为一级完整行政建制的地方政府,具有相应的财政能力和行政事务的管理权限。④从开始设立至今,我国地级市的数量不断增长,行政职能

---

① 刘海涛、张秀兰:《逻辑学原理在基于本体的知识组织中的应用》,载于《图书馆学研究》2012年第3期,第62-65,31页。
② 谢庆奎:《当代中国政府与政治(第二版)》,高等教育出版社2010年版,第142、161页。
③ 吴理财:《中国政府与政治》,华中师范大学出版社2016年版,第64页。
④ 张紧跟:《在赋予地方政府更多自主权的改革中激发地级市发展活力》,载于《探索》2019年第1期,第27-35页。

不断完善，相关配套设施不断优化。从整体上看，地级市政府作为地方政府中的关键一环，对地方经济发展与社会建设具有重要的推动作用。

二、"放管服"改革

"放管服"改革是本书界定的第二个核心概念。党的十八大以来，随着行政管理体制改革进一步深化，对政府职能转变提出更高的要求，政府职能转变已然步入改弦更张的关键时期，如："证明你妈是你妈"的"奇葩"证明，部门之间推诿扯皮的"三角债"式循环证明，"红顶中介"的牟利空隙等不良现象的出现，使得政府作为与形象同其定位和社会期望存在较大差距[①]，"放管服"改革作为将政府职能转变向纵深推进的重要突破口应运而生。

（一）"放管服"改革的基本概念

"放管服"改革以重构与厘清政府、市场、社会之间的关系为核心，是当前政府改革的"重头戏"和"主战场"。"放""管""服"既可独立成篇，也可融为一体。

"放"是指简政放权。所谓简政，即精简行政，削减行政事项，简化行政流程，体现了大道至简的底线原则。所谓放权，即下放权力，主要包括向内部放权和向外部放权。向内部放权的对象是下级政府，充分考虑下级政府的承接能力，循序渐进地下放相应的事权、财权，强化下级政府的行政积极性；向外部放权的对象是市场和社会，将"政府不该管、管不好"的事项还给市场和社会，激发市场活力，活跃社会氛围，实现放权赋能。"管"是指放管结合，其强调放权与监管之间的接续性和配合性，一放了之、放而不管的放权行为无法达到预期效果，既要放得开，更要管得住，以摆脱"一放就乱"的行为怪圈，弱化事前审批，强化事中事后监管，以防陷入"一管就死"的泥潭；通过稳定、成熟的监管机制和科学、规范的监管行为，为企业、个体工商户、社会组织、公民等主体打造公平、有序的市场环境，营造和谐、安全的社会氛围。"服"是指优化服务，坚持以人民满意为价值导向，提升服务质量，促进服务型政府建设，是持续推进"放管服"改革实践的落脚点。这要求行政机关及其行政人员变革服务理念、创新服务方式、重塑服务流程，增强政务服务能力，关注现实需求，做到"想民之所想，急民之所急"，为企业、个体工商户、社会组织、公民等主体提供品质化服务，使之在与政府部门打交道的过程中拥有良好的顾客体验。

---

① 马亮：《"放管服"改革：理论意蕴与政策启示》，载于《江苏师范大学学报(哲学社会科学版)》2020年第5期，第88-99，124页。

"放管服"改革作为一项有效的治理实践，能够促进我国将制度优势更好地转化为治理效能，看似"小切口"，实则"大成效"。在治理主体方面，"放管服"改革注重各主体间的协同合作，致力于政府、市场、社会的共建共治。在改革实践中，强调政府职责范围的有限性，在厘清政府职责边界的同时，注重发挥市场和社会的功能，鼓励政府、市场、社会间的互相配合、互为补充，充分调动每个治理主体的潜能，做到"政府的归政府、市场的归市场、社会的归社会"，从根源处有效杜绝政府职能的越位、缺位和错位现象，构建"有为政府""有效市场""有序社会"协同联动的改革局面。在治理方式上，"放管服"改革注重方式的科学合理，创新管理方式、多措并举，消除政府体制、机制障碍。在改革实践中，坚持以任务为依归，始终践行"法无授权不可为、法定职责必须为"的法治理念，创造性地提出"清单制度"，精简审批事项，降低准入门槛，强化事中事后监管，并充分利用大数据等信息技术手段，促进"互联网＋政务服务"建设，实现从"权力导向""长官意志""门槛管理""群众走路"向"任务导向""唯法为治""过程管理""数据跑路"的根本性转变。在治理力度上，"放管服"改革力度持续不减，坚持顶层设计与地方首创的有机结合。在改革实践中，中央政府总揽全局，具有宏观视野和战略眼光，熟知国际发展态势与趋向，明确国内发展目标与方向，坚持在全国范围内召开关于"放管服"改革的电视电话会议，出台重点任务分解表，细化改革施工图。地方政府充分发挥其处于改革一线的先天优势，结合区域特色，"八仙过海、各显神通"，积极、持续开展有益探索，为中央政府的宏观视野提供了微观基础，形成中央与地方上下联动的改革合力。①

需要说明的是，关于"放管服"改革的开启时间，学界存在多种论断，如：有学者认为早在20世纪80年代以市场经济转型为背景的行政体制改革就开始体现"放管服"改革的内涵②，需要将"放管服"改革置于改革开放以来的行政体制改革的大背景下进行认识和考察；有学者认为"放管服"改革始于2013年，党的十八大以来，政府把加快政府职能转变、推进简政放权作为一件大事，开启了"放管服"改革的相关任务部署③。综合考虑以往研究成果以及"放管服"改革的本质，笔者认为强调简政放权、放管结合、优化服务举措的统筹性和协同性，是"放管服"改革区别于传统改革的重要标志，李克强在全国深化"放管服"改革转

---

① 孙萍、陈诗怡：《"放管服"改革的功能定位与发展路径——基于制度优势转化为治理效能的理论思考》，载于《学习与探索》2021年第3期，第47-53，179页。
② 王晴：《国家治理背景下的政府有效性改革——以公安机关"放管服"改革为例》，载于《东岳论丛》2020年第2期，第83-89页。
③ 秦德君：《马克思主义国家职能理论框架中的"放管服"改革价值分析》，载于《学术界》2021年第4期，第41-50页。

变政府职能电视电话会议上指出,"2013年,我们提出把简政放权、放管结合作为'当头炮'和'先手棋',承诺五年内国务院部门行政审批事项压减三分之一,实际上仅用两年就实现了这个目标;2014年强化放管结合,2015年又将优化服务纳入其中,形成了'放管服'三管齐下、全面推进的格局,改革综合效应不断显现"①。因此,本研究以2015年作为"放管服"改革的起步时间,将"放管服"改革限定为形成简政放权、放管结合、优化服务三管齐下新局面以来的改革实践。

（二）"放管服"改革的本质特征

"放管服"改革作为行政管理体制改革的重点内容之一,在具备我国行政管理体制改革普遍性特征的同时,又拥有自身的独特之处。通过对改革实践的系统化梳理与提炼,本研究认为,"放管服"改革主要具有以下基本特征。

第一,渐进性。改革开放以来,我国坚持"摸着石头过河"的发展思路,在摸索中不断将改革向纵深推进,渐进性的改革模式能够处理好发展与稳定的关系,是富有中国特色的改革思路与方法。②"放管服"改革作为渐进式改革的典型例证,其改革成效的取得也并非一蹴而就的。随着政府职能转变的深入推进,"皆大欢喜"的改革都已经完成,剩余的亟待解决的都是难啃的硬骨头,政府改革迎来"深水区"和"攻坚期","放管服"改革作为破解难题的"突破口"和"关键点"应运而生。纵观历年"放管服"改革电视电话会议报告,我们能够切实感受到"放管服"改革的渐进性和逐步扎根性。随着改革工作的不断深入,"放管服"改革已从注重削减审批事项的数量变化向质量提升转变,广泛关注市场和社会的功能和作用,其"放出活力、管出秩序、服出品质"的改革目标也愈发明晰。

第二,融合性。"放管服"改革作为我国长期持续推进的改革实践活动,具有浓厚的时代印记和以往改革的痕迹,包含对既有改革经验的广泛汲取与融合。从中国的行政改革史来看,十一届三中全会以来,市场在资源配置中的作用得到高度关注,在"放管服"改革的新时代,市场的功能定位愈发凸显,强调要切实发挥市场在资源配置中的决定性作用,不断推进的行政审批改革也在"放管服"改革中得到一定的延续和升级。从全球的改革史来看,20世纪80年代以来,新公共管理运动和重塑政府运动的浪潮席卷全球,以人民满意为依归的"放管服"改革在一定程度上也体现了新公共管理运动中"顾客导向"的改革痕迹;而后,在技

---

①李克强:《在全国深化"放管服"改革转变政府职能电视电话会议上的讲话》,载于《人民日报》2018年7月13日,第2版。

②孙德敏:《加强顶层设计和摸着石头过河相结合刍议》,载于《理论学习与探索》2014年第3期,第81-83页。

术赋能时代，数字治理和开放治理应运而生，"放管服"改革中"双随机、一公开""互联网＋政务服务"等应用新兴技术的改革举措在一定程度上也带有"数字治理"和"开放治理"的色彩。①

第三，联动性。组织之间的协同联动是促进改革任务有序推进的重要保障，这种联动性集中体现在横向和纵向两个维度。一方面，"放管服"改革坚持左右联动机制，厘清部门职责，突破部门之间的屏障与壁垒，打破利益藩篱，杜绝"九龙治水"乱象，鼓励部门通力合作、协同共进。我国在世界银行中的营商环境排名飞跃式上升，企业开办、经营税收等环节涉及不同政府部门，此阶段性成果的取得与部门间的协同合作密不可分。另一方面，"放管服"改革坚持上下联动机制，充分调动了中央和地方政府的积极性，实现顶层引领和地方首创的紧密结合。自上而下的压力式改革路径有助于改革任务在全国范围内迅速铺开，自下而上的实践式改革路径有助于提供值得推广和借鉴的地方典型经验，催生新型改革模式。

（三）"放管服"改革与营商环境优化的概念辨析

笔者曾在前文提到从营商环境角度透视"放管服"改革进展的做法在一定程度上混淆了"放管服"改革和营商环境优化的内涵与外延，有待商榷。为回应并证明该观点的合理性，笔者认为有必要对"放管服"改革与营商环境优化的概念以及两者的关系进行详细辨析和阐述。

全面深化"放管服"改革有助于实现营商环境优化，但"放管服"改革与营商环境优化之间并非等同关系，亦非包含关系，而是交叉关系。在现代政府治理中，"放管服"改革是优化营商环境的众多路径之一，营商环境优化也是深化"放管服"改革的众多目标之一。简言之，"放管服"改革与营商环境优化可以说是共性与差异并存。

1. "放管服"改革与营商环境优化的共性

"放管服"改革与营商环境优化的共性突出表现在改革逻辑、改革重点和改革方向三个方面。

其一，"放管服"改革与营商环境优化具有相似的改革逻辑，均符合T·帕森斯对社会系统结构成分的一般分类推导，即第一个分化层次是价值系统，其被视为结构总体分析的参照基点，是社会系统中行为规范的取向，规定了行动的主要方向；第二个分化层次是制度系统，其是社会系统中行为规范的模式，在更具体的层次上可理解为一般化了的调节行动；第三个分化层次是集体系统，其是社会

---

① 马亮：《"放管服"改革：理论意蕴与政策启示》，载于《江苏师范大学学报（哲学社会科学版）》2020年第5期，第88-99，124页。

系统中趋向于公共目标的集体性行动，并进一步强调个体在有组织地参与综合体活动中的具体行为角色。①其中，明确行为取向和主要方向的价值系统对应政府治理的行政理念，用于调节行动和规范行为的制度系统对应政府治理的行政制度，以有效行动为重点的集体系统对应政府治理的行政行为，"放管服"改革与营商环境优化秉持"理念—制度—行为"的基本框架，以理念作先导、制度作保障、行为作路径，协力助推改革进程。

其二，"放管服"改革与营商环境优化同时关注并致力于解决"政府要不要干预市场以及如何干预市场"的问题。政府干预回归政府职能的本质内核，长期以来受到理论界与实务界的广泛关注，从主张政府主动干预经济活动的重商主义，到新凯恩斯主义的重提，政府与市场之间的换位与回归的讨论可谓如火如荼。②所谓政府干预是指行政机关对社会经济进行规划、调节、监管、服务的职责和功能。③在"放管服"改革中，处理好政府与市场关系的本质是对政府干预问题的回应，在"放""管""服"三者的协同作用下，行政机关让权、还权于市场，转变以往审批式的管理模式，将其注意力转移至市场监管和优化服务领域，实现"无形之手"与"有形之手"的紧密配合。在营商环境优化中，营商政务环境建设的本质与政府干预问题相吻合，主要包括公共政策供给、制度性交易成本、市场监管行为、基础设施服务四部分内容④，对其所含要素的梳理与提炼更是源于政府干预理论的指导，强调减少政府对微观经济事务的直接性干预，扮演好监管者与服务者的角色，弥补市场失灵，为从事商业活动的组织和个人营造良好的政务氛围。

其三，"放管服"改革与营商环境优化均遵循由内向外的改革方向，即通过破解结构性障碍、重塑行政流程等刀刃向内的改革举措使得外部环境显著改善。众所周知，随着政府职能转变的不断深入，政府改革已经步入"深水区"和"攻坚期"，"容易的、皆大欢喜的改革已经完成，剩下的都是难啃的硬骨头⑤，在如此境遇下，"放管服"改革作为一场刀刃向内的自我革命应运而生，为政府职能转变提供了新的切入点和突破口。在"放管服"改革中，简政放权、放管结合和优化服务的有机结合有助于破除藏匿于行政体制、机制内部的结构性障碍，行政机关需要以壮士断腕的勇气，面向行政组织内部"削权割肉"，完成"职能瘦身"，要求

---

①[美]T·帕森斯：《现代社会的结构与过程》，梁向阳译，光明日报出版社1988年版，第139-140页。
②孙萍、陈诗怡：《基于主成分分析法的营商政务环境评价研究——以辽宁省14市的调查数据为例》，载于《东北大学学报(社会科学版)》2019年第1期，第51-56页。
③谢自强：《政府干预理论与政府经济职能》，湖南大学出版社2004年版，第69页。
④孙萍、陈诗怡：《营商政务环境的要素构成与影响路径——基于669例样本数据的结构方程模型分析》，载于《辽宁大学学报(哲学社会科学版)》2020年第4期，第59-66页。
⑤习近平：《习近平谈治国理政（第一卷）》，外文出版社有限责任公司2018年版，第101页。

行政人员秉持公共价值,践行公共意志,以公共利益为出发点,释放改革红利,通过由内向外的改革行为惠及企业、个体工商户、社会组织、公民等市场主体和社会主体,使之切实地享受到公平、可及的改革实惠。长期以来,中国的营商环境水平与自身的国际地位尚不相称,东北地区"投资不过山海关""招商引资JQK"等现象更是备受诟病,由此,优化营商环境作为一项重要议程引发社会公众广泛关注,改革浪潮席卷全国。在营商环境优化进程中,相关部门立足政府组织内部,强调减少对市场微观活动的直接性干预,将职能重心转向监管和服务,尝试通过对角色定位、监管方式、服务流程等方面的改革与调适,为从事商业活动的组织和个人营造国际化、法治化、市场化的营商环境。

2. "放管服"改革与营商环境优化的差异

"放管服"改革与营商环境优化的差异突出表现在改革任务和改革受众两个方面。

其一,在改革任务方面,"放管服"改革与营商环境优化之间存在交叉地带,但又分别拥有各自的改革任务。除去共性中提及的处理好政府和市场的关系外,处理好中央(上级)政府与地方(下级)政府的关系、政府与社会的关系也是"放管服"改革的重要任务。在简政放权改革中,行政机关要精简政务、削减各类行政审批手续,在做到应减尽减的同时向下级政府放权、向社会移权,促进"职能瘦身",调动地方(下级)政府的积极性与自主性,激发社会创造力;在政府监管改革中,行政机关肩负行政体制内部监管和社会监管职能,要始终以净化行政生态,维系公平、和谐、安全的社会秩序为责任使命;在优化服务改革方面,行政机关有责任和义务对地方(下级)政府给予必要的帮助与扶持,在重塑府际关系的同时,促进下放权力的有效承接,并为社会组织、公民等社会主体提供公平、可及的政务服务。营商环境优化作为一项内涵丰富的复杂系统工程,除了前文共性中所提及的营商政务环境建设外,对其他子环境的优化同样是其改革的重要任务,至于其他子环境究竟是什么,学界有不同的观点,如:中国个体劳动者协会、中国社会科学院社会学研究所、红盾大数据公司联合发布的《全国重点城市民营企业家对营商环境评价调查报告》,提出营商环境主要包含政务环境、市场经营环境、社会环境、法治环境、市场开放和公平环境[①];《中华人民共和国国民经济和社会发展第十三个五年规划纲要》将营商环境划分为市场环境、政务环境、法律

---

① 《〈全国重点城市民营企业家对营商环境评价调查报告〉摘要》,载于《光彩》2019年第6期,第59页。

政策环境和人文环境[①]；中央广播电视总台发布的《2019中国城市营商环境报告》，依托于"要素＋环境"的理论框架，提出营商环境由基础设施、人力资源、金融服务、政务环境、普惠创新五个维度组成[②]。

其二，在改革受众方面，与营商环境优化相比，"放管服"改革的受众范围更为广阔。"放管服"改革以厘清政府、市场、社会三者关系为核心，与之相对应，"放管服"改革受众理应由下级政府、市场主体和社会主体三部分组成。其中，市场主体包括企业、个体工商户等从事商业活动的组织或个人，社会主体包括社会组织、公民等。在改革进程中，行政机关以简政放权、政府监管、优化服务为主要改革工具，将权力下放给下级政府部门，促进权力重心下移，并将不应该由政府完成的或者政府完成不好的事项还给市场和社会，完成"职能瘦身"，使行政机关能够将注意力和履职重点转移到监管与服务上，承担政府监管职能和政务服务职能，充分发挥市场主体和社会主体在现代治理中的重要作用，促进多元主体协同治理。而依据《优化营商环境条例》，营商环境是指企业等市场主体在市场经济活动中所涉及的体制机制性因素和条件，市场主体是营商环境优化的唯一受众。在优化进程中，行政机关要彻底转变传统的政府引导型招商引资模式，全力杜绝招商项目过多、过滥以及部分官员以发展经济为由，利用手中权力"寻租"等不良现象的发生[③]，秉持"引凤筑巢"[④]的行为理念，建设服务型政府，减少繁文缛节，降低制度性交易成本，全方位提升营商便利水平，提升企业、个体工商户等主体的获得感、幸福感和安全感，使优质的营商环境成为市场发展的不竭动力，促进市场经济的繁荣发展，稳住经济基本盘。

可见，虽然"放管服"改革与营商环境优化具有相似性，但考虑到两者的差异，从营商环境优化角度确实难以全面、准确、直观地呈现"放管服"改革进展。为了有效避免评价内容的错位与缺位，笔者认为有必要围绕"放管服"改革展开科学、系统的实际测评。

---

① 《中华人民共和国国民经济和社会发展第十三个五年规划纲要 第十一篇 构建全方位开放新格局》，载于《领导决策信息》2016年第12期，第47-49页。

② 白玉杰：《〈2019中国城市营商环境报告〉发布，北京综合排名全国第一》，载于《中关村》2020年第7期，第13页。

③ 宋林霖、何成祥：《优化营商环境视阈下放管服改革的逻辑与推进路径——基于世界银行营商环境指标体系的分析》，载于《中国行政管理》2018年第4期，第67-72页。

④ 孙萍、陈诗怡：《地方政府创新的影响因素与多元路径——基于面板数据分析和定性比较分析的双重检测》，载于《北京行政学院学报》2020年第3期，第28-36页。

三、"放管服"改革效能

"放管服"改革效能是本书界定的第三个核心概念。从概念范畴上讲,"放管服"改革效能是一个微观概念,其所对应的中观和宏观层次分别为政府改革效能和政府效能,三者关系如图2-1所示。更具体地说,政府机关的行政行为在大体上可划分为日常行为和改革行为两类,故而政府改革效能是政府效能的子集;"放管服"改革作为能够破解体制、机制障碍的有效改革实践,是政府改革的重要子项目之一,故而"放管服"改革效能是政府改革效能的子集。

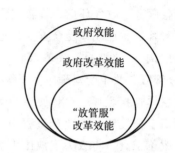

图2-1 政府效能、政府改革效能与"放管服"改革效能的关系

资料来源:笔者根据研究思路绘制而成。

(一)效能的本质内涵

"放管服"改革效能中主要包含"放管服"改革和效能两个核心词汇,"放管服"改革的概念与内涵已在前文进行了详细阐释,可见,准确理解效能的本质内涵成为破解"放管服"改革效能概念的核心与关键。效能是中国的本土化概念,我国最早提出这一概念的是毛泽东及其领导集体。当前,学界主要从语义学、管理学和政治学三个角度对效能概念进行解读。

第一,从语义学角度来看,研究者普遍选择参考《辞海》《现代汉语词典》等词条中的释义[1],将效能定义为事物所蕴藏的有利作用[2];或将"效能"一词拆解为"效"与"能",并由此衍生出关于效能要素的多种论断:其一,二元论,主张效能由两个要素构成,如效能=效率+能力[3],效能=效率+效果[4][5],效能=功能+效率[6]等;其二,三元论,主张效能由三个要素构成,如效能=效率+效果+

---

[1] 朱正威、杨晶晶:《国内政府效能问题研究综述》,载于《特区经济》2007年第4期,第271-272页。
[2] 中国社会科学院语言研究所词典编辑室:《现代汉语词典》,商务印书馆2012年版,第1438页。
[3] 刘远亮:《"互联网+政务服务"驱动政府效能建设的逻辑理路》,载于《西南民族大学学报(人文社会科学版)》2020年第8期,第207-212页。
[4] 孙美佳、胡伟:《政府行政效能对高层次人才集聚的影响研究》,载于《江苏行政学院学报》2016年第5期,第117-122页。
[5] 渠滢:《我国政府监管转型中监管效能提升的路径探析》,载于《行政法学研究》2018年第6期,第32-42页。
[6] 杨代贵:《论行政组织对行政效能的影响》,载于《江西社会科学》2003年第1期,第188-190页。

公平①，效能＝效率＋效益＋质量②，效能＝能力＋效率＋效益③，效能＝功能＋效率＋效果④，效能＝功能＋效益＋效果⑤，效能＝产出＋效果＋影响⑥等；其三，四元论，主张效能由四个要素构成，如效能＝经济＋效率＋效果＋公平⑦，效能＝能力＋效率＋效果＋效益⑧，效能＝功能＋效率＋效果＋效益⑨等。

  第二，从管理学角度来看，研究者普遍选择以组织效能（organizational effectiveness）的系列理论为依据来理解效能。组织效能扎根于组织社会学、工业心理学等学科领域的发展可追溯至20世纪50年代⑩，但是未能形成一致的、被普遍接受的定义。学者普遍认为，围绕效能问题展开的讨论更加接近组织的本质，是研究组织问题的终极目标⑪，强调效能是一个多元、多维的复杂性概念⑫，并由此形成了系列理论模型，如：目标模型将效能定义为目标的实现程度⑬；系统资源模型

---

① 芮国强、彭伟、陈童：《地方政府人才政策效能评估——以常州为例的实证研究》，载于《学海》2017年第6期，第156-160页。

② 赵如松、陈素萍、刘莹等：《政府效能评估指标体系初探》，载于《政府法制研究（2017年合订本）》2017年版，第452-482，450页。

③ 苏海坤：《能力、效率与效益——谈提高乡镇政府行政效能的途径》，载于《学术论坛》2007年第11期，第69-72页。

④ 郑布英：《建设地方政府行政效能长效机制》，载于《四川行政学院学报》2005年第2期，第18-20页。

⑤ 马春庆：《为何用"行政效能"取代"行政效率"——兼论行政效能建设的内容和意义》，载于《中国行政管理》2003年第4期，第28-30页。

⑥ 杨黎婧：《公众参与政府效能评价的悖论、困境与出路：一个基于三维机制的整合性框架》，载于《南京社会科学》2019年第9期，第71-78，102页。

⑦ 中国行政管理学会课题组：《政府效能建设研究报告》，载于《中国行政管理》2012年第2期，第7-10页。

⑧ 安彩英：《国外政府效能建设的实践及启示》，载于《云南行政学院学报》2013年第2期，第43-45页。

⑨ 郭泽保：《政府效能建设若干问题探析》，载于《福建行政学院福建经济管理干部学院学报》2001年第4期，第6-9，77页。

⑩ Lecy J D, Schmitz H P, Swedlund H, "Non-governmental and not-for-profit organizational effectiveness: A modern synthesis", *Voluntas: International Journal of Voluntary and Nonprofit Organizations*, 2012, Vol.23, No.2, pp.434-457.

⑪ Arnett D B, Sandvik I L, Sandvik K, "Two paths to organizational effectiveness-product advantage and life-cycle flexibility", *Journal of Business Research*, 2018, Vol.84, pp.285-292.

⑫ Liket K C, Maas K, "Nonprofit organizational effectiveness: Analysis of best practices", *Nonprofit & Voluntary Sector Quarterly*, 2015, Vol.44, No.2, pp.268-296.

⑬ Lecy J D, Schmitz H P, Swedlund H, "Non-governmental and not-for-profit organizational effectiveness: A modern synthesis", *Voluntas: International Journal of Voluntary and Nonprofit Organizations*, 2012, Vol.23, No.2, pp.434-457.

将效能定义为获取、应用稀缺资源和有价值资源的程度①;竞值架构模型强调效能主要包括焦点(任务-人)、结构(控制-灵活性)和时间(短期-长期)三个价值维度②;利益相关者模型强调效能是满足利益相关者偏好的程度③。

第三,从政治学角度来看,研究者更倾向于选择政治效能感(political efficacy)理论作为参考来理解效能。20世纪50年代,研究人员首次将政治效能引入政治态度的系列研究,并成为该研究领域具有持续性的研究议题之一④,该理论强调效能由内部效能与外部效能两部分构成,其中,内部效能是指公民对自己参与政治的个人能力的感受⑤,体现了人们对政治权力和影响力的认知⑥;外部效能更强调个人相信政府对人民群众需求做出反应与重视的程度⑦。在此语境中,效能则偏重于能力、影响、互动三方面内容。⑧

与此同时,实务界也充分发挥其实践性优势,结合政府机关的行政行为对效能的内涵展开论述,如:福建省在推进机关效能建设的进程中,将效能定义为"在党委、政府的统一领导下,以提高工作效率、管理效益和社会效果为目标,以加强思想、作风、制度、业务、廉政、能力建设为内容,科学配置机关管理资源,优化机关管理要素,改善机关运作方式,改进机关工作作风,强化机关效能意识,按照廉洁、勤政、务实、高效的要求,构筑机关效能保障体系的综合性工作"⑨;北京监察局认为政府机关及其行政人员通过发挥自身能力与能量,履行职责,实现预期行政目标,政府管理活动的效能主要体现在能力、

---

① Yuchtman E, Seashore S E, "A system resource approach to organizational effectiveness", *American Sociological Review*, 1967, Vol.32, No.6, pp.891-903.

② Quinn R E, Rohrbaugh J, "A competing values approach to organizational effectiveness", *Public Productivity Review*, 1981, Vol.5, No.2, pp.122-140.

③ Connolly T, Conlon E J, Deutsch S J, "Organizational effectiveness: A multiple-constituency approach", *Academy of Management Review*, 1980, Vol.5, No.2, pp.211-218.

④ Morrell M E, "Survey and experimental evidence for a reliable and valid measure of internal political efficacy", *Public Opinion Quarterly*, 2003, Vol.67, No.4, pp.589-602.

⑤ Morrell M E, "Deliberation, democratic decision-making and internal political efficacy", *Political Behavior*, 2005, Vol.27, No.1, pp.49-69.

⑥ Wolak J, "Self-Confidence and gender gaps in political interest, attention, and efficacy", *The Journal of Politics*, 2020, Vol.82, No.4, pp.1490-1501.

⑦ 卢家银:《舆论的动力中介:政治效能对青年政治表达的影响——基于中国大陆15所高校大学生的调查研究》,载于《暨南学报(哲学社会科学版)》2017年第3期,第102-111页。

⑧ 杨黎婧:《公众参与政府效能评价的悖论、困境与出路:一个基于三维机制的整合性框架》,载于《南京社会科学》2019年第9期,第71-78,102页。

⑨ 吴建南、张攀、刘张立:《"效能建设"十年扩散:面向中国省份的事件史分析》,载于《中国行政管理》2014年第1期,第76-82页。

效率、效果、效益四个方面①。

在批判、吸收上述观点的基础上，结合本文的研究语境，笔者认为，"效"意指外显效用，"能"意指内在潜能，整体来看，效能是对行为有效性的综合研判，强调内在潜能与外显效用的动态联结，是行为起点、过程和结果的综合体现，是效率、效果和效益的有机统一。

（二）效能的相关概念辨析

当前，学界存在一系列与效能相近的词汇，如效率、效果、效益、绩效等。为精准把握效能的核心内容，进一步凸显效能评价视角的显著优势，笔者认为有必要在厘清效能内涵的基础上，展开相关概念辨析。一般来说，效率是指行为主体在单位时间内完成的工作数量，侧重于对行为实践的量化考察；效果是指行为主体的实践活动对预期目标的实现程度，侧重于对行为实践的质化考察；效益是指行为主体的实践活动所形成的价值性影响，侧重于对行为实践的价值化考察。根据前文的效能定义，效能强调效率、效果和效益的统一，这表明效能与效率、效果、效益之间是包含关系，即效率、效果和效益作为效能的重要组成部分，缺一不可，唯有三效合一才是高效能的行为实践。因此，笔者将效能与绩效的概念辨析作为本部分的重点论述内容。

首先，绩效是"绩"与"效"的结合，效能是"效"与"能"的结合，除去两者共同拥有的"效"字外，绩效中的"绩"更强调成绩、业绩，而效能中的"能"更强调潜能、能力。其次，绩效是行为主体做了什么样的事情、形成怎样的效用，是对行为过程与结果的反映，而效能强调内在潜能与外显效用的动态联结，在关注行为过程与结果的同时，还关注行为主体具备什么样的实力，改革主体在行为实践中释放出多少实力等相关内容。最后，绩效主要聚焦于行为的外在表现，无论是行为过程还是实际结果都是可以直接观察到的具体表现，而效能则不然，其在注重外在表现的同时，还注重对凝结或隐含于行为主体的潜在能量进行考察，强调内外兼顾。

（三）"放管服"改革效能的概念意涵

结合前文对"放管服"改革和效能的概念剖析，本研究认为"放管服"改革效能，是指国家行政机关及其行政人员推进简政放权、放管结合和优化服务改革的有效性，强调内在潜能和外显效用的动态联结，是对改革起点、过程和结果的综合体现，是改革效率、改革效果和改革效益的有机统一。

从动态角度看，"放管服"改革效能强调内在潜能和外显效用的动态联结，其

---

① 高培勇：《公共行政学》，经济科学出版社2002年版，第317-318页。

中内在潜能是蕴藏于改革主体内部的潜在能量，是"放管服"改革的起点，代表改革主体的综合实力；外显效用是由"放管服"改革举措引发的一系列可见性产出，代表改革结果；动态联结是将内在潜能与外显效用相连的关键一环，代表"放管服"改革的过程。

从静态角度看，"放管服"改革效能强调改革效率、改革效果和改革效益的统一，其中，改革效率指改革主体在单位时间内完成的"放管服"改革工作量；改革效果指改革行为对于"放管服"改革目标的实现程度；改革效益指由"放管服"改革行为引发的价值影响。

（四）"放管服"改革效能的基本特征

深入剖析"放管服"改革效能的定义，笔者认为"放管服"改革效能主要包括以下三项基本特征。

第一，公共性。公共性是"放管服"改革效能的根本特征。各级行政机关及其行政人员是"放管服"改革效能的生产主体，更是代表公民行使公共权力的行为主体，其具有显著的"公共人"特质，有责任和义务表达公共意志，保障公共利益，满足公共诉求，凸显公共价值。"放管服"改革实践是"放管服"改革效能的生产媒介，其作为转变政府职能、全面深化行政体制改革的重要举措，理应遵循建设人民满意的服务型政府的改革目标，公共性更是凝结其中的关键要素。党的十九大以来，我国社会主要矛盾已经转化为人民日益增长的美好生活需要和不平衡不充分的发展之间的矛盾，行政机关的系列改革实践需要密切关注人民满意的公共性取向。

第二，根基性。根基性是"放管服"改革效能的突出特征。"放管服"改革与政府治理结构、治理功能、治理能力、治理体系等要素紧密相连，事关政府治理本质，是各级行政机关及其行政人员深化行政体制改革、转变政府职能的首要任务，作为一项在我国长期、持续推进的改革战略，其力度之深、范围之广可谓前所未有。考虑到"放管服"改革在政府发展与建设中的基础性作用，优化"放管服"改革效能已然成为提升政府整体效能的"压舱石"和"定盘星"。尤其是在踏入新征程、迎来新机遇、肩负新使命的"十四五"时期，国家治理效能得到新提升的建设目标，使"放管服"改革效能对于改善政府整体效能的作用更加凸显。

第三，整体性。整体性是"放管服"改革效能的核心特征。"放管服"改革效能由"放管服"改革效率、改革效果和改革效益集合而成，是对"放管服"改革"三效"的整体性展现。其中，改革效率强调行政机关及其行政人员要积极、主动作为，整合组织资源，调动组织活力，在单位时间内尽可能完成较多的工作量；改革效果强调在保证工作数量的同时更要关注工作质量，行政机关及其行政人员要以改革目标为出发点和落脚点，确保改革实践能够在有助于实现改革目标的轨道上稳步行驶，发挥积极作用；改革效益建立在改革效率和改革效果的基础上，强调行政机关及其行政人员要关注改革行为的价值性影响，如经济价值、社会价值等。可见，改革效率、改革效果和改革效益三足鼎立，成为理解、认知"放管服"改革效能的有力支点。

四、"放管服"改革效能评价

"放管服"改革效能评价是本书界定的第四个核心概念。"放管服"改革效能评价这一概念由"放管服"改革效能和评价两个子概念复合而成，其中，作为评价对象的"放管服"改革效能已在前文做出明确界定，对此，笔者需要率先厘清评价的本质内涵，以之为基础界定"放管服"改革效能评价的基本概念，识别"放管服"改革效能评价的核心要素。

（一）评价的本质内涵

什么是评价？按照《新华字典》的解释，"评"可理解为议论或判定是非、优劣等[①]；按照《新华汉语词典》的解释，"评价"是指对事物价值高低的估定[②]。

首先，笔者认为万事万物都可评，但并非万事万物都必评，评价不是研究的终点而是新的起点，其核心目的在于改变。如：服务质量评价，可依据评价结果，优化服务质量；治疗效果评价，可依据评价结果，增进治疗效果；教学能力评价，可依据评价结果，提升教学能力等。也就是说，只有存在可改变空间的事物才有评价的必要。

其次，定义中的"价值"一词，代表着评价视角。笔者认为"价值"与其他词汇不同，具有极大的不确定性，换言之，价值由评价视角决定，如：质量评价，即对事物质量的高低做出评定，质量高则意味着有价值；效果评价，即对事物效果的好坏做出评定，效果好则意味着有价值；能力评价，即对事物能力的强弱做出评定，能力强则意味着有价值等。

再次，定义中的"高低"一词，代表着评价结果。评价结果是对评价对象的数字化解读和数量化呈现，研究者根据评价结果对评价对象开展学理性分析，了解、把握其发展现状，进而对评价对象的表现做出好坏优劣的区分，使评价对象明确其在同类或同级别事物中的发展定位。

最后，定义中的"估定"一词，代表着评价标准。估即估计，定即判定，这

[①] 《新华字典》，商务印书馆2012年版，第387页。
[②] 《新华汉语词典》，商务印书馆国际有限公司2013年版，第764页。

表示评价是建立在估计基础上的判定行为。对此，为确保研究者估计、判定结果的科学性与精准性，研究者有必要尽可能多地收集权威性资料、数据，还原事实与全貌，选择恰当的评价标准或者指标，以稳健的评价方式完成评价任务。

（二）"放管服"改革效能评价的基本概念

遵循复合概念的定义思路，本书融合"放管服"改革效能和评价两个关键词汇，将"放管服"改革效能评价定义为：评价主体按照科学的操作流程，通过恰当的技术方法，对简政放权、放管结合、优化服务效能高低的估定行为。

按照评价本质中所涉及的四方面内容分析"放管服"改革效能评价，首先，"放管服"改革效能不仅可评而且必评。"放管服"改革作为我国一项长期的、持续推进的改革战略，在我国政府改革领域的重要性不言自明，但在改革实践中仍旧存在放不开、管不住、服不到位等现象，在改革效能方面尚存在一定的可改进空间，由此可见，以"放管服"改革效能为对象开展评价研究可谓兼具理论和现实意义的上佳之举。其次，在效能改革时期，政府改革始终以"更好地将制度优势转化为治理效能，促进国家治理效能获得新提升"为目标，从效能评价视角对"放管服"改革展开考量显然是重要且必要的，即有效的"放管服"改革才是有价值的。再次，评价标准是衡量效能水平高低的重要依据，是"放管服"改革效能评价的基础，为确保评价结果的科学性与精准性，需要全力收集能够彰显"放管服"改革效能的各项数据，尽力还原"放管服"改革效能的全貌。最后，依据测评结果，对不同地域"放管服"改革效能的高低做出准确判断。

（三）"放管服"改革效能评价的核心要素

为了进一步厘清"放管服"改革效能评价的内涵，笔者对其中所包含的核心要素进行了系统化梳理。

第一，评价主体。根据不同的评价主体，"放管服"改革效能评价大体上可划分为内部评价和外部评价。其中，内部评价即行政机关内部主体做出的评价，不仅包括政府的自我评价，也包括与之存在业务关联的上下级政府和同级政府的评价等。外部评价即独立于行政机关之外的主体所进行的评价，包括公民、第三方专业评估机构等。本研究属于外部评价，笔者作为独立于行政机关的第三方，具有价值中立性，试图从学术研究的角度，完成对"放管服"改革效能的科学评价。

第二，评价客体。根据上述分析，本研究的评价对象是"放管服"改革效能，鉴于本研究对行政机关的层级限定，地级市政府的"放管服"改革效能为具体评价对象。在公民评议政府中，常常出现"分数较高的往往是那些与公民打交道相对较少的部门"的现象，为避免发生此类状况，笔者将地级市政府视为一个整体，对"放管服"改革效能水平进行整体性考量，不对行政部门做具体划分。

第三，评价指标。构建科学、合理、可靠、稳健的评价指标体系正是本研究的核心命题所在。在构建评价指标体系的过程中，笔者要深入探索"放管服"改革效能的理论内核和实践逻辑，遵循指标设计与指标遴选的相关原则，将能够切实反映地级市政府"放管服"改革效能的指标纳入评价体系，确保评价指标有理有据、有力有节。

第四，评价流程。评价流程是评价指标能否有效地转化为现实结果的关键环节，科学的评价指标体系需要合理的评价流程来支撑，科学的评价结果反馈需要合理的评价流程来保障。研究者有必要预先制定评价流程，明确实施步骤，据此有条不紊地推进地级市政府"放管服"改革效能的实地测评工作。

第五，评价反馈。评价的目的在于改进，有效的结果反馈有助于研究者获悉改革实践中存在的短板与不足，形成精准的改进举措。与此同时，结合研究议题，论证评价指标体系的科学性、合理性、可靠性和稳健性更是评价反馈的一项重要任务。正所谓"实践是检验真理的唯一标准"，评价指标体系的实用性也需要通过投入现实，开展实际测评，并对评价结果进行多维分析来展现。

第二节 地级市政府在"放管服"改革中的重要地位

"放管服"改革作为深化行政体制改革、促进政府职能转变的重要突破口和有力抓手，自实施以来，便充分调动了中央和地方政府的积极性，改革范围覆盖全国各级行政机关。本书为何围绕地级市政府开展"放管服"改革效能评价指标体系构建研究？地级市政府在"放管服"改革实践中究竟有何特别之处？这里将进行详细的说明。

一、地级市政府是深化"放管服"改革的中坚力量

从行政层级的角度来看，在中央、省、市、县、乡五级行政体制中，地级市位于中间层次，发挥着重要的承上启下作用。在"放管服"改革实践中，中央政府作为我国顶层战略决策机构，面向全国提出发展战略、制定实施方案、绘制改革蓝图；省级政府作为中央政府与地方政府之间的纽带，在传达中央顶层设计与战略布局的同时，明确区域改革目标，从整体上引领、把握各级地方政府的改革走向；地级市政府往往能够在充分贯彻上级政府政策指示的基础上，结合本地的发展现状与地方特色，厘清改革任务、确定改革工具、细化改革方案，为下级政府的改革实践提供具体指导；县、乡级政府则更多地承担具体的执行任务，确保

将改革政策落到实处。由此可见，中央政府与省级政府属于制订战略计划的宏观层次，县、乡级政府属于贯彻、落实具体实施方案的微观层次。地级市政府恰恰属于连接宏观与微观的中观层次，不仅需要领会上级政府的改革精神与战略方向，为县、乡级政府提供具体的理论与实践指导，而且掌握改革一手资料，了解改革一线所面临的困境与难题，能够为中央政府与省级政府的宏观设计提供微观支持，所以说地级市政府是深化"放管服"改革进程中不可或缺的中坚力量。

二、地级市政府能够全面呈现"放管服"改革任务

"放管服"改革战略主要依托于三条改革主线，即简政放权、放管结合、优化服务。笔者认为中央政府和省级政府作为宏观层面的行政机关，在"放管服"改革实践中往往承担更多的简政放权和放管结合任务，其改革注意力主要集中在精简行政、下放职权以及加强监管上，不仅要放得开，更要管得住；县、乡级政府作为微观层面的行政机关，直接面向企业、个体工商户、社会组织、公民等服务对象，在"放管服"改革实践中往往承担更多的政府监管和服务任务，其改革注意力主要集中在加强事中事后监管和提升服务质量上。相较于上述两个层次而言，处于中观层次的地级市政府，往往需要同时兼顾简政放权、放管结合以及优化服务三条改革主线，在积极开展"职能瘦身"，下放行政职权的同时，还要直接面向市场主体和社会主体履行相应的监管和服务职能。可见，与其他行政层级相比，地级市政府能够更为全面地展现"放管服"改革任务。

综上所述，考虑到行政职能的完备性、相关数据的丰富性和可获得性以及地级市政府在深化、落实"放管服"改革中的重要价值，笔者最终选择围绕地级市政府开展"放管服"改革效能评价指标体系的构建研究。

第三节　"放管服"改革效能评价的理论基础

笔者认为，理论基础的主要作用在于明确价值取向、拓宽研究思路、构建分析框架、夯实学理之基。考虑到与研究议题的适配度和应用性等问题，本研究主要选择结构功能主义理论、SPO模型以及服务型政府理论作为理论基础，来指导地级市政府"放管服"改革效能评价指标体系构建研究的有序开展。

一、结构功能主义理论及其应用

结构功能主义是现代西方社会理论中的一个重要流派①,在政治社会研究领域,结构功能主义理论具有长久的影响力②。截至2021年11月15日,笔者以"结构功能主义"为主题词在CNKI中国知网数据库中进行文献检索,共计检索到1424条文献,涉及社区治理、乡村振兴、政府改革、公共服务、产业发展等诸多研究领域,可见,当前结构功能主义理论已在学界获得颇为广泛的应用。结构功能主义理论作为本研究的理论基础之一,究竟是如何融入并指导本研究的?对此,笔者认为有必要对结构功能主义理论是什么、与本研究的适配度如何、有哪些可用之处等核心问题展开系统化阐述。

(一)结构功能主义理论的发展脉络

对结构功能主义理论发展脉络的探究,最早可追溯至奥古斯特·孔德(Auguste Comte)。该理论作为社会学领域的主流研究范式,在理论研究中获得发展与演进,并形成了一系列代表人物以及代表性观点。笔者将围绕时间线索,对结构功能主义理论的发展脉络展开系统化梳理。

法国实证主义哲学家奥古斯特·孔德开创了结构功能主义理论的先河。孔德作为社会学之父,率先借鉴、吸收了生物学的合理内核,应用生物学的方式来思考社会学问题。生物学作为一种综合性科学,与物理学、化学等无机性科学存在本质不同,该学科致力于研究生命有机体全貌,系统化剖析有机体的结构与功能,并在有机体的全貌中解读器官和功能构成,实现对生命发展一般法则的探索与追寻。一言以蔽之,生物学主张唯有置于整个生命有机体中的特定生物现象才具有真正意义,离开整体的部分终将成为无生命的存在。孔德将生物学中"整体先于局部"的思想移植到社会学中,强调社会学中的社会有机体与生物学中的生命有机体存在一定相似性③,主张将社会学划分为社会静力学(或称社会秩序)和社会动力学(或称社会进步)④,并类比生命有机体中的元素、生理组织、生理器官至社会有机体中,对社会有机体展开结构化分析,提出家庭是社会的"元素或细

---

① 刘润忠:《试析结构功能主义及其社会理论》,载于《天津社会科学》2005年第5期,第52-56页。
② 吴晓林:《结构依然有效:迈向政治社会研究的"结构-过程"分析范式》,载于《政治学研究》2017年第2期,第96-108、128页。
③ 侯钧生:《西方社会学理论教程》,南开大学出版社2001年版,第22页。
④ [美]乔纳森·H·特纳:《现代西方社会学理论》,范伟达主译,天津人民出版社1988年版,第50页。

胞"、阶级或阶层是社会的"组织"、城市和社区是社会的"器官"的重要论断①。

英国社会学家赫伯特·斯宾塞（Herbert Spencer）在充分参考关于生命有机体相关论断的基础上，提出社会有机体论和社会进化论两大支柱性理论。在社会有机体论中，斯宾塞认为社会有机体与生物有机体之间既存在相似性也存在差异性。两者的相似性表现在社会有机体与生物有机体都具有聚集性增长、结构随体积和规模的增大而变得复杂、功能随结构分化而分化、变化的部分具有相互依赖性、整体和部分变化具有非同步性等特征。两者差异性表现在以下几点：社会有机体具有抽象性，不存在确定的外部形式；社会有机体具有分散性，组成部分具有流动性，依赖于符号体系沟通；社会有机体是增进个体目标的工具和手段等。斯宾塞进一步提出了社会有机体包含的三大系统，即生产系统、分配系统和调节系统②。在社会进化论中，斯宾塞从功能意义上分析了社会结构及其变迁，并在结构分析中统筹考量其产生的环境③，强调社会进化不总是直线式的过程。虽然从整体上看，社会进化是前进的，但是不排除倒退现象的短暂出现，这并非本质上的落后，而是与社会环境相适应的结果。④

法国社会学家埃米尔·涂尔干（Émile Durkheim）进一步刻画、诠释社会结构观念，并提出三个基本假设：社会是不可化约的实体；社会的组成部分可以满足社会实体的基本需求；功能需求是社会需求。⑤涂尔干把现代社会看作一个真实存在的有机整体，且拥有一些必须由它的各个部门来满足的需求或功能，以使它能按照"正常的"状态存在，即为平衡系统，假如某些需求得不到满足，就会出现一种病态的现象，即为不平衡系统或社会变迁。⑥涂尔干强调，社会结构是社会关系的组合形式，他将社会结构视为解读社会现象的起点，并将以低度分工为基础、以强烈集体意识为纽带的社会关系组合形式称为机械团结，将以高度分工和广泛的相互依赖为基础的社会关系组合形式称为有机团结。⑦有机团结社会与机械团结社会的本质区别在于，有机团结社会是由不同机构组成的系统，且每个机构都具有特定功能，其所含要素并非同质或相似。⑧在继承涂尔干思想的基础上，社会人类

---

① 侯钧生：《西方社会学理论教程》，南开大学出版社2001年版，第22页。
② 冯波：《古典西方社会学理论》，中国传媒大学出版社2016年版，第38-39页。
③ 文军：《西方社会学理论：经典传统与当代转向》，上海人民出版社2006年版，第66页。
④ 侯钧生：《西方社会学理论教程》，南开大学出版社2001年版，第33页。
⑤ 周怡：《社会结构：由"形构"到"解构"——结构功能主义、结构主义和后结构主义理论之走向》，载于《社会学研究》2000年第3期，第55-66页。
⑥ [美]玛格丽特·波洛玛：《当代社会学理论》，孙立平译，华夏出版社1989年版，第21页。
⑦ 陈咏江：《当前中国国民党的转型问题浅探——基于涂尔干的结构功能主义视角》，载于《台湾研究》2019年第1期，第38-49页。
⑧ [法]埃米尔·涂尔干：《社会分工论》，渠东译，生活·读书·新知三联书店2013年版，第142页。

学家拉德克利夫·布朗（Alfred Radcliffe Brown）、人类学家布罗尼斯拉夫·马林诺夫斯基（Bronislaw Malinowski）进一步思考、论证结构功能主义的相关理论内核，促进了该理论的深入发展与演化。布朗断言，在社会领域中单个的人"这种基本单位"是靠社会关系网结成一个整体的，所有重复发生活动的功能，诸如惩治罪犯或丧礼仪式的功能，都是功能在作为整体的社会生活中所发挥的作用，是功能对维持这种结构持续下去所做的贡献。马林诺夫斯基与布朗的论述略有不同，但也强调功能分析，旨在按其功能、按其在文化整体系统中所发挥的作用、按其在这种系统内相关的方式来解释所有发展阶段的人类学事实。①

美国社会学家塔尔科特·帕森斯（Talcott Parsons）在兼顾实然与应然两层含义的情形下，将结构功能主义提炼为功能分析和结构分析两个方面。其中，功能分析的着力点在于社会系统及其子系统具备何种功能，以及需要具备怎样的功能才能确保系统协调运转；结构分析的聚焦点在于具有哪些社会结构以及这些社会结构应如何组合、配置才能实现社会系统的基本功能。帕森斯认为无论是社会行动系统，还是构成社会的小群体、家庭，甚至是较为复杂的社会组织，都具有一些最为基础的共同性结构发挥特定功能，他由此提炼出关于一般系统的结构功能框架，即著名的 AGIL 模型。其中，A（adaption）是社会系统对环境的适应功能，在对社会环境的顺应与改造过程中，形成多层面能量交换，在交换中获得维系社会系统的资源与能量；G（goal-attainment）是社会系统确定总目标的功能，要求组织成员为实现目标而付诸实践努力，与适应功能之间相互依存，形成动机-手段关系；I（integration）是协调社会系统各组成部分的整合功能，以使各组成部分在情感因素的主要作用下达成某种程度的团结，形成有效合作；L（latency pattern maintenance）是保证社会系统行动秩序和活动方式连续性的潜在模式维持功能，这一功能建立在适应、目标达成和整合三种功能所形成的一系列规范和原则的基础上，唯有如此，才能实现社会系统的持续运转和发展。②

与帕森斯所主张的抽象功能主义不同，美国社会学家罗伯特·金·默顿（Robert King Merton）从经验层面出发，主张功能不仅有正、负、非之分，更有显、潜之别。其中，正功能是指观察到的对于系统调适具有一定益处的结果，负功能是指观察到的会削弱系统调适的结果，非功能是指与系统无关的结果；显功能是指为系统参与方所期望且能够预料到、认识到的客观结果，潜功能是指系统参与方未预期到、未认识到的客观结果。此外，默顿进一步将行动引发的未预期

---

① [美]罗伯特·K.默顿：《社会理论和社会结构》，唐少杰、齐心等译，译林出版社 2006 年版，第 110 页。
② 刘少杰：《现代西方社会学理论》，吉林大学出版社 1998 年版，第 254-261 页。

到的结果划分为三种类型：一是对所指定系统具有正功能的结果，称之为潜正功能；二是对所指定系统具有负功能的结果，称之为潜负功能；三是与所指定系统无关的结果，即非功能中那些实际上很不重要的后果。①

在第二次世界大战结束后的20年里，结构功能主义理论几乎占据垄断性主导地位②，但是其发展也并非一帆风顺的，同样经历过被质疑的低迷阶段。在20世纪60年代中后期，结构功能主义理论遭遇来自多方的持续性批判，如功能逻辑前提、意志论和目的论的解释方式、强调社会整合、忽视社会冲突和变迁等成为研究者对该理论进行非议和抨击的焦点，直到20世纪70年代后期，蕴藏于结构功能主义理论中的强烈的综合意识，再度唤起、引发研究者的兴趣，20世纪80年代，结构功能主义获得复兴。③

（二）结构功能主义理论的基本内容

在理顺、厘清结构功能主义发展脉络的基础上，笔者综合分析学者关于结构功能主义理论的核心观点与理论阐释，提炼出该理论中需要重点关注和参考的四项基本内容。

1. 社会系统

社会是一个与生命有机体类似的系统，由多个结构化、组织化的子系统构成，子系统之间具有一定的相互关联性④，以其特定功能保障社会系统的良性运转⑤，对社会系统的存续发挥着重要的作用。社会系统的运行状态稳定与否，不仅取决于其子系统是否能够满足一般性功能需求，还取决于子系统之间是否存在跨越边界的对流式交换关系。换言之，维系子系统之间关系的最低限度的平衡是保证社会系统稳定运行的重中之重。⑥

---

①[美]罗伯特·K.默顿：《社会理论和社会结构》，唐少杰、齐心等译，译林出版社2006年版，第152-153页。

②吴晓林：《结构依然有效：迈向政治社会研究的"结构-过程"分析范式》，载于《政治学研究》2017年第2期，第96-108、128页。

③刘润忠：《试析结构功能主义及其社会理论》，载于《天津社会科学》2005年第5期，第52-56页。

④李静：《城市社区网络治理结构的构建——结构功能主义的视角》，载于《东北大学学报(社会科学版)》2016年第6期，第605-609页。

⑤成婧：《结构功能主义视角下的国家治理体系建设》，载于《湖南科技大学学报(社会科学版)》2014年第6期，第64-68页。

⑥周定财：《结构功能主义视角下地方服务型政府的结构分析》，载于《上海行政学院学报》2016年第3期，第43-52页。

2. 社会结构

结构功能主义理论主张将结构的概念置于功能的概念之上，结构的本质是规范、规则、秩序、价值取向，是系统构建和重构的持续力量，是社会秩序形成的条件，不同子系统或单位结构在社会系统中具有不同的作用，发挥不同的功能，强调不同单位结构或子系统之间的非同质性。[1]更进一步来说，结构功能主义者认为，结构所塑造的关系是制约其功能发挥的核心要素，在用以反思社会生活中集体行动的失范现象之余，也能为诸多社会现象及问题提供一个解释框架[2]。

3. 社会功能

社会系统乃至整个行动系统都面临着一些大致相同的基本功能需求，依托社会系统中的内部结构来满足这些基本功能需求是社会系统得以生存的先决条件。在科学研究中，有必要将结构分析与功能分析相结合，识别系统的基本功能需求，并进一步探究单位结构或子系统是如何满足这些基本功能需求的。[3]更有学者提出"结构—过程—功能"的逻辑链条，实现对指定功能的运行机制分析。[4]此外，在社会功能方面，研究者需要明确由结构衍生出的功能并不总是正向的，也可能出现负向功能甚至与社会系统无关的功能，而且社会系统的功能也并非总是符合预期的，也可能出现未预期到的结果。

4. 社会发展

不论结构功能主义理论如何演进，结构与功能之间的互动关系都是贯穿始终的核心观点，即一定的结构具有一定的功能，一定的功能必须依托一定的结构实现；结构的改变会导致功能的改变，功能的改变也会导致结构的改变。[5]当社会结构及其相对应的功能无法满足现实意义上的功能需求时，社会系统进入不平衡阶段，通过自我调节、整合后，社会系统将趋于新的平衡[6]，从不平衡到平衡的过程即是社会发展的过程。

---

[1] 石佑启、刘茂盛：《政府治理变革下行政法之革新——结构功能主义的分析方法》，载于《东南学术》2018年第4期，第218-226页。

[2] 王亚婷、李永刚：《政府公共服务的非均衡供给：一个结构功能主义的分析视角》，载于《学海》2018年第4期，第175-181页。

[3] 关盛梅：《结构功能主义视野下的家庭变迁与青少年社会化》，载于《学术交流》2009年第2期，第126-130页。

[4] 柳亮：《美国公立大学问责：结构功能主义的分析框架》，载于《教育发展研究》2010年第Z1期，第5-10页。

[5] 王文龙：《结构功能主义视角下乡村治理模式嬗变与中国乡村治理政策选择》，载于《现代经济探讨》2019年第10期，第117-124页。

[6] 武小龙、刘祖云：《村社空心化的形成及其治理逻辑——基于结构功能主义的分析范式》，载于《西北农林科技大学学报(社会科学版)》2014年第4期，第108-113页。

（三）结构功能主义理论与本研究的适用性

对于地级市政府"放管服"改革效能评价指标体系构建研究而言，结构功能主义理论具有一定的适用性，具体表现在以下三个方面。

第一，本研究中的地级市政府与生命有机体类似，其作为地方行政机关由多个组织化、结构化的子系统构成，不同子系统拥有不同的角色定位，且具有非同质性。当前，学者对于行政机关的结构化划分存在多种角度，如从组织机构的角度来看，地级市政府系统中包含多个职能部门作为子系统，以沈阳市政府为例，沈阳市政府下设沈阳市人民政府办公室、发展和改革委员会、教育局、科学技术局等多个组织机构；从组织要素的角度来看，当前学界形成诸多论断，如竺乾威认为行政组织主要包括物质要素、精神要素、环境要素、目的要素[①]；丁煌主张行政组织主要包括人、目标、特定的人际关系三个要素[②]等，此类划分方式无关行政层级，相关要素作为子系统在政府系统中发挥自己的重要作用。由此可见，地级市政府的结构化、组织化，以及子系统之间的非同质特征符合结构功能主义理论中关于社会系统的基本论述。

第二，本研究中的"放管服"改革，是深化行政体制改革、促进政府职能转变的"当头炮"和"先手棋"，其改革目的在于重塑政府、市场与社会之间的关系，厘清政府职能部门之间的权力与责任分配，破除体制、机制等结构性障碍，削弱政府的行政审批职能，将行政工作重心转移到加强事中事后监管和优化服务上来，全力建设人民满意的服务型政府。这与结构功能主义理论中关于社会发展的核心观点不谋而合，更进一步来说，中央到地方各级行政机关积极推进"放管服"改革的原因在于政府系统已进入不平衡阶段，系统内的结构和功能与外部环境的匹配度较低，无法满足人民群众的现实需求，需要通过一场全方位的行政改革来打破既有的不平衡状态，通过结构功能主义理论中强调的调节、整合等路径，引领政府系统进入新的平衡阶段。

第三，本研究尝试从效能评价的视角切入来研究"放管服"改革议题。按照前文的核心概念界定，"效能"一词强调内在潜能与外显效用之间的动态联结，且内在潜能与外显效用之间具有统一性，其中内在潜能强调行政组织内部的潜在能量，外显效用强调具体行为结果。一般来说，良好的内在潜能能够在一定程度上增加形成优质外显效用的可能，优质外显效用的形成也有助于进一步夯实行政组织的内在潜能，这与强调结构与功能间内在关联的结构功能主义理论具有相通性。

[①] 竺乾威：《公共行政学（第二版）》，复旦大学出版社2000年版，第31页。
[②] 丁煌：《行政学原理》，武汉大学出版社2007年版，第125页。

按照该理论中关于社会结构和社会功能的基本论述，社会结构与社会功能是一对统一体，社会结构在本质上代表着规范、价值取向，社会功能在本质上代表着结果，结构影响功能，功能需要依托结构来实现。可见，效能概念中所表明的内在潜能与外显效用及其两者关系和结构功能主义理论中所主张的结构与功能及其两者关系具有异曲同工之妙，效能评价视角与结构功能主义理论的思想内核基本相称。

（四）结构功能主义理论在本研究中的具体应用

在充分论证结构功能主义理论与本研究适用性的基础上，笔者将进一步阐明结构功能主义理论是如何指导后续研究的，即该理论在本文中的具体应用究竟以何种方式呈现出来。

第一，把握"放管服"改革效能评价的关键性变量。精准把握效能评价中的关键性变量，是科学、准确地评价"放管服"改革效能的重中之重。按照笔者对效能的定义，"效"代表外显效用，"能"代表内在潜能，效能用于表示内在潜能与外显效用的动态联结水平，对于如何抓住效能评价中的关键性变量完成实地测评，结构功能主义理论为本研究提供了重要的指导与参考。社会结构与社会功能是结构功能主义理论中的关键性变量，类比效能评价领域，考虑到内在潜能-外显效用与结构-功能这两对概念在内容与关系方面的相通性，笔者认为在"放管服"改革效能评价中理应抓住内在潜能和外显效用这两个关键性变量，通过两者之间的关系，反映内在潜能与外显效用之间的动态联结情况，以更好地把握"放管服"改革效能的全貌。

第二，解读"放管服"改革效能评价结果。如前文所述，结构功能主义理论指导研究者从内在潜能和外显效用两个方面来评价"放管服"改革效能。从通常意义上看，内在潜能与外显效用这两个关键变量之间可能出现以下三种关系，即内在潜能小于外显效用、内在潜能等于外显效用、内在潜能大于外显效用。结构功能主义理论为上述三种情形提供了可靠的解释依据。一般来说，结构与功能具有统一性，内在潜能强调组织结构所具备的潜在能量，从某种程度上来讲，可以理解为静态层面不同要素的简单叠加，代表各部分的功能之和；外显效用强调直接显现在外的具体结果，是动态层面不同要素的共同作用，代表着整体功能。虽然上述三种情况均为正常现象，但按照结构功能主义理论中"整体功能大于各部分功能之和"的重要论断，外显效用大于内在潜能才是内在潜能与外显效用关系中的理想状态。

二、SPO模型及其应用

SPO中的三个字母分别代表结构、过程、结果，故SPO模型又称"结构—过程—结果"模型，截至2021年11月15日，笔者以"SPO模型"或"结构过程结果评价"为主题词在CNKI中国知网数据库中进行文献检索，共计检索到213条文献，且相关成果较为集中地分布在医疗卫生研究领域，可见当前学界对于SPO模型的应用数量不多、范围不广。为何选择SPO模型作为本研究的理论基础之一？笔者认为有必要在系统梳理SPO模型核心观点与主要思想的基础上，进一步细化该模型在本研究中的适配性及可用空间。

（一）SPO模型的发展脉络

关于SPO模型的相关研究可追溯至20世纪60年代。1966年美国管理学大师多那比第安（Avedis Donabedian）在《医疗服务质量评价》一文中首次提出SPO模型，确定了医疗服务质量的三个维度。其中，S（structure）代表结构，强调组织各类资源的静态配置；P（process）代表过程，强调组织动态运行的方式和路径；O（outcome）代表结果，强调组织资源配置和动态运行的最终测度。[①]该文章在2005年被 The Milbank Quarterly 重新刊载，足以见得其在质量评估领域的学术影响力。而后，经过20余年的辛勤研究，多那比第安于20世纪80年代完成三卷巨著《质量评估与监测研究》，该著作集合了多那比第安一生的学术成就，被公认为医疗质量研究领域的"圣经"。该著作在厘清质量的内涵与外延的基础上，更为系统、完整地阐述了"结构—过程—结果"的三维模型、量化标准及具体应用[②]，并进一步提出了三个维度之间的线性因果关系，即结构影响过程，过程影响结果。

多那比第安的SPO模型作为一种成熟的医疗质量评价模式，在国际上获得普遍认可，成为构建护理质量评价标准的重要理论基础。[③]但是有研究表明，其无论是结构变量还是过程变量，均未显示出与结果（如死亡率）的一致性关系。对此，米切尔（Mitchell）等人主张结构、过程、结果三个维度之间并非简单的线性关系，有必要重新审视变量间的关系，完成对传统模型的深化。故而，米切尔等人

[①] Donabedian A, "Evaluating the quality of medical care", The Milbank Quarterly, 2005, Vol.83, No.4, pp. 691-729.

[②] 李岩：《美国医疗质量管理之父多那比第安(Avedis Donabedian)》，载于《中国医院》2003年第5期，第30页。

[③] 罗佳、傅丽丽、覃文芳等：《Donabedian质量理论在血液净化中心手卫生持续改进中的应用》，载于《中国感染控制杂志》2021年第5期，第462-466页。

将"结构—过程—结果"的传统框架纳入动态模型,于1998年提出健康质量结果模型,如图2-2所示。该模型主要包含患者、组织、治疗措施和结果四个组成部分,不仅强调了各组成部分之间的双向关系,而且转变了以往的模型构建思路,打破了治疗措施能够直接产生预期结果的既定模式,去除治疗举措和结果在模型中的直接性关联,主张治疗措施需要通过患者特征或者组织特征发挥作用。总的来说,米切尔等人尝试通过反映各组成部分之间的动态性,来实现对多那比第安传统框架的扩展,以期进一步强化过程与结果间的一致性。[①]

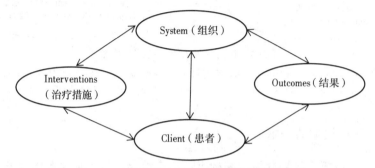

图2-2 米切尔等人提出的健康质量结果模型

资料来源:米切尔等人的相关研究成果(Mitchell P H, Ferketich S, Jennings B M, et al. Quality health outcomes model[J]. Image: The Journal of Nursing Scholarship, 1998, 30(1): 43-46.)

孔克尔(Kunkel)等人认为医院的医生、护士以及管理者需要改变传统的工作行为以适应新兴技术与新兴方式,质量体系建设有助于工作行为的改变,并能够使医疗服务保持在较高的水平。对此,孔克尔等人受到多那比第安研究成果的启发,构建了一套新的质量模型,如图2-3所示。他们主张由资源和管理构成结构维度、由文化和专业合作构成过程维度、由能力发展和目标实现水平构成结果维度。他们随机抽取了瑞典600个医院科室进行问卷调查,进一步证明结果同时受到结构和过程的影响,实现了对传统SPO模型中变量间关系的拓展。[②]

近年来,伴随着SPO模型的不断发展与演进,该模型不仅在不同层次、不同种类的医疗服务质量评价中获得应用,而且逐步向其他研究领域延伸,如韩艳依托SPO模型对政府购买居家养老服务质量展开评估[③];孟凡蓉等以SPO模型为基

[①] Mitchell P H, Ferketich S, Jennings B M, et al, "Quality health outcomes model", *Image: The Journal of Nursing Scholarship*, 1998, Vol.30, No.1, pp.43-46.

[②] Kunkel S, Rosenqvist U, Westerling R, "The structure of quality systems is important to the process and outcome, an empirical study of 386 hospital departments in Sweden", *Bmc Health Services Research*, 2007, Vol.7, No.1, p.104.

[③] 韩艳:《政府购买居家养老服务质量评估研究》,厦门大学博士学位论文,2017年,第63页。

本参照，构建世界一流科技社团综合能力评估指标体系^①等。

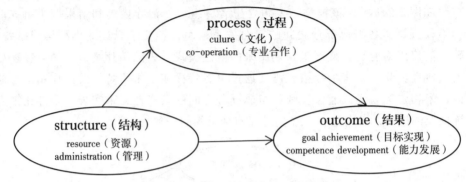

图 2-3　孔克尔等人提出的改良模型

资料来源：孔克尔等人的相关研究成果（Kunkel S，Rosenqvist U，Westerling R. The structure of quality systems is important to the process and outcome, an empirical study of 386 hospital departments in Sweden[J]. Bmc Health Services Research, 2007, 7(1):104.）。

（二）SPO 模型的基本内容

在明晰 SPO 模型发展脉络的基础上，笔者综合分析多那比第安及其后续研究者关于 SPO 模型的核心观点与理论阐释，提炼出该模型中需要精准把握的三项基本内容。

1. 质量的定义

SPO 模型是医疗质量评估领域的主流研究范式，厘清质量的含义无疑是全面、系统理解 SPO 模型的关键，对此，多那比第安结合医疗服务的现实语境，深刻解读质量的本质内涵，提出归属于质量的七大属性：其一，功效性，即以最优质的服务去改善健康的能力；其二，效果性，即对健康的实际改善程度；其三，效率性，即以最低的成本获取最大限度的改善健康的能力；其四，最优性，即实现成本与收益之间的最佳平衡；其五，可接受性，即与患者偏好的一致性，包括无障碍性、医患关系、便利设施、服务效果和服务成本；其六，合法性，即与社会偏好的一致性；其七，公平性，即医疗分配的公平性及其对健康的影响。SPO 模型强调在质量评价中兼顾患者偏好和社会偏好，当两者偏好相冲时，则需要医务人员的调和。[②]

---

①孟凡蓉、陈光、袁梦等：《世界一流科技社团综合能力评估指标体系设计研究》，载于《科学学研究》2020 年第 11 期，第 1937-1943 页。

②Donabedian A,"The seven pillars of quality", *Archives of Pathology & Laboratory Medicine*, 1990, Vol.114, No.11, pp. 1115-1118.

2. "结构—过程—结果"的三维框架

多那比第安认为结构、过程、结果是可用于质量评价的三个基本维度,这也是SPO模型的重要贡献之一。其中,结构指医疗服务发生时的环境属性,侧重于对组织中各类资源静态配置情况的考察,包括物质资源(如设施、设备以及资金)、人力资源(如人员的数量和质量)、组织结构(如医务人员组织、同行评议方法、补偿方法);过程指在提供和接受医疗服务时的具体实践行为,侧重于对组织动态运行方式和路径的考量,包括患者在寻求和获取医疗服务时的活动,以及医务人员在诊断、建议、实施治疗时的活动;结果指医疗服务对患者和相关群体健康状况的影响,是对组织资源配置和动态运行的最终测度。[1]多那比第安认为,从某种意义上讲,医疗服务中的任何一种后果都是结果,但是对于科学研究而言,理应采取更为有限的观点。多那比第安将结果定义为由前期医疗服务引发的个人或群体的状态,包括健康状况的变化、对健康认知与行为的变化以及对医疗服务的满意度。此外,结果也不能直接作为判断质量水平高低的依据,结果只是对服务结构和服务过程的推论,只能说与不好的结果相比,拥有好结果的服务更有可能是高质量的服务。[2]

3. 结构、过程、结果之间的关系

科学研究的核心议题之一,即确定变量间关系或对变量间关系形成新认知。多那比第安认为,从结构、过程、结果三个维度出发来评价质量的可行性就在于三个维度之间存在一定的互动关系,即优质的结构能够增加形成优质化过程的可能性,优质的过程能够增加形成优质化结果的可能性。[3]

图2-4揭示了结构、过程、结果关系的基本特征,体现了结构影响过程、过程影响结果的线性因果关系。但是多那比第安也明确指出,线性因果关系其实是对复杂现实的高度简化,图2-4的下半部分表明,事实上SPO模型中存在一个事件链条,甚至是相互关联的链条,即A指向B、B指向C,依次类推。研究者难以让此链条在某一点戛然而止,并指明该点即为结果,或者确定此点就意味着结构维度的结束和结果维度的开始。换句话说,多那比第安强调SPO模型中结构、过程和结果三个维度难以区分,三者间的界限具有一定的模糊性,对此,研究者必须

---

[1] Donabedian A, "The quality of care: how can it be assessed?", JAMA, 1988, Vol.260, No.12, pp. 1743-1748.

[2] Donabedian A, "The role of outcomes in quality assessment and assurance" Qrb Quality Review Bulletin, 1992, Vol.18, No.11, pp. 356-360.

[3] Donabedian A, "The quality of care: how can it be assessed?", JAMA, 1988, Vol.260, No.12, pp. 1743-1748.

厘清A如何影响B、B如何影响C，依次类推，唯有如此才能在一定程度上降低三者间界限的模糊性。此外，"结构—过程—结果"范式的基本属性将会引领评价应用，即该范式是对复杂现实的简单化呈现，相邻的两个维度之间存在一定的因果关系，在正式开展评估前，研究者需要确定变量之间的因果关系。需要注意的是，因果概率可能变化很大（对于结构性特征来说，这种因果概率可能会比较低），因果概率的存在及其强度决定了指标的有效性。[1]

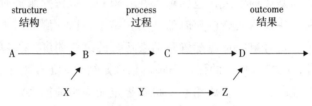

图2-4 结构、过程、结果之间的关系

资料来源：多那比第安的相关研究成果（Donabedian A. The role of outcomes in quality assessment and assurance.[J]. Qrb Quality Review Bulletin, 1992, 18(11):356.）。

伴随着研究的不断深入，研究者不断审视三个维度之间的关系，并对传统模型进行修正，认为多那比第安所描述的"结构—过程—结果"三维度间的关系过于线性化，进而在传统SPO模型的基础上创造性地提出了变量之间的双向关系以及结果受结构和过程的双重影响等观点[2]。换言之，后续的改造模型大多是传统模型的变体，多那比第安提出的线性关系始终是SPO模型的精神内核。

（三）SPO模型与本研究的适用性

对于地级市政府"放管服"改革效能评价指标体系构建研究而言，SPO模型具有一定的适用性，具体表现在以下三个方面。

第一，SPO模型作为医疗服务评价领域的主流研究范式，受到该领域研究者的青睐与推崇，他们将该模型投入远程医疗质量、医药护理质量以及医院建设等医疗议题的研究。但是通过前文的理论脉络梳理，我们不难发现，在研究者的尝试与努力下，SPO模型的应用范围不再局限于医疗领域，已逐步延伸、扩展至与之相似或相近的其他研究领域，这无疑为本理论模型的迁移性应用提供了一定的空间与可能。就本研究议题来说，"放管服"改革是各级行政机关为转变政府职

---

[1] Donabedian A, "The role of outcomes in quality assessment and assurance" *Qrb Quality Review Bulletin*, 1992, Vol.18, No.11, pp. 356-360.

[2] 陈皓然、吴秋惠、王莺莺等：《基于结构过程结果（SPO）模型的药学服务评价研究概述》，载于《中国药师》2020年第4期，第733-735页。

能、促进服务型政府建设而付诸的行政改革实践努力，其以优化服务为改革工作最终的落脚点，属于抽象意义上的公共产品；SPO模型创立并广泛应用于医疗服务研究，医疗服务属于准公共产品。考虑到公共产品与准公共产品领域在研究中的可融性，笔者认为，虽然"放管服"改革与医疗服务的研究领域并不完全相同，但初步具备了理论迁移的可行性。

第二，SPO模型以质量为关键词，是医疗服务质量评价领域的经典模型；本研究以效能为关键词，致力于构建地级市政府"放管服"改革效能评价指标体系。核心概念的界定与操作化是开展评价研究的基础和前提，多那比第安认为质量是一个难以定义的概念，在SPO模型中多那比第安充分结合学界的相关研究成果，提出质量作为一种价值判断，是对价值观和目标的反映[1]；《辞海》中将质量定义为优劣程度[2]；GB/T 19000—2000《质量管理体系基础和术语》将质量解释为"一组固有特性满足要求的程度"[3]，这与效能评价中强调行为有效性的观点不谋而合。此外，张珊珊等人也从质量管理学的角度对教材管理效能展开研究[4]。可见，从研究思路上看，质量评价与效能评价具有一定的相通性，质量评价领域的经典模型能够为效能评价研究提供独到视角。

第三，SPO模型中主要包括结构、过程、结果三个维度，按照笔者关于效能的概念界定，效能侧重于强调内在潜能与外显效用之间的动态联结，其中所涉及的关键性概念与SPO模型中的三维框架存在内容上的对应关系。效能中提出的内在潜能，即蕴藏于内部的潜在能量，与SPO模型中强调资源静态配置的结构维度类似；效能中提出的外显效用，即显现于外的实际结果，与SPO模型中强调最终测度的结果维度类似；效能中提出的动态联结，即内在潜能转化为外显效用的纽带与桥梁，与SPO模型中强调运行状态和路径的过程维度类似。此外，从变量间关系来看，优质的内在潜能有助于促进优质化外显效用的形成，这与SPO改良模型中提出的"结果会受到结构影响"的理论主张具有内在一致性。

（四）SPO模型在本研究中的具体应用

在充分论证SPO模型对本研究适用性的基础上，笔者将进一步阐明SPO模型

---

[1] Donabedian A，"Evaluating the quality of medical care"，*The Milbank Quarterly*，2005，Vol.83，No.4，pp. 691-729.

[2] 辞海编辑委员会：《辞海》，上海辞书出版社1989年版，第707页。

[3] 《GB/T 19000—2000质量管理体系基础和术语》，载于《世界标准信息》2001年第4期，第11-30页。

[4] 张珊珊、王晓丽、田慧生：《质量管理学视角下教材管理效能的提升》，载于《课程·教材·教法》2020年第1期，第50-54页。

是如何指导后续研究的，即该理论在本研究中的具体应用以何种方式呈现出来。

第一，揭示"放管服"改革效能的内在机理。了解"放管服"改革效能源于何处、成于何时是实现概念可操作化的前提，更是科学、客观地完成实际测评的关键。本研究将效能定义为内在潜能与外显效用的动态联结，对于研究者而言，如何理解并实现动态联结是研究中的一大难题，更是了解改革效能生成机理的重要突破口，SPO模型正为此提供了破题思路与解题指南。该模型充分结合事物的生长规律，认为结构、过程、结果三个维度一脉相承，是有效把握评价对象全貌的关键，其中过程作为结构与结果之间的中介变量，能够有效助推评价对象实现从结构到结果的跃升。以此为逻辑参照，效能定义中的内在潜能与外显效用作为静态化要素，无法自主联结，需要以"放管服"改革过程为桥梁，来实现内在潜能与外显效用之间的衔接。在改革行为过程的触发下，开启组织内在潜能向外显效用的转化进程，为两个静态化概念注入动态内涵，推动"放管服"改革效能的生成。

第二，识别"放管服"改革效能评价的关键性变量。对"放管服"改革效能中关键性变量的识别与把握，得到了结构功能主义理论和SPO模型的双重论证。结构功能主义理论在提取"放管服"改革效能评价关键性变量方面的具体应用已在前文展开详细阐释，这里主要围绕SPO模型的具体应用进行论述。在SPO模型中，多那比第安将结构、过程和结果确定为关键性变量，其方案的可行性就在于三个变量之间存在互动关系。由此，按照效能的定义，在"放管服"改革效能评价中理应抓住内在潜能和外显效用这两个关键性变量，其不仅与SPO模型中的相关变量具有一定的对应性，而且存在内部互动关系。需要注意的是，在SPO模型中，研究者对结果变量做出了更为具体的限定，简言之，一般意义上，任何一种后果都是结果，即可能出现正向结果、负向结果、超出预期甚至与预期无关的结果，但对于科学研究而言，需要采用更为有限的观点。考虑到外显效用与结果之间的对应性关系，在后文的模型构建中，研究者会对外显效用这一关键变量做出更为细致的界定。

三、服务型政府理论及其应用

服务型政府是中国学者在中国场域下提出的一个具有鲜明中国特色的理论概念。该概念一经提出，便得到理论界和实务界的广泛讨论。服务型政府作为公共行政学领域的中国智慧与中国方案，对深化行政体制改革、促进政府职能转变发挥着重要的价值引领作用。服务型政府理论作为本研究的理论基础之一，它是如何融入并指导本研究的？为了回答这一关键性问题，笔者认为有必要从"是什么""为什么""怎么用"三个方面出发，对服务型政府理论展开深入讨论，即探讨服务型政府理论是什么、为什么选择服务型政府理论作为本研究的理论基础、服务型政府理论在本研究中要怎么应用。

（一）服务型政府理论的发展脉络

服务型政府是一个具有中国特色的理论词语，是中国学者结合本土化语境做出的理论创新。追本溯源，当前学界普遍认为，服务型政府的概念是由"服务行政"一词演化而来的。①相关研究表明，"服务行政"一词最早出现在德国行政法学家厄斯特·福斯的《当成是服务主体的行政》一文中，其在我国的使用则可追溯至1995年②，如崔卓兰③、陈泉生④等认为，为适应市场经济发展需要，我国的行政法制建设应以"服务行政"为核心；张成福、党秀云提出，公共行政与经济、社会发展之间的冲突在一定程度上会表现为管制行政与服务行政间的冲突，在现代化的中国公共行政中，公共行政应承担服务者职责，成为为民众提供服务的实体。⑤1998年，学界关于"服务行政"的讨论进入新的发展阶段⑥，张康之教授将服务行政概念引入行政模式的构建之中，他在《行政道德的制度保障》一文中，分别对统治行政、管理行政、服务行政三种行政模式下的行政道德展开系统阐释，并提出"服务行政模式是我国行政改革的方向"这一重要论断⑦。基于对服务行政模式的论述与理论判定，2000年，张康之教授在《限制政府规模的理念》中正式提出"服务型政府"这一概念，强调这是一种完全不同于统治型政府和管理型政府的新型政府形态，指出服务型政府是为人民服务的政府，即将政府定位为服务者，以服务为基本的行政理念和价值追求，把为社会、为公众服务作为政府存在、运行、发展的根本目标。⑧而后，学者们从不同的研究视角出发，围绕服务型政府的核心概念、价值取向、理论基础、实践路径等内容展开诸多讨论，并在服务型

---

①燕继荣：《服务型政府的研究路向——近十年来国内服务型政府研究综述》，载于《学海》2009年第1期，第191-201页。
②程倩：《"服务行政"：从概念到模式——考察当代中国"服务行政"理论的源头》，载于《南京社会科学》2005年第5期，第50-57页。
③崔卓兰：《行政法观念更新试论》，载于《吉林大学社会科学学报》1995年第5期，第75-78页。
④陈泉生：《论现代行政法学的理论基础》，载于《法制与社会发展》1995年第5期，第12-20页。
⑤张成福、党秀云：《中国公共行政的现代化——发展与变革》，载于《行政论坛》1995年第4期，第3-9页。
⑥程倩：《"服务行政"：从概念到模式——考察当代中国"服务行政"理论的源头》，载于《南京社会科学》2005年第5期，第50-57页。
⑦张康之：《行政道德的制度保障》，载于《浙江社会科学》1998年第4期，第64-69页。
⑧张康之：《限制政府规模的理念》，载于《行政论坛》2000年第4期，第7-13页。

政府的基础上，衍生出公共服务型政府①、积极服务型政府②、规制-服务型政府③、高质量服务型政府④等诸多理论概念。

步入21世纪，伴随着政府改革的不断深化，服务型政府理论也在实务界大放异彩。2004年，温家宝同志在省部级主要领导干部"树立和落实科学发展观"专题研究班结业式的讲话中提到了"努力建设服务型政府"⑤；党的十六届六中全会明确指出，要"建设服务型政府，强化社会管理和公共服务职能"⑥；党的十七大强调，要"加快行政管理体制改革，建设服务型政府"⑦；党的十八届三中全会将建设服务型政府视为实现深化改革总目标的重要抓手；党的十九大以来，我国强调行政体制改革中的人文关怀，提出建设人民满意的服务型政府⑧。

（二）服务型政府理论的基本内容

服务型政府是计划经济向社会主义市场经济转变进程中的产物。⑨当前，学界的研究者围绕服务型政府理论展开多维讨论，并从不同的研究视角切入，形成了关于服务型政府的诸多论断。在明确服务型政府理论渊源及发展脉络的基础上，笔者综合诸多研究者关于服务型政府的理论阐释与结构认知，提炼出该理论中需要重点关注、把握的四项基本内容。

第一，服务型政府是以人为本的政府。服务型政府即为人民服务的政府，这是在服务型政府概念创立之初便形成的核心观点。简言之，以人为本、为民服务是服务型政府的本质内涵，为民服务更是政府存在的理由和基础。⑩服务型政府要

---

① 郁建兴、徐越倩：《从发展型政府到公共服务型政府——以浙江省为个案》，载于《马克思主义与现实》2004年第5期，第65-74页。

② 刘熙瑞：《切实加强积极服务型政府的研究和建设》，载于《新视野》2004年第2期，第47-49页。

③ 朱光磊、孙涛：《"规制-服务型"地方政府：定位、内涵与建设》，载于《中国人民大学学报》2005年第1期，第103-111页。

④ 薄贵利、吕毅品：《论建设高质量的服务型政府》，载于《社会科学战线》2020年第2期，第189-197页。

⑤ 姜晓萍、苏楠：《国内服务型政府研究的知识图谱》，载于《四川大学学报(哲学社会科学版)》2014年第2期，第98-109页。

⑥ 《中共中央关于构建社会主义和谐社会若干重大问题的决定》，载于《求是》2006年第20期，第3-12页。

⑦ 胡锦涛：《高举中国特色社会主义伟大旗帜 为夺取全面建设小康社会新胜利而奋斗——在中国共产党第十七次全国代表大会上的报告》，载于《求是》2007年第21期，第3-22页。

⑧ 习近平：《决胜全面建成小康社会 夺取新时代中国特色社会主义伟大胜利——在中国共产党第十九次全国代表大会上的报告》，载于《前线》2017年第11期，第4-28页。

⑨ 谢庆奎：《服务型政府建设的理论研究》，载于《学习与探索》2005年第5期，第81-82页。

⑩ 丁煌：《服务型政府的理论澄清》，载于《中国行政管理》2004年第11期，第21页。

求行政机关及其行政人员彻底摒弃治民、为民做主的传统官僚理念，树立以人民为中心的行政理念，明确公共意志的基础性地位和人民群众的主人翁地位，想民之所想、急民之所急，始终以公共利益作为行政行为的出发点和落脚点。

第二，服务型政府是服务导向的政府。作为区别于统治型政府和管理型政府的新型政府形态，服务型政府始终坚持服务导向，明确政府不再是凌驾于社会之上的"冰冷衙门"，其自身定位也不再是居高临下的统治者或管制者，而是具有主动服务意识和服务精神的服务者，强调服务不仅是社会治理价值体系的核心，更是政府职能结构的重心。[1]行政机关及其行政人员要始终坚持以民意和公共需求为依归，努力建设人民满意的服务型政府，做好"店小二"，打好"服务牌"，切实提升人民群众的获得感、幸福感、安全感。

第三，服务型政府是依法行政的政府。回归概念的本质，服务型政府是在整个社会民主秩序的框架下，通过法定程序，按照公民意志组建而成的[2]，依法行政是服务型政府区别于传统政府形态的重要标志之一。无论是出于对公民权利的保护，还是出于对行政行为的规范[3]，行政机关及其行政人员都需要将科学、合理、系统、完备的法律法规作为塑造服务型政府形态的制度性保障，将权力关进制度的笼子，形成对权力的有力约束，真正实现服务型政府对公民本位、社会本位以及权利本位的价值追求。

第四，服务型政府是透明高效的政府。传统行政模式下的政府具有明显的自我封闭性，是充满神秘感的官僚机构。与之不同，服务型政府是人民的政府，行政机关及其行政人员有主动向人民群众公开其工作内容、程序等相关信息的责任与义务。[4]同时，服务型政府还应是有为、高效的政府，行政机关及其行政人员要积极作为，坚决抵制履职中的错位、越位、缺位、不到位等现象，切实提升行政行为的有效性，唯有如此，才能真正走出传统政府形态的窠臼，实现现代化转型。[5]

---

[1] 施雪华：《"服务型政府"的基本涵义、理论基础和建构条件》，载于《社会科学》2010年第2期，第3-11、187页。

[2] 刘熙瑞：《服务型政府——经济全球化背景下中国政府改革的目标选择》，载于《中国行政管理》2002年第7期，第5-7页。

[3] 刘熙瑞、段龙飞：《服务型政府：本质及其理论基础》，载于《国家行政学院学报》2004年第5期，第25-29页。

[4] 吴玉宗：《服务型政府：概念、内涵与特点》，载于《西南民族大学学报(人文社科版)》2004年第2期，第406-410页。

[5] 夏志强、李天兵：《服务型政府研究的理论论争》，载于《行政论坛》2021年第3期，第41-50页。

(三)服务型政府理论与本研究的适用性

对于地级市政府"放管服"改革效能评价指标体系构建研究而言,服务型政府理论具有一定的适用性,具体表现在以下两个方面。

第一,本书以"放管服"改革效能为评价对象,其中"放管服"改革是一项扎根中国大地、符合中国国情的改革实践,凝结了我国改革开放以来数十年的宝贵经验,具有鲜明的中国特色;"效能"也是一个中国本土化词语,是凝结了中国智慧与中国力量的理论视角。服务型政府理论作为一项中国本土化的理论构建,从研究语境上看,显然与"放管服"改革以及效能评价视角更为匹配,能够为"放管服"改革效能的概念解读与模型构建提供本土化方案。

第二,根据对服务型政府理论发展脉络和基本内容的梳理,在促进国家治理现代化的背景下,建设人民满意的服务型政府是全面深化改革的根本性目标。而本研究中的"放管服"改革正是全面深化改革的重要内容,我们深入简政放权、放管结合、优化服务三条改革主线也不难发现,优化服务始终是全面推进"放管服"改革的出发点和落脚点。由此可见,建设人民满意的服务型政府也必然是"放管服"改革的终极目标。评价在本质上是一种价值导向,考虑到"放管服"改革与服务型政府在价值取向上的相通性,服务型政府理论显然能够为"放管服"改革效能评价模型构建提供一定的助力和支持。

(四)服务型政府理论在本研究中的具体应用

在充分论证服务型政府理论与本研究适用性的基础上,笔者将进一步阐述服务型政府理论是如何指导后续研究的,即该理论在本研究中的具体应用以何种方式呈现出来。

第一,厘清"放管服"改革效能评价的逻辑理路。在结构功能主义理论和SPO模型的指导下,笔者准确地识别出"放管服"改革效能评价中的两个关键性变量,即内在潜能与外显效用,其中,内在潜能代表改革起点,外显效用代表改革结果。但是,笔者在文献梳理过程中发现,当前学界关于政府改革的评价类研究成果大多遵循结果导向原则,围绕改革结果展开多维考量。对于笔者为何要测量改革起点,以及它的合理性何在,服务型政府理论提供了学理依据,阐明了测量改革起点的重要性和必要性。按照服务型政府理论的观点,服务型政府建设并非仅强化政府公共服务职能,而是以公民需求为立足点,实现对政府职能以及运行机制的根本性转变,至于其是否能够真的满足公民需求,在很大程度上还取决于行政机关及其行政人员的主观意愿、基础条件、管理能力等要素①。其中"是否能够真的满足公民需求"代表改革结果,"主观意愿、基础条件、管理能力等要素"则代表改革起点,只关注改革结果的做法显然无法帮助研究者把握改革全貌,唯有在测量改革结果的同时兼顾改革起点,才能更好地开展评价工作,完成对"放管服"改革效能进行的理论剖析。

第二,诠释"放管服"改革效能评价结果。如前文所述,在结构功能主义理论和SPO模型的双重论证下,内在潜能和外显效用成为评价"放管服"改革效能的两个关键性变量,服务型政府理论则为两个变量之间可能存在的三种关系提供了另一种解读方式。根据前文的概念界定,笔者将"放管服"改革效能定义为简政放权、放管结合、优化服务改革的有效性。那么,何为有效性?结合建设人民满意的服务型政府的终极目标,人民满意必然是其中一项重要的衡量标尺。回到人民满意的概念上,满意是一种主观感受,与期望值有关,简言之,达到期望值时则满意,未能达到期望值时则不满意。但从本质上来讲,期望是一个相对化的概念,对于改革而言,当改革者具备良好的改革基础时,人民群众自然也会对其形成较高的心理预期,为了实现人民满意的价值目标,改革者需要以更好的改革结果来与之匹配。由此,笔者认为内在潜能在某种意义上说就是心理预期,代表改革的应然状态;外显效用则是实际的改革结果,代表改革的实然状态。当内在潜能等于外显效用时,实然状态与应然状态相吻合,意味着达到了改革有效性的基本标准;当内在潜能小于外显效用时,实际结果超过心理预期,意味着改革过程高效;当内在潜能大于外显效用时,实际结果未能达到心理预期,意味着改革过程低效。

第四节 "放管服"改革效能评价的分析框架

效能作为中国本土化词语,在政府的各类政策文件以及日常行政工作中获得广泛应用,但相较于实务界,理论界关于效能的相关研究成果尚不丰富,对效能的概念认知仍旧存在一定的模糊性,缺乏适用于效能评价的理论模型。对此,笔者尝试构建一套适用于效能评价的二维分析框架,即内在潜能-外显效用框架,以期推动绩效评价向效能评价的逻辑转向,为评价政府改革实践形成中国方案、贡献中国智慧,促进效能评价的中国话语体系建设。

---

① 新加坡南洋理工大学南洋公共管理研究生院课题组:《2013连氏中国服务型政府调查报告》,载于《电子政务》2014年第4期,第18-33页。

一、构建思路

笔者以效能的概念为研究起点，以结构功能主义理论、SPO模型以及服务型政府理论为基础，指导本书的分析框架构建。

第一，该分析框架的核心用途是为效能评价研究的有序开展提供理论基础和实践遵循，因此，分析框架构建理应以效能的概念为研究起点来展开。考虑到当前学界尚未对政府效能的基本概念达成共识，笔者尝试从语义学的角度对"效能"一词进行逐字拆解，并融合组织效能理论、政治效能理论以及相关研究成果对效能的理解和认知，完成对效能概念的界定，引领分析框架构建。

第二，构建一个科学、可行的分析框架并非一日之功，为确保框架的科学性和可行性，有必要选择相对成熟的理论模型作为研究基础，通过对传统理论模型的整合、调适与扩展，为新构建的分析框架提供理论支撑，以防分析框架由于缺乏理论和实践的系统化论证，而成为无根之木、无源之水，难以成立。对此，本研究在厘清效能等相关概念的基础上，选择了三个经过理论和实践长期检验且与效能概念颇为匹配的理论模型，即结构功能主义理论、SPO模型和服务型政府理论作为理论支撑，形成三足鼎立之势，完成对内在潜能-外显效用框架的多维论证，提升分析框架的科学性和可行性。需要说明的是，在上述三个理论中，结构功能主义理论和SPO模型源于西方，适用于西方语境，虽然已在国内得到一定应用，但其与中国语境的适配度问题仍然是研究者需要关注的重点，服务型政府理论的融入恰恰为该分析框架增添了中国本土化色彩，使之与效能评价这一本土化研究视角更为匹配和适用。

二、基本内容

何为分析框架？在笔者看来，分析框架就是一系列概念的集合，且不同的概念之间存在一定的关联性。在内在潜能-外显效用二维分析框架中主要包含两个核心概念和一个隐性概念。两个核心概念分别为内在潜能和外显效用，其中，内在潜能是指改革主体自身所具备的基础性改革要素，外显效用是指改革主体通过系列改革举措做出的成绩。隐性概念是改革过程，是指具体的行政要素的运行方式和行为路径。三个概念之间的关系如图2-5所示，良好的内在潜能为形成优质化的外显效用创造了更大的空间和可能；反过来，优质化的外显效用有助于敦促改革主体进一步夯实其内在潜能；改革过程是推进内在潜能向外显效用转化的催化剂和驱动力。换句话说，内在潜能作为静态化概念无法自动形成外显效用，需要改革过程的催化与驱动，良好的内在潜能能否切实地转化为优质化的外显效用则取决于改革过程的有效性。在该分析框架中，内在潜能与外显效用是效能评价的双翼，两者缺一不可，其作为效能评价的通用性框架主要包含以下两个核心命题。

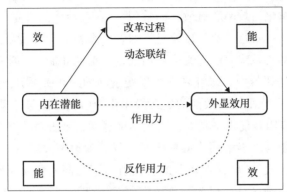

图 2-5　内在潜能-外显效用的基础性框架

资料来源：作者根据研究思路绘制而成。

一是效能等于内在潜能与外显效用的乘积。由于外显效用所代表的改革结果会受到内在潜能与改革过程的影响，因此，并不能将其直接作为衡量效能水平高低的依据，只能说与劣质的外显效用相比，拥有优质外显效用的改革实践更可能是有效能的。综合效能的基本概念以及结构功能主义理论、SPO模型、服务型政府理论的多维论证，笔者将内在潜能与外显效用确定为效能评价中的两个关键性变量。如何将内在潜能和外显效用合成效能，成为摆在研究者面前的一道难题。加减乘除四种运算方式中，哪种方式才更为合适、更有助于完成对效能概念的解读呢？通过对变量间关系的分析和对成熟模型的借鉴与参考，笔者发现乘法才是合成效能的上佳之选。具体分析如下。

一方面，效能强调内在潜能与外显效用之间的动态联结，在改革实践中，内在潜能与外显效用会呈现互促互进关系，即良好的内在潜能很可能带来优质的外显效用，优质的外显效用亦有助于敦促改革主体进一步夯实其内在潜能，形成内外部的良性循环，两者间任意变量的优化，都可能带来效能水平的整体性提升。在实证分析中，研究者也倾向于选择运用乘积来表示变量间的交互作用，如高月姣、吴和成在区域创新能力的相关研究中，采用企业创新变量与政府创新变量的乘积来测量政府和企业两个创新主体的交互作用[①]。因此，鉴于内在潜能和外显效用两个变量之间的互促性关联以及可能出现的乘积效应，笔者倾向于选择通过乘

[①] 高月姣、吴和成：《创新主体及其交互作用对区域创新能力的影响研究》，载于《科研管理》2015年第10期，第51-57页。

法的运算方式来完成合成任务。另一方面，笔者充分参考学界的成熟模型，发现乘法运算是模型构建中的常用方法，乘法的运算方式能够更加充分地展现出每个变量的独特性和重要性，强调各变量的缺一不可，如：在企业经营绩效测量中，研究者将绩效操作化为效率和有效性的乘积[①]；在政治效能研究中，研究者尝试将效能操作化为效率、效益、效果以及目标四者的乘积[②]；在武器装备系统效能评估中，研究者往往将其系统效能定义为可用性、可信性和能力三项的乘积[③]；在工作激情或创业激情的评价中，研究者尝试以变量间的乘积关系来反映激情的测度指数[④]等。因此，本研究最终将效能的定义操作化为内在潜能与外显效用的乘积，乘积结果越高，则表明效能水平越高；乘积结果越低，则表明效能水平越低。

二是内在潜能与外显效用之间的水平差异是对改革过程有效性的揭示。长期以来，在"以评促改""以评促建"的价值引领下，深入解读评价结果，对其好、坏、优、劣做出明确区分，成为评价研究的关键性环节。以内在潜能和外显效用乘积代表效能水平的公式，不仅能够反映效能的实际水平，而且能够揭示改革过程的有效性，即内在潜能与外显效用之间的水平差异便是对改革过程有效性的真实写照。更具体地说，从理论意义上看，可将内在潜能理解为基于改革主体所具备的资源结构形成的功能叠加，是各部分功能之和，是与人民群众的心理预期相关的改革应然状态，而外显效用则是改革主体所具备的资源结构在实践中的行为结果，是建立在要素作用基础上的整体功能，是改革的实然状态，在"整体功能大于各部分功能之和"以及"实际结果达到期望值即为满意"论断的双重指引下，内在潜能水平高于外显效用水平，则说明改革过程低效；内在潜能水平低于外显效用水平，则说明改革过程高效；两者的水平等同，则说明改革主体达到了改革过程有效性的基准线。既然改革过程如此重要，为何不参照SPO模型，将改革过程作为第三个关键变量纳入效能评价？对此，笔者认为"放管服"改革自实施以来便充分调动了中央和地方政府的积极性，鼓励地方政府结合区域发展实际，发挥首创精神，积累典型实践经验，不同地方政府的改革过程、路径可能存在一定的差异，但其所需实现的目标和达成的结果基本上是相似的，故本研究未针对改革过程开展具体测量，而是通过内在潜能与外显效用之间的关系对比来评估改革过程的有效性。

---

① 张波：《房地产上市公司经营绩效评价》，载于《统计与决策》2006年第4期，第55-57页。

② 黄海燕：《民意大众传播的政治效能》，载于《江西社会科学》2018年第3期，第212-217页。

③ 郭齐胜、张磊：《武器装备系统效能评估方法研究综述》，载于《计算机仿真》2013年第8期，第1-4、18页。

④ 李精精：《工作激情影响员工创造性绩效的因果环机制研究》，北京科技大学博士学位论文，2020年，第58页。

三、框架的适用性

内在潜能-外显效用二维分析框架对地级市政府"放管服"改革效能评价指标体系构建研究颇为适用，具体表现在以下两个方面。

第一，本研究以地级市政府"放管服"改革效能评价指标体系构建为核心议题，强调效能评价是与绩效评价、效率评价、满意度评价等有所不同的评价视角，研究者理应选择一项效能评价领域的相关模型为理论基础展开研究。但是学界尚未形成关于效能评价的共识性概念，缺乏效能评价的相关理论模型，甚至在研究中出现效能评价与绩效评价混用的现象。内在潜能-外显效用二维分析框架是在厘清相关概念定义，结合相关成熟理论模型基础上为效能评价量身打造的，显然与本研究议题相匹配。

第二，本研究尝试将效能评价融入政府改革语境，以"放管服"改革为载体，完成效能评价指标体系构建研究。"放管服"改革作为一项根植于中国本土的改革实践活动，符合中国国情，具有中国特色，效能评价是中国的本土化研究视角，内在潜能-外显效用二维分析框架作为效能评价领域的本土化分析框架显然与"放管服"改革具有颇高的匹配度。此外，区域发展的不平衡性是我国经济社会发展的典型特点，政府改革亦是如此。在长期的改革实践中，我国打造了一批始终走在改革前沿的先行区、示范区，也形成了一批只能跟随先行区、示范区的改革脚步而发展的非先行区、非示范区。内在潜能-外显效用二维分析框架能够彰显改革基础与改革成绩之间的关系，揭示改革主体的努力程度，杜绝"唯结果论"的"竞标赛式"恶象，这显然与区域发展不平衡的环境特征更为匹配。

四、框架的指导作用

在充分论证内在潜能-外显效用二维分析框架与本研究适用性的基础上，笔者将进一步阐明该二维分析框架是如何指导后续研究的，即该框架在本书中的具体应用以何种方式呈现出来。

第一，对指标构建的指导性作用。本研究的核心目标在于为地级市政府量身打造一套适用于测量"放管服"改革效能的评价指标体系，在内在潜能-外显效用二维分析框架的指引下，笔者明确内在潜能和外显效用是效能评价中的两个重要模块，对改革主体内在潜能水平和外显效用水平的有效判断更是衡量效能水平的关键。在后续研究中，笔者将围绕内在潜能和外显效用模块分别探寻其可能包含的评价维度和相关指标，以完成对地级市政府"放管服"改革效能水平的综合考察。

第二，对实际测评的指导性作用。按照本研究所构建的评价指标体系，笔者将分别对改革主体在"放管服"改革中所具备的内在潜能和实现的外显效用做出实际测量。如何将内在潜能与外显效用两个变量进行连接和组合，是笔者面临的一大难题。在内在潜能-外显效用二维分析框架的引导下，本研究选择乘法运算式作为两者之间的纽带，用内在潜能与外显效用的乘积结果代表效能，来完成对地级市政府"放管服"改革效能的实际测评。

第三，对结果解读的指导性作用。在"以评促改""以评促建"的价值引领下，对评价结果的反馈成为评价研究的关键环节，这要求研究者通过对评价结果的深入剖析，厘清评价对象在现行改革中存在的问题，明确未来的改进方向。在内在潜能-外显效用二维分析框架的指导下，内在潜能与外显效用之间所呈现的关系是对改革过程的生动刻画，这使得研究者可以通过内在潜能与外显效用之间的水平差异来评估"放管服"改革过程的有效性，完成对评价结果的深刻解读。

第三章

从绩效到效能:"放管服"改革的评价视角转换

2016年5月17日,习近平总书记在哲学社会科学工作座谈会上强调,要加快构建中国特色哲学社会科学,"我们不仅要让世界知道'舌尖上的中国',还要让世界知道'学术中的中国'、'理论中的中国'、'哲学社会科学中的中国'"①。研究者需要扎根中国大地,讲好中国故事,以促进中国学术话语体系建设为己任。因此,本研究尝试提出"效能评价"这一本土化视角,对具有鲜明中国特色的"放管服"改革实践展开评价研究。

第一节 "放管服"改革效能评价的逻辑起点

当前,"放管服"改革评价研究尚处于起步阶段,但学界关于评价"放管服"改革的重要性和必要性问题已基本达成共识,评价"放管服"改革已如箭在弦、势在必行。相关研究表明,评价作为一种价值导向,会对政府行为产生显著性影响,即有什么样的评价,就有什么样的政府行为②。为切实发挥评价工具的现实功效,促进改革行为的调整,助力改革目标的深化,研究者务必选择恰当、可行的评价视角,来指导、规范评价指标体系构建,以获取科学、可靠的评价结果。那么,对于"放管服"改革而言,何种评价视角才是恰当的、可靠的,成为摆在研究者面前亟待解决的问题。为解决该问题,研究者深入探索关于"放管服"改

---

① 习近平:《习近平谈治国理政(第二卷)》,外文出版社2017年版,第340页。
② 郑方辉、张兴:《独立第三方评政府整体绩效:"广东试验"审视》,载于《学术研究》2014年第8期,第31-36页。

革评价的系列研究成果，梳理既有研究成果中的评价视角，剖析其与"放管服"改革的适配性，说明现有评价视角与"放管服"改革研究的不相称之处，明确评价视角转换的现实需求，并提出可能性与可行性兼具的新视角——效能评价。

一、传统绩效评价视角的理论审视

纵观学界相关研究成果不难发现，在评价指标体系构建过程中，研究者大多倾向于从绩效评价的视角出发来设计、遴选、确定评价指标。虽然绩效评价的理论模型日益成熟，并作为国际通用的理论视角在政府治理研究领域获得广泛应用，但不可否认的是，在与"放管服"改革议题的适配性方面，绩效评价视角略显不足。

一方面，既有评价研究侧重于对可量化数据的考察。正如前文所言，评价指标的选取会直接影响改革主体未来的行为取向，在评价中若一味追求数据上的"美观"，则容易引发"竞标赛式"的改革行为，这不仅会使改革主体陷入"数字效应"的怪圈，滋生"形式主义"和"面子工程"，还会在一定程度上造成对难以量化指标的忽视。以简政放权为例，在一系列大刀阔斧的改革举措的助推下，行政审批事项数量大幅度下降，正是该数据的可量化性，使削减的行政审批事项数量成为研究者判断、衡量"放管服"改革水平和进展的一项重要指标，但隐藏在"美观"数据背后的很可能是改革主体为追求"数字效应"，而将行政审批事项做"打包"或"拆分"处理，相关权力"放虚不放实"，并衍生出"变相审批"等不良现象。由此可见，可量化数据无法揭示数据背后的深刻内涵，而这些隐藏于数据背后的质化内容，才是真正决定改革是否取得实质性进展的关键。

另一方面，既有研究成果侧重于对改革过程和改革结果的测量。从语义学的角度来理解，政府绩效就是政府行为的"绩"与"效"的总和，即"做了什么样的事情""社会各方获得了怎样的效用"[1]，在结果导向和过程导向的价值引领下，既有研究成果缺乏对改革起点的现实观照。但是"起点—过程—结果"才是一套逻辑自洽的评价链条，对改革起点的忽视可能在一定程度上对测评结果造成干扰，使研究者难以厘清"放管服"改革全貌。更进一步来说，不同的"放管服"改革主体在改革起点方面可能存在显著差异，在结果导向和过程导向观念的影响下，"放管服"改革的评价体系中通常缺乏衡量改革起点的相关指标，其评价结果只能反映不同改革主体在改革过程以及结果中形成的显性差异，而难以从中获悉隐藏在改革过程和改革结果差异背后的起点差异，难以形成对评价结果的全方位解读。

---

[1] 吴建南、阎波：《政府绩效：理论诠释、实践分析与行动策略》，载于《西安交通大学学报(社会科学版)》2004年第3期，第31-40页。

综上所述，传统的绩效评价视角与"放管服"改革研究并不相称，既有评价研究中的理论局限，驱使研究者反思如何才能科学地评价"放管服"改革，指引研究者进一步探寻与"放管服"改革更为匹配的新评价视角，以使之更为精准地反映"放管服"改革的实际情况。

二、效能评价新视角的提出

究竟何种评价视角才与"放管服"改革更为匹配？考虑到"放管服"改革是一项根植于中国大地的创新性实践活动，为切实提升评价视角与"放管服"改革的现实匹配度，笔者尝试提出效能评价这一中国本土化视角，以期在深化"放管服"改革研究的同时，促进中国话语体系建设。下文将率先对该视角的可能性与可行性展开重点分析。

第一，何以可能。研究者认为绩效与效能之间的区别为效能评价视角的提出创造了空间和可能。当前，绩效评价作为国际通用的政府改革研究视角，在学界备受青睐和推崇，而鲜有研究者从效能评价角度来研究政府改革问题。究其实质，本研究认为效能评价与传统的绩效评价确实存在一定的区别。回归绩效与效能的本质，"绩效"一词最早应用于投资项目管理领域[1]，而后伴随着新公共管理运动的兴起，管理主义范式在公共部门落地生根，由此形成关于政府绩效或行政绩效的诸多论断。一般认为，绩效作为一个内涵丰富的多维概念，主要包括经济性、效率性和效果性三个要素，合称"3E"，或再加入公平性要素，合称"4E"[2]。与之不同，"效能"一词带有鲜明的中国特色，最早由毛泽东及以毛泽东同志为核心的党的第一代中央领导集体提出，按照《现代汉语词典》的释义，效能是指事物所蕴藏的有利的作用[3]。在批判、吸收既有观点的基础上，笔者认为绩效与效能中的"效"表示外显效用，除去二者共同拥有的"效"字，绩效中的"绩"代表业绩、成绩，"绩"与"效"合而为一则可将有助于提升业绩、成绩的结果称为绩效；效能中的"能"代表内在潜能，"效"与"能"合而为一，表明效能侧重于强调内在潜能与外显效用之间的内在关联与互动关系。

第二，何以可行。从实践层面来看，随着效能思想的不断演进，1999年4月，福建省漳州市为推进机关作风改变，优化经济发展环境，在充分反思"效能监察"

---

[1] 郭燕芬、柏维春：《政府效能的概念界定、辨析与发展》，载于《广西社会科学》2017年第8期，第133-137页。

[2] 吴建南、马亮、杨宇谦：《比较视角下的效能建设：绩效改进、创新与服务型政府》，载于《中国行政管理》2011年第3期，第35-40页。

[3] 中国社会科学院语言研究所词典编辑室：《现代汉语词典》，商务印书馆2012年版，第1438页。

和"勤政建设"两项实践性举措的基础上[①]，率先展开效能建设，而后基于漳州市的实践探索，效能建设工作先后在省内、省际获得不同程度的扩散，尤其是党的十九大以来，效能思想引发了全国范围内的密切关注，"国家治理效能得到新提升"更成为我国"十四五"时期国家经济社会发展的重要目标之一。可见，效能评价视角的提出显然与国家治理的现实需求相契合，与"放管服"改革实践更为匹配。从理论层面来看，虽然"效能"一词在行政机关的系列政策、报告中多有提及，但学界的相关理论研究成果并不丰富，对此，有研究表明，产生该现象的原因在于政府绩效与政府效能概念之间存在较大交集，在实际研究中研究者未能对绩效与效能概念加以明确区分，两个概念常常互换使用，甚至混用，以至很大一部分政府效能的研究成果落入绩效板块[②]。可见，当前学界的确存在辨析绩效与效能概念的理论诉求，推动绩效评价向效能评价视角转换这一过程，有助于厘清绩效与效能的区别和联系，且效能本身兼顾内与外、潜与显方面的特质与属性更增强了逻辑视角转换的可行性。

第二节 "放管服"改革效能评价的理论内核

在充分论证效能评价视角的可能性和可行性之后，研究者有必要深入"放管服"改革效能评价的理论内核，展开全方位、多角度解析，厘定其核心要义和基本内涵，并进一步说明相较于绩效评价，效能评价究竟有哪些显著优势。

一、"放管服"改革效能评价的核心要义

"放管服"改革效能评价是对行政机关及其行政人员在简政放权、放管结合、优化服务改革中的效能估定，其致力于对改革主体所具备的内在潜能和实现的外显效用的综合测量，其中内在潜能代表改革起点，外显效用代表改革结果，以内在潜能与外显效用两者的乘积表示实际效能水平。在理想状态下，改革主体的效能水平会呈螺旋式上升。如图3-1所示，在改革行为过程的推动下，改革主体将内在潜能高效地转化为外显效用，经转化而成的外显效用进一步敦促改革主体内在潜能的提升，获得提升的内在潜能再次高效地转化为外显效用，形成内在潜能与外显效用之间的良性循环，在两者的互促互进中实现效能水平的螺旋式上升。

[①]《漳州市机关效能建设纪实》，载于《浙江国土资源》2004年第5期，第30-33页。
[②]方茜、贺昌政：《基于激励视角的政府效能提升路径研究——以基本公共服务为例》，载于《软科学》2013年第2期，第24-27页。

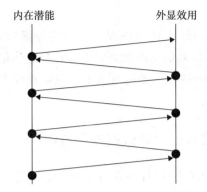

图 3-1　内在潜能与外显效用的理想状态

资料来源：作者根据研究思路绘制而成。

但在"放管服"改革实践中，并非所有的改革主体都能达到理想状态，一些改革主体能够将内在潜能高效地转化为外显效用，而一些改革主体只能将一部分或有限的内在潜能转化为外显效用，在内在潜能与外显效用之间呈现的水平差异，便是对改革过程有效性的精准刻画。具体来说，如图 3-2 所示，以内在潜能为 X 轴，以外显效用为 Y 轴，建立坐标系，改革主体是分布在这个坐标系中的散点，按照其在"放管服"改革中所具备的内在潜能和实现的外显效用，每个改革主体都能在坐标系中找到属于自己的位置。

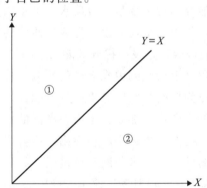

图 3-2　内在潜能与外显效用的函数关系

资料来源：作者根据研究思路绘制而成。

当散点恰好落在 $Y=X$ 的这条斜线上时，代表该改革主体的内在潜能与外显效用相同，即在"放管服"改革中改革主体将内在潜能全部转化为外显效用，说明该改革主体的改革工作达到了有效性的基本标准。

当散点落在区域①内时，代表该改革主体的外显效用高于内在潜能，即在"放管服"改革中改革主体将内在潜能高效地转化为外显效用，说明该改革主体的改革工作已经进入了高效的领地，且该点与 $Y=X$ 这条斜线的垂直距离越远，其改革过程越高效。

当散点落在区域②内时，代表该改革主体的外显效用低于内在潜能，即在"放管服"改革中改革主体未能将内在潜能全部有效地转化为外显效用，表明该改革主体的改革工作仍旧维持在低效的水平上，且该点与 $Y=X$ 这条斜线的垂直距离越远，改革过程越低效。

二、"放管服"改革效能评价的内涵解读

厘定"放管服"改革效能评价的本质内涵，是开展科学、有效测评的前提和基础，笔者将从评价基础、评价重点、评价实质以及评价目的四个方面出发，系统化阐释"放管服"改革效能评价的基本内涵。

（一）评价基础：对改革起点的厘定

内在潜能作为"放管服"改革效能评价的核心变量之一，在前文论述中曾多次提及。顾名思义，内在潜能是改革主体自身所具备的基础性改革要素的统称，其侧重于对"放管服"改革起点的考察。通过对行政人员的基本素养和专业能力、行政组织的文化环境和制度环境等与改革相关要素的系统化测量，研究者能够全面了解、掌握改革主体的综合实力和改革基础。从"放管服"改革效能的计算公式来看，内在潜能和外显效用两个变量与效能水平呈正相关关系，该表达式强调改革主体不仅要具备良好的内在潜能，也要形成优质化的外显效用。相较于外显效用而言，内在潜能在促进效能建设、提升效能水平的过程中发挥着基础性作用，即外显效用水平在一定程度上会受到内在潜能的影响，良好的内在潜能为优质化外显效用的形成提供了更为广阔的空间和更大的可能，但是如果改革主体无法将内在潜能有效地转化为外显效用，那么无论内在潜能的水平如何，其依旧难以在具有相似改革基础或起点的改革主体中脱颖而出。简言之，在本研究的效能评价中，笔者并不是以单一的外显效用来判断改革进展的，而是充分关注内在潜能的意义和价值，明确改革起点在"放管服"改革效能中的地位和作用。

（二）评价重点：对改革结果的考察

外显效用是"放管服"改革效能评价中的另一核心变量，是对"放管服"改革结果的客观描述，是改革结果的整体性表现。按照效能在本书中的基本定义，改革效能强调改革效率、改革效果、改革效益的"三效合一"，它们不仅是外显效用部分的核心内容，更是"放管服"改革效能评价的重点。其中，改革效率是指改革主体在单位时间内完成工作量的多少，即在"放管服"改革的单位周期内，开展的改革举措形成了怎样的可量化产出，如行政审批事项数量大幅度降低、政

务服务手续数量明显减少等,侧重于对改革实践的数量化考察;改革效果是指改革主体的行为实践对现存问题和既定目标的解决、实现程度,即通过简政放权、放管结合和优化服务三管齐下,解决了哪些现实问题,实现了哪些预期目标,如切实解决了市场活力、社会创造力不足的问题,有效激发了企业、个体工商户、社会组织、公民等主体的活力和创新力等,侧重于对改革实践质的考察;改革效益是指改革主体的行为结果所带来的政治、经济、社会影响,它建立在效率和效果的基础上,是由"放管服"改革的工作量和改革目标形成的附加价值,强调高质量产出带来的影响力,并将低成本的概念隐含其中。由此可见,改革效率、改革效果、改革效益作为评判"放管服"改革结果的重要标尺,三者缺一不可,唯有三效合一,才能更好地推进"放管服"改革。

（三）评价实质：对改革过程的监测

"放管服"改革效能评价的计算公式中主要包含内在潜能和外显效用两个变量,看似与改革过程无关,实则不然。"起点—过程—结果"是一套有序的逻辑链条,内在潜能作为静态化要素,无法自动转化为外显效用,需要改革过程的催化,而改革过程作为起点与结果之间的桥梁与纽带,是改革主体实现内在潜能与外显效用动态联结的触发器,改革过程的有效与否,将直接决定内在潜能向外显效用的转化水平。换言之,在"放管服"改革中,内在潜能与外显效用之间所呈现出来的关系,即是改革过程有效性的直接体现。从理论上讲,可能出现以下三种关系,即内在潜能等于外显效用、内在潜能低于外显效用、内在潜能高于外显效用。依照前文的相关理论指导,改革主体内部包含的要素即为结构,要素所具备的能量即为功能,内在潜能是改革主体中各要素的能量集合,该集合强调不同要素的个体性功能,是不同要素所具备的个体性能量的简单叠加,更是影响人民群众心理预期的改革应然状态。外显效用是改革的实然状态,强调不同要素之间的组合性功能,同一改革主体所具备的要素之间存在或多或少的内在关联性,在具体的改革实践中,不同要素之间协同共生,以合理化的要素配置,促进要素间组合性功能的发挥,实现"整体功能大于各部分功能之和"的理想状态。由此,当内在潜能等于外显效用时,意味着在"放管服"改革中改革主体将内在潜能全部转化为外显效用,说明该改革主体的改革工作达到了有效性的基本标准;当内在潜能低于外显效用时,意味着在"放管服"改革中改革主体将内在潜能高效地转化为外显效用,说明该改革主体的改革工作已进入高效阶段,代表改革过程具有高效性;当内在潜能高于外显效用时,意味着在"放管服"改革中改革主体未能将内在潜能全部有效地转化为外显效用,说明该改革主体的改革工作仍旧维持在低效水平上,代表改革过程具有低效性。

（四）评价目的：强调起点与结果的互促

"放管服"改革效能＝内在潜能×外显效用。从公式的角度来看，提升"放管服"改革效能的路径有三条：一是在内在潜能不变的情况下，通过改善或提升外显效用来有效提升改革主体的效能水平；二是在外显效用不变的情况下，通过优化或提升内在潜能来有效提升改革主体的效能水平；三是兼顾内在潜能与外显效用两个变量，提升内在潜能，优化外显效用，使改革主体的效能水平获得显著性提升。从本质上来说，内在潜能与外显效用两个变量之间具有一定的内在关联性和互动性，即良好的内在潜能有助于形成优质的外显效用，优质的外显效用也能够反过来优化改革主体的各类资源，敦促其形成良好的内在潜能。如果一味注重对内在潜能的改善而忽视对外显效用的优化，改革主体难以在具有同等内在潜能的同类评价对象中脱颖而出；同样地，如果一味注重对外显效用的优化而忽视了对内在潜能的改善，改革主体依旧无法在具有同等外显效用的同类评价对象中处于领先地位。由此可见，要充分考虑到内在潜能与外显效用之间的互促性，在上述提升"放管服"改革效能的三条路径之中，唯有同步提升内在潜能与外显效用，形成两者间的良性循环，才是增强改革效能的理想之策。

三、"放管服"改革效能评价的显著优势

根据前文对"放管服"改革效能评价的核心要义分析和理论内涵解读，笔者认为，相较于传统的绩效评价视角，效能评价视角主要存在以下三个方面的显著性优势。

（一）效能评价视角具有鲜明的中国特色

如前文所述，效能是一个中国本土化词语，最早由毛泽东及以毛泽东同志为核心的党的第一代中央领导集体提出。1941年，中共中央发出关于"精兵简政"的指示，要求整顿各级组织机构，精简机关，提高效能；次年12月，毛泽东同志在陕甘宁边区高级干部会议上再次强调，精兵简政须达到精简、统一、效能、节约和反对官僚主义五项目的[①]。伴随着效能思想的不断发展，21世纪以来，我国更掀起了机关效能建设的改革浪潮。绩效评价视角则不同，其发源于西方国家，最早可追溯至泰勒的科学管理时期，将其引介至公共行政领域则始于20世纪初美

---

① 马春庆：《为何用"行政效能"取代"行政效率"——兼论行政效能建设的内容和意义》，载于《中国行政管理》2003年第4期，第28-30页。

国纽约市政研究院的绩效评价实践①，并依托于西方国家的发展语境，衍生出顾客满意度模型、平衡记分卡模型、任务-周边绩效模型等成熟且获得广泛应用的评价工具。考虑到"放管服"改革作为一项在中国语境中脱颖而出的创新性改革实践活动，具有中国特色，符合中国国情，显然它与源于本土的效能评价视角更为匹配。

（二）效能评价强调对"起点—过程—结果"改革链条的全方位考察

效能强调内在潜能与外显效用之间的动态联结，其中内在潜能代表改革起点，外显效用代表改革结果，动态联结代表改革过程，效能评价是为展现改革全链条而做出的有益尝试。绩效评价则不然，在发展初期，由于受到科学管理及传统公共行政模式的深刻影响，政府绩效评价以效率原则为导向，注重行政过程，强调"如何以更少的投入办更多的事情"，而后在"新公共管理运动"的驱动下，政府绩效评价逐步融入结果导向色彩，扭转了绩效评价中对效率的单一性追求，使政府绩效评价从过分关注过程和规则转向对行政结果和输出的关注。②可见，与传统的绩效评价视角相比，效能评价在关注改革过程和改革结果的同时，更增强了对改革起点的现实关注，使改革链条更为完整和全面。

（三）效能评价能够有效识别内在潜能与外显效用之间的关系

在当代中国的发展语境中，不平衡性依旧是经济社会发展进程中不容忽视的一项特征，由于受到区域发展不平衡性的影响，不同地区的改革主体站在不同的改革起点上，拥有差异化的基础性条件。效能评价强调对改革主体所具备的基础性条件的反映与揭示，有助于引导改革主体厘清其内在潜能与外显效用之间的现实差异。而绩效评价缺乏对改革主体内在潜能的现实观照，如若将其应用至"放管服"改革研究，可能会陷入数据误读的窘境，研究者无法确定改革的结果差异究竟是由改革实际所致，还是由改革主体的基础性差异所致，难以对评价对象的外显效用做出科学研判。

---

①包国宪、董静：《政府绩效评价在西方的实践及启示》，载于《兰州大学学报》2006年第5期，第20-26页。

②包国宪、董静：《政府绩效评价在西方的实践及启示》，载于《兰州大学学报》2006年第5期，第20-26页。

第三节 "放管服"改革效能评价的基本特征与价值取向

一、"放管服"改革效能评价的基本特征

通常来说，对事物基本特征的有效识别是认识、厘清事物全貌的重要突破口之一，根据本研究的基本概念界定和理论框架分析，笔者认为"放管服"改革效能评价主要具有以下四项基本特征。

（一）现实性

所谓现实性，是指"放管服"改革效能评价以改革实际为依归，强调以系统化的评价体系贴近改革现实、还原改革全貌。"放管服"改革作为促进政府治理现代化的重要抓手，相关改革工作正在如火如荼地有序推进。时任山西省委书记楼阳生更创造性地提出"放管服效"改革，即简政放权、放管结合、优化服务、提升效能的简称，强调"放""管""服"是手段，"效能"是目的。[①]由此可见，围绕"放管服"改革展开效能评价，是对"提升效能"这一现实需求的有效回应，更是顺应中国场域与国情的关键之举。人们在效能评价中，不仅能够精准把握"放管服"改革结果，厘清改革进展，明确改革目标的实现程度，还能够依托改革主体所具备的改革实力，对改革行为举措的有效性做出科学、客观的研判。

（二）自省性

所谓自省性，是指"放管服"改革效能评价强调对改革主体的自我考察与自我审视。在以往的评价研究中，研究者大多选择从横向或纵向角度开展比较，其中，横向比较强调两个或两个以上同类事物之间的比对，如不同省份或地级市之间的比较等；纵向比较强调以时间为轴心，侧重于考量同一事物在不同发展阶段或时期的差异性。结合上述两种比较视角，效能评价侧重于强调改革主体的自我比对。当前，由于受到区域发展不平衡性的影响，不同改革主体所具备的改革基础或者改革实力存在较为明显的差异，"放管服"改革效能评价充分尊重评价对象的自身差异，高度关注改革主体在内在潜能与外显效用中的匹配性，通过对外显效用与内在潜能的系统化比对，考察改革主体的基础性条件是否获得充分利用、改革实力是否获得全面发挥，以自我反省的方式考察改革过程的有效性。

[①] 负娟绸：《把"放管服效"改革推向纵深》，载于《山西经济日报》2017年6月19日，第1版。

(三)动态性

所谓动态性,是指"放管服"改革效能评价兼顾"起点—过程—结果"的逻辑链条,凸显了对改革行为过程的动态监测。依据前文的操作化定义和计算公式,"放管服"改革效能评价主要包含内在潜能和外显效用两个要素,看似对某一时间节点上改革主体所具备的内在潜能与实现的外显效用的静态化考量,与改革行为过程无关,实则不然。内在潜能和外显效用作为两个相对静态化的概念和变量,无法自动转化,需要行政行为的触发,如此便将改革过程隐含其中,即通过对内在潜能和外显效用的测量与比对实现对"放管服"改革过程的动态化描绘。

(四)耦合性

所谓耦合性,是指"放管服"改革效能评价的不同模块之间具有一定的内在关联,能够形成改革合力,有效助推"放管服"改革的长远发展。内在潜能与外显效用作为效能评价中的关键性变量,两者间存在双向促进关系,即良好的内在潜能为实现优质的外显效用创造了更为广阔的空间和更大的可能。换言之,与较差的内在潜能相比,当改革主体具备良好的内在潜能时,也可能形成优质的外显效用;与此同时,优质的外显效用有助于提升改革主体的竞争力,完善改革主体结构,吸引各类组织资源,能够进一步优化、夯实改革主体的内在潜能,形成内在潜能与外显效用之间的良性循环,使"放管服"改革持续焕发生机与活力。

二、"放管服"改革效能评价的价值取向

价值取向是评价研究的根基和精髓,笔者将从宏观、中观和微观三个层面对其进行深刻剖析,提出"放管服"改革效能评价理应坚持的三项价值取向,以期为后续的评价指标体系构建提供理论指导和实践依归。

(一)宏观层面:强调工具与价值的统一

工具与价值犹如改革行为的两翼,即恰当的改革工具能够为改革价值的实现提供有效的路径选择和动力支撑,正确的价值引领能够为改革工具的功能发挥指明前进的道路与方向。从宏观意义上看,遵循工具与价值的统一是"放管服"改革效能评价中最根本的价值取向。一方面,要注重对"放管服"改革工具的理性考量。为确保"放管服"改革任务的有序推进,改革主体不断追求技术革新,调适改革工具,以切实提升改革效率,实现既定改革目标,尤其是在以互联网、大数据、人工智能为核心的数字信息时代,技术赋能俨然成为政府治理中不可或缺

的关键元素。另一方面,要注重对"放管服"改革价值的理性考量。"放管服"改革作为建设人民满意的服务型政府的重要路径,公共性是贯穿改革行为始终的本质属性,回应公共诉求、满足公共利益、彰显公共价值更是"放管服"改革的核心命题。

(二)中观层面:追求数量与质量的统一

在"放管服"改革中,数量是基础,质量是关键,两者相辅相成,互为表里,缺一不可。其中,数量侧重于对改革行为量的考察,强调改革行为的多少;质量侧重于对改革行为质的考察,强调改革行为的好坏,片面地追求数量可能导致改革因缺乏质量而陷入"形式主义""面子工程"的泥潭,片面地追求质量可能导致改革因缺乏数量而止步不前。从中观意义上看,遵循数量与质量的统一是"放管服"改革效能评价中最基本的价值取向。以削减行政审批事项为例,其作为改革主体积极推进"放管服"改革的必备环节,对于有效减轻市场主体和社会主体的行政负担具有重要意义。改革主体需要以壮士断腕的决心与勇气,清权、放权,减少繁文缛节,防止权力膨胀,实现行政审批事项数量的大规模降低。与此同时,改革主体更要提高削减行政审批事项的含金量,切实做到应减尽减,杜绝明放暗不放、放虚不放实、变相审批等不良现象,唯有如此,才能充分发挥改革行为的有效性,释放改革红利。

(三)微观层面:突出供给与需求的统一

供给与需求好似一对孪生子,通常相伴而生,"放管服"改革作为一项深入推进供给侧结构性改革的重要战略部署,其评价工作必然离不开对需求侧的考量。换言之,唯有符合现实需求的改革行为才是有效的,忽视需求的改革无异于缘木求鱼,使改革行为犹如无源之水、无本之木,难以真正发挥改革实效。从微观意义上看,遵循供给与需求的统一是"放管服"改革效能评价中最为直接的价值取向。在"放管服"改革进程中,由于受到信息、环境等多方因素的综合影响,供给方与需求方在改革认知方面可能存在一定的分歧与差异,改革主体需要全面获悉企业、个体工商户、社会组织、公民等主体的现实需求,想民之所想、急民之所急,调和供求双方的实际矛盾,弥补现实缺口,全力促进供给侧与需求侧的平衡。从不统一局面的打破到统一局面的生成,便是"放管服"改革取得新进展的过程。

第四节 "放管服"改革效能评价的价值意蕴

效能评价作为"放管服"改革研究的新视角，有效地回应了理论研究的发展需求和改革实践的时代呼唤。"放管服"改革效能评价以厘定内在潜能为基础，以考察外显效用为重点，将内在潜能与外显效用的乘积结果作为判断效能水平的根本依据，通过两者间的关系比对，来透视"放管服"改革行为过程的有效与否。这不仅有利于纾解政府效能评价研究中的理论困境，也有利于对"放管服"改革进展进行全方位展现，帮助各级政府切实掌握改革的实际情况，为有针对性地抓住重点、补齐短板、强化弱项提供有效的理论和实践指导。

一、开拓了政府改革评价研究的新视角

经过多年的发展与演进，绩效评价成为国际通用的研究视角，其评价工具逐步趋于成熟、稳定，并作为政府改革评价研究中的主流技术，受到研究者的关注与推崇。但是，考虑到该工具的应用局限以及与中国语境的适配度问题，本研究尝试从效能这一本土化概念出发，为政府改革研究开拓效能评价的新视角，并选择一项在全国范围内广泛、持续推进的实践活动，即"放管服"改革为研究载体，开展评价研究。在充分明确效能评价的理论本质与基本内涵的基础上，笔者尝试提出科学、可行的效能评价方案，构建一套符合中国国情、回应中国实践、具有中国特色的地级市政府"放管服"改革效能评价指标体系，并运用乘积的方式来完成对关键变量的合成，试图以此展现内在潜能与外显效用之间的关系，拓展政府改革评价的空间与范围，提升评价结果的公平性与研究结论的客观性，彰显效能评价的显著优势，充实政府改革效能评价的研究成果，推动绩效评价向效能评价的逻辑转向，为评价政府改革实践形成中国方案、贡献中国智慧，促进效能评价的中国话语体系建设。

二、纾解了对效能本质的模糊性认知

"效能"一词由来已久，并颇为频繁地出现在政府工作报告、会议公报等一系列国家政策文件之中，但与之相比，学界的相关研究成果并不充实，研究者尚未对效能的本质、内涵等基础性问题达成共识，关于政府效能的基本要素构成也形成了二元论、三元论、四元论等诸多论断，与其相近词语的概念边界模糊，内涵解读含混不清。笔者认为厘清效能的本质，无疑是开展效能评价研究的起点与关

键。本研究以此为基点，在中国的语境与行为框架下研究、理解效能，并获得以下结论：其一，效能主要包括内在潜能与外显效用两大要素，分别对应改革起点和改革结果，对内在潜能和外显效用的直观式测评能够全方位监测改革主体的行为过程；其二，效能可以用变量间的关系予以表示，即内在潜能与外显效用的乘积，这有助于实现概念的可操作化，为效能评价研究的有效开展打下坚实的基础；其三，对效能概念的深层次解析表明，效率、效果等均属于效能的子概念，是外显效用要素的重要组成部分。总之，审视与梳理效能的概念及其谱系，能够在一定程度上纾解人们对于效能本质的模糊性认知，有助于促进效能评价研究的规范化。

三、为国家深化"放管服"改革战略提供决策依据

"放管服"改革并非"一阵风"的运动式治理行为，而是一项需要长期、持续推进的治理举措。中央政府对于此项国家性的改革战略给予高度关注，坚持召开关于深化"放管服"改革的电视电话会议，总结改革得失，厘定改革重点，寻找改革突破点，部署改革任务，以期实现推动"放管服"改革取得更大成效的预期目标。从长远发展来看，完善"放管服"改革效能评价的基础性理论，厘清并构建"放管服"改革效能的评价维度和指标体系是满足全面深化改革的现实需求，更是呼应现代化治理进程的必然选择。"放管服"改革效能评价指标体系正是为精准、客观考量改革进展而量身打造的一套系统化标准，其作为有效的测评工具，能够帮助中央政府总揽改革全局，全方位掌握各地改革进展，明确区域改革差异，及时地对"放管服"改革的顶层设计与战略规划做出相应调整，切实提升改革方案与现实发展的贴合度，为持续推进"放管服"改革战略提供理论性支持。

四、为地方政府持续推进"放管服"改革指明方向

"放管服"改革效能评价是地方政府推进"放管服"改革战略的重要参照，其作为一项有效的治理工具，有助于地方政府全面审视简政放权、放管结合和优化服务的工作实际，并将具体的改革实践行为提炼、抽象为直观化的测评数据。通过对评价结果以及评价参数的解读与剖析，地方政府能够清楚地了解其改革的实际效能、所拥有的改革资源和取得的外显效用，形成对"放管服"改革行为有效性的理性认知，引导地方政府根据评价结果所呈现的改革优势与不足，及时地提出有针对性的改进对策和解决方案，突出改革的"靶向效应"，精准施策，发掘改革自主性和创新性，使之充分、有效利用组织资源，更好地将内在潜能转化为外显效用，切实做到"放"得开、"管"得住、"服"到位，不断提升"放管服"改

革效能，驱动"放管服"改革任务的持续性推进，彰显"以评促改"的精神内核。此外，构建"放管服"改革效能评价指标体系，能够为同级政府间的横向比较提供统一的可量化标准，增强地方政府之间的可比对性，使地方政府明确其在同类改革主体中的水平定位，突出改革先行区，促进府际间学习，推动典型经验和创新型举措的复制、迁移、扩散，为地方政府持续推进"放管服"改革指明方向。

第四章

地级市政府"放管服"改革效能评价维度构建

评价维度处于评价主题与评价指标之间,属于承上启下的中间层次。评价维度的划分与构建,不仅能够强化评价内容的条理性,提升评价标准的可比性,而且能够反映设计者的评价思路与理念。[①]为确保评价指标体系的科学性与合理性,本章将重点围绕评价指标体系中的维度构建问题展开讨论。

第一节 整体思路与实现路径

评价维度是对评价主题的初步解析,为切实提升评价维度与评价主题的匹配性与适用性,研究者需要率先明确评价维度构建的整体思路与实现路径,以指导之后的评价维度划分。

一、整体思路

笔者认为,在地级市政府"放管服"改革效能评价维度构建过程中,需要注重以下三方面内容。

(一)理论与实践的有机结合

理论与实践好似一对孪生子,两者往往相伴而生、互为补充。通常来说,理论能够指导实践,为实践任务开辟道路、指明方向,为实践行为的有序开展提供重要参考和依归,而实践又能反过来检验理论,在实

---

① 卓越:《政府绩效评估的模式建构》,载于《政治学研究》2005年第2期,第88-95页。

践中帮助研究者发现理论推演中脱离或不切实际的部分,引导理论分析不断完善、逐步优化。因此,在地级市政府"放管服"改革效能评价维度划分与构建进程中,研究者要处理好理论与实践的关系,坚持理论和实践并举,一方面要注重对既有研究成果以及关键性政策文本的探索与分析,从成熟的研究成果和政府改革的设计方案中发现可供参考和借鉴之处,在前人研究的基础上,完成对评价维度的逻辑推演和理论深化;另一方面要注重对改革实践经验的把握,在实践与调研中激发设计灵感、开拓设计思路,赋予评价维度生动、形象的实践意涵,使之不再完全停留于理论层面。

(二)系统与要素的内在关联

从系统的角度来看,任何系统都是由不同要素共同构成的结构化整体,各要素与系统之间存在明确的层级隶属关系,且归属于同一系统的要素之间存在一定的内在关联。从要素的角度来看,不同的要素必然具有不同的属性、特征,虽然归属于同一有机整体,但各要素在系统中的功能、定位不同,其发挥的作用也不尽相同。因此,在地级市政府"放管服"改革效能评价维度构建中,评价主题即为有机系统,评价维度即为系统中的要素,研究者要重点关注评价维度的归属性、关联性以及独立性。一方面,需要根据评价主题的内涵和外延来设计、划分评价维度,以保证各评价维度都能够在其所属评价主题的映射范围内;另一方面,需要注重评价维度之间的相关性与互斥性,不同评价维度之所以能够构成同一评价主题正是因为各维度之间存在一定的关联性,能够反映同一事物,而一个评价主题需要由不同评价维度来构成的原因也正在于每个评价维度都具有自身的使命,其存在的意义和价值便是完成对同一事物不同方面的测量与考察。

(三)共性与个性的辩证关系

共性是指事物存在的普遍性特征,个性是指某事物区别于其他事物的特殊性特征。共性侧重于反映事物的相似性,而个性侧重于反映事物的差异性。每个事物都是共性与个性的集合体,要认清事物的全貌,就必须处理好共性与个性之间的关系。因此,在地级市政府"放管服"改革效能评价维度划分与构建进程中,"放管服"改革效能是对简政放权、放管结合、优化服务三项改革举措的系统化考察,强调改革的共性。地级市政府则强调对"放管服"改革效能的个性化表达。对于地方政府来说,需要在遵循中央顶层设计的基础上,积极发挥自主性和创新性,结合发展实际,选择恰当的政策工具来推动"放管服"改革。从行政层级的角度来看，我国在纵向上实行中央、省、市、县、乡五级行政体制，在简政放权、放管结合、优化服务改革举措上，不同层级政府的侧重点也会存在一定差异，其中地级市政府具有明显的承上启下作用，相较于中央政府的顶层设计和省级政府的宏观把控，地级市政府处于改革一线，更加贴近服务对象；相较于处在"行政末梢"的县、乡级政府，地级市政府的行政职能、改革任务则更加全面、系统。总之，在评价维度的划分与构建中，研究者需要关注共性与个性的辩证关系，坚持共性与个性并重。

二、实现路径

遵循评价维度构建的整体思路，本研究在评价维度构建的具体实现路径上主要采取"三步走"策略。需要说明的是，依据前文对"放管服"改革效能的概念解读与理论框架分析，内在潜能和外显效用是衡量效能水平以及改革过程有效性的两个关键性变量。为了系统化呈现两者的关系，笔者认为有必要分别围绕内在潜能和外显效用这两个模块开展评价维度构建工作。

第一步，通过规范分析完成对评价维度的初步探索。研读、剖析相关研究成果和理论模型不仅能够帮助研究者理性认识学界的研究进展，而且能够拓宽研究思路，发现新的研究视角。当前，学界虽然鲜有关于"放管服"改革效能评价的直接研究成果，但与之相关或相似的研究议题和理论成果颇为丰富。由此，笔者通过对既有理论和相关研究成果的引介与分析，尝试分解内在潜能和外显效用两个变量，完成对评价维度的初步划分。

第二步，通过实证分析完成对评价维度的系统研判。评价维度的划分与构建并不是一蹴而就的，需要经过多轮、多维的检验与打磨，唯有如此，才能使评价维度设计不断完善与优化，为后续评价要素的廓清与具体评价指标的选取打下坚实基础。由此，笔者将经过理论推演的评价维度制成专家咨询表，面向领域内的理论专家和实践专家发放咨询问卷，邀请各位专家结合自身的理论研究和改革实践经验对评价维度的雏形做出系统化研判，并提出相应的修改建议。

第三步，综合上述两种分析结果确定评价维度划分。笔者以规范分析中形成的理论框架为基础，结合实证分析中收集、汇总的多轮专家修改建议，对评价维度展开多次研讨与论证，在对规范分析和实证分析结果的统筹考量中，不断修改、调适评价维度的基本雏形，最终确定内在潜能量表和外显效用量表中的评价维度，并厘清各评价维度的基本内涵。

第二节　地级市政府"放管服"改革效能评价维度的构建理据

厘定内在潜能和外显效用变量中所包含的核心要素是科学测评"放管服"改革效能的关键环节，在整体思路以及具体实现路径的指导下，笔者尝试从规范分析和实证分析的双维视角出发，为评价维度构建提供理据支撑。

一、评价维度构建的规范分析

（一）关于内在潜能模块的规范分析

本研究主要依托"三圈理论"来完成对内在潜能的理论剖析。众所周知，"三圈理论"是美国哈佛大学肯尼迪政府学院马克·莫尔（Mark H. Moore）教授提出的一项关于领导者战略管理的分析工具，三圈即价值圈、能力圈、支持圈。莫尔教授在1995年出版的《创造公共价值：政府战略管理》一书中首次对其展开系统化论述。该理论认为公共管理的终极目的是为社会创造公共价值，在制定一项公共政策或实现一个战略计划时，必须重点考虑以下三个问题：其一，政策方案的目标设定是否具有公共价值，相关政策方案是否将公共利益作为最重要的诉求，此称"价值"（V）；其二，在政策方案实施与执行过程中，实施或执行主体是否具备与政策目标相匹配的人、财、物等资源条件，此称"能力"（C）；其三，政策方案实施是否能够获得各方利益相关者的认同与配合，此称"支持"（S）。一项成功的决策和政策制定理应是在三个要素之间寻求平衡的结果。一般来说，好的决策方案或计划项目理应为三圈有更多的重叠，即三个圈的重叠度越高，代表决策方案或计划项目的科学性、合理性越强。但事实上，由于受到客观条件、领导者决策能力等多方面因素的影响，决策方案或计划项目大多呈现三圈相交状态[①]（见图4-1）。更具体地说，由三圈相交而形成的区域，主要包括以下六种类型：一是耐克区，价值、能力、支持同时存在；二是梦想区，只有价值，没有能力和支持；三是梦想实现区，价值、能力同时存在，没有支持；四是风险项目区，价值、支持同时存在，没有能力；五是别人的梦想区，只有支持，没有价值和能力；六是噩梦区，能力、支持同时存在，没有价值。

---

①曹俊德：《"三圈理论"的核心思想及决策方法论意义》，载于《国家行政学院学报》2010年第1期，第37-41页。

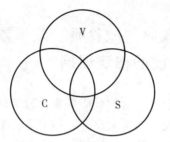

图4-1 "三圈理论"示意图

资料来源：作者根据"三圈理论"的基本内容绘制而成。

当前，三圈理论作为政府战略管理领域的通用性框架，已在我国的本土化研究中获得一定的应用，如贺芒等在三圈理论的指导下，探索公共文化服务的跨部门合作机制①；冯娜娜等运用"三圈理论"，对比农村宅基地退出的三种经典模式，以期为相关政策的制定和执行提供借鉴和参考②；赵晓芳依托"三圈理论"的分析框架追踪社会组织的生命历程，围绕社会组织活力问题展开深入探讨③等。

众所周知，学界存在诸多与行政管理改革、公共组织行为相关的经典理论，笔者缘何选择"三圈理论"来指导内在潜能模块的概念解构与维度划分？原因可归结为以下三点。其一，"三圈理论"作为公共部门战略管理领域的经典理论之一，为领导者的战略决策提供了一套宏观分析框架，其中价值圈、能力圈与支持圈属于宏观意义上的圈层划分，恰好与评价维度层次相对应（评价维度是评价主题与评价指标的中间层次），有助于引导研究者识别评价维度，与评价指标体系构建研究具有适配性。其二，从"三圈理论"的生成与发展语境来看，该理论作为领导者决策的重要依据，主要用于判定一项公共政策或计划项目是否具有科学性与合理性，以此帮助领导者决策某项公共政策或计划项目是否应该实施。本研究的"放管服"改革作为一项覆盖全国的重大战略决策，正是"三圈理论"中所强调的计划项目。其三，按照前文的相关论述，本研究中的内在潜能是指改革主体在推进改革任务时所具备的基础性条件，这与"三圈理论"的研究主题也颇为相似。研究者通过对改革价值、改革能力和改革支持的综合分析，能够从理论的角度判断该改革主体所拥有的改革能量。因此，笔者结合"放管服"改革及内在潜能的相关内容，尝试从价值圈、能力圈和支持圈三个方面出发，构建适用于评价

---

① 贺芒、邹芳、范晓洁：《"三圈理论"模型下公共文化服务跨部门合作机制研究》，载于《重庆社会科学》2020年第12期，第88-98页。

② 冯娜娜、沈月琴、孙小龙等：《"三圈理论"视角下农村宅基地退出模式比较——基于义乌市的观察》，载于《中国农业资源与区划》2021年第2期，第44-51页。

③ 赵晓芳：《"三圈理论"视角下的社会组织活力研究》，载于《兰州学刊》2017年第9期，第186-197页。

"放管服"改革内在潜能的具体维度,即感知价值、改革能力、文化环境、制度环境。"三圈理论"与内在潜能的对应关系,如图4-2所示。

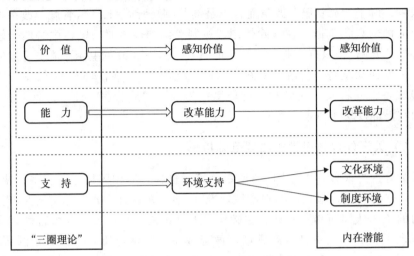

图4-2　"三圈理论"与内在潜能的对应关系
资料来源:作者根据研究思路绘制而成。

从价值角度来看,行政机关及其行政人员符合"公共人"假设,理应以追求公共利益最大化为首要目标,在公共价值的驱动下,形成与之相应的改革意愿。但是说到底,组织行为终究是其组织中行政人员的行为,有时会受到个人价值、组织价值等非公共价值因素的影响,以至于行为意愿并非总是公共价值的真实反映,正如"公共利益理论"的观点,即虽然政府管制是对市场失灵的有效回应,是为了保护公共利益,防止企业垄断侵害消费者权益,但这需要一个重要的假设前提,即政府没有私利,完全代表民众利益,然而在实际的政府管制中却往往牺牲了更多的公共利益。由此,笔者认为"放管服"改革作为一项在全国范围内广泛、深入推进的改革战略,其所具有的公共价值是毋庸置疑的,感知价值也更为重要,尤其在我国的行政体制背景下,上下级政府之间具有明确的层级隶属关系,下级政府有完成上级政府任务部署的责任,下级政府是全心全意地努力完成还是阳奉阴违地表面完成,便取决于下级政府的感知价值。因此,笔者将"三圈理论"中的价值圈引申为感知价值,并将其视为推进"放管服"改革的灵魂要素,列入内在潜能模块予以重点考察。

从能力角度来看,政府部门的行政能力是确保相关战略方案和计划项目有序开展的前提和基础,无论战略方案与计划项目是否符合公共价值,是否获得环境支持,一旦缺乏相应的实施能力,无论多么美好的方案与计划都将成为一纸空谈、难以落地。对于"放管服"改革而言,与之匹配的改革能力是确保改革任务有序推进的关键,因此,笔者将"三圈理论"中的"能力圈"引申为改革能力,并将其视为推进"放管服"改革的基础性要素,纳入内在潜能模块予以重点考察。

从支持角度来看,来自制度、文化等方面的环境支持是有序推进行政行为的重要保障,对于"放管服"改革而言更是如此。众所周知,"放管服"改革作为一场刀刃向内的自我革命,在破除体制、机制等结构性障碍的进程中必然会触动既得利益的"奶酪",只有在制度、文化的有效支持下,改革主体才能更好地完成这场"牵一发而动全身"的改革实践。因此,笔者将"三圈理论"中的支持圈引申为环境支持,并将文化环境和制度环境视为推进"放管服"改革的保障性要素,归入内在潜能模块予以重点考察。

(二) 关于外显效用模块的规范分析

何为好的外显效用?如图4-3所示,笔者选择具有中国特色的"多、快、好、省"理论作为衡量外显效用的根本性标准。"多、快、好、省"是中国共产党基于对国情的正确认知而制定的社会主义建设方针,是一套必要性与可行性兼具的方针,体现了党对社会主义生产领域速度与效益、数量与质量辩证关系的认知。[①] 1956年1月1日,《人民日报》发表社论指出,我们要"多、快、好、省"地发展工业、文教事业,其中,"又多""又快"是反对保守主义,"又好""又省"是反对潦草从事、盲目冒进、铺张浪费。[②] 可见,"多、快、好、省"的改革建设理念由来已久。近年来,伴随着"多、快、好、省"理论的不断发展、成熟,其作为一套具有相对共识性的标准,已在诸多领域获得借鉴与应用。如:张广瑞提出"多、快、好、省"是做好新闻报道的窍门[③];陈学芳、严卫林主张"多、快、好、省"是课堂教学从无效走向有效和高效应当遵循的基本原则[④]等。

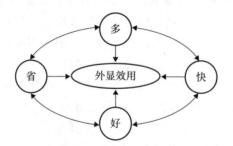

图4-3 "多、快、好、省"理论示意

资料来源:作者根据研究思路绘制而成。

[①] 姚润田:《简论"多快好省"方针》,载于《当代中国史研究》2009年第3期,第35-40,125页。

[②] 俞文冉、陈乃宣:《从"多快好省"到"一个中心、两个基本点"》,载于《武汉水利电力大学学报(社会科学版)》,2000年第4期,第13-17,29页。

[③] 张广瑞:《"多、快、好、省"》,载于《新闻与写作》1999年第11期,第44-45页。

[④] 陈学芳、严卫林:《"多快好省"的主题式案例教学》,载于《中学政治教学参考》2015年第21期,第50-51页。

于本研究而言，笔者认为"多、快、好、省"理论与"放管服"改革的外显效用具有高度适配性。"多、快、好、省"理论是衡量行为结果的重要标准，与我国的改革实践紧密相连，是对改革经验的总结与提炼，具有浓厚的本土化色彩，且经过了长期的实践检验。"放管服"改革是一项扎根中国大地、具有中国特色的改革实践活动，其外显效用代表着改革结果，试图通过对外显效用的测量来反映"放管服"改革的实际结果产出，这与"多、快、好、省"理论在研究语境和研究内容方面存在明显的相似性。因此，笔者结合"放管服"改革及外显效用的相关内容，尝试从"多、快、好、省"四个方面出发，构建适用于评价"放管服"改革外显效用的具体维度。"多、快、好、省"理论与外显效用的对应关系如图4-4所示。

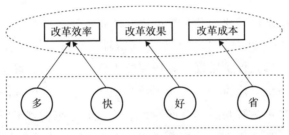

图4-4 "多、快、好、省"理论与外显效用的对应关系
资料来源：作者根据研究思路绘制而成。

从多和快的角度来看，行为产出的实际数量和实际速度是衡量行为结果好坏的基础性标尺，类比至"放管服"改革的外显效用，改革效率强调改革主体在单位时间内完成的工作数量，这正是与"多"和"快"相对应的评价维度，据此能够完成对改革产出数量和速度的考察。从好的角度来看，行为产出的实际质量是衡量行为结果好坏的重要性标尺，类比至"放管服"改革的外显效用，改革效果强调对现有问题和预期目标的解决与实现程度，这正是与"好"相对应的评价维度，据此能够完成对改革质量的考察。从省的角度来看，为产出而支付的实际费用是衡量行为结果好坏的关键性标尺，类比至"放管服"改革的外显效用，改革成本强调为推进改革而消耗资源的多少，这正是与"省"相对应的评价维度。综上所述，笔者将"放管服"改革的外显效用划分为改革效率、改革效果、改革成本三个维度。

二、评价维度构建的实证分析

笔者根据规范分析所生成的评价维度设计专家咨询问卷，并邀请来自中国人民大学、南开大学、东北大学、云南大学、西北大学、华侨大学、辽宁大学、中国行政管理学会以及辽宁省委党校等机构的理论专家和来自营商环境建设局、公安局、科学技术局等政府改革相关部门的实践专家组成专家库,参与填答地级市政府"放管服"改革效能评价指标体系构建的专家咨询问卷,结合领域内专家、学者的宝贵建议,分别对内在潜能模块和外显效用模块的现行维度进行修改与调适,以提升评价维度设计的科学性、合理性。需要说明的是,按照专家咨询法的相关特点和程序要求,专家人数不宜过多,通常为8~20人[①],不过考虑到"放管服"改革是一项同时覆盖理论和实践层面的研究议题,为兼顾理论专家和实践专家的观点与建议,笔者适当地扩大了专家咨询数量,最终确定面向37位专家开展首轮咨询工作。

(一)关于内在潜能模块的实证分析

笔者针对内在潜能模块的评价维度展开两轮咨询。在第一轮专家咨询中,共发放问卷37份,回收问卷33份,经过数据清理,获得有效问卷27份。而后,笔者结合专家建议,修正评价维度,并按照修正后的评价维度重新设计专家咨询问卷,面向纳入第一轮统计的27位专家继续发放第二轮专家咨询问卷。在第二轮专家咨询中,共发放问卷27份,回收问卷23份,经过数据清理未发现无效问卷。经过两轮专家咨询,各评价维度的分数均值均高于4分(满分5分),变异系数均低于0.2,专家库成员对内在潜能模块的评价维度基本达成共识,打分情况详见表4-1。

表4-1 专家对评价维度设计的打分情况(内在潜能模块)

评价维度	均值	变异系数	轮次
感知价值	4.44	0.169	第一轮
改革能力	4.63	0.160	
文化环境	4.22	0.178	
制度环境	4.78	0.106	
感知价值	4.43	0.133	第二轮
改革执行力	4.91	0.059	
文化环境	4.26	0.127	
制度环境	4.78	0.108	

资料来源:作者根据收集到的数据计算得到。

[①] 徐国祥:《统计预测和决策》,上海财经大学出版社2008年版,第10页。

在第一轮专家咨询中,有专家认为"改革设计固然重要,但是对于地级市政府来说改革重在推进落实,研究者应注重对改革执行力的测量与考察",经过课题组内的充分讨论,一致决定将内在潜能模块中的"改革能力"调整为"改革执行力"。诚如该专家所言,地级市政府改革重在落实,有效的执行力是推动政策从理念走向实践的关键一环,是确保改革落到实处、充分释放改革红利的有力保障。由此,笔者将内在潜能模块的评价维度暂时确定为感知价值、改革执行力、文化环境、制度环境四项内容,并将之投入第二轮专家咨询问卷中开展进一步检验。

在第二轮专家咨询中,有专家指出,"感知价值维度只注重对感知的测量,而缺乏对认同的强调"。该专家的建议使课题组意识到,将指标命名为"感知价值"的做法并不妥当,易于造成对价值认同概念的模糊和忽视。为避免歧义,课题组一致决定将内在潜能模块中的"感知价值"调整为"价值判断"。由此,通过第二轮专家咨询,笔者将内在潜能模块的评价维度最终确定为价值判断、改革执行力、文化环境、制度环境四项内容。

(二)关于外显效用模块的实证分析

笔者针对外显效用模块的评价维度展开两轮专家咨询。在第一轮专家咨询中,共发放问卷37份,回收问卷33份,经过数据清理,获得有效问卷27份,而后笔者结合专家建议,修正评价维度,并按照修正后的评价维度重新设计专家咨询问卷,面向纳入第一轮统计的27位专家继续发放第二轮专家咨询问卷。在第二轮专家咨询中,共发放问卷27份,回收问卷23份,经过数据清理,获得有效问卷22份。经过两轮专家咨询,各评价维度的分数均值均高于4分(满分5分),变异系数均低于0.2,专家库成员对外显效用模块的评价维度基本达成共识,打分情况详见表4-2。

表4-2 专家对评价维度设计的打分情况(外显效用模块)

评价维度	均值	变异系数	轮次
改革效率	4.15	0.208	第一轮
改革效果	4.67	0.119	
改革成本	4.19	0.199	
改革效率	4.41	0.134	第二轮
改革效果	4.77	0.09	
改革成本	4.14	0.113	

资料来源:作者根据收集到的数据计算得到。

在两轮专家咨询中，大多数专家对外显效用模块的维度划分内容及方式表示认同，但有两位专家认为，"改革结果的好坏主要看实际效果，效率和成本不是最重要的，效率再高，成本再低，如果目的没有达到，反而劳民伤财，对于企业或公民而言，只要事能办成，时间久点，效率低点关系都不大"。笔者认为对改革效果的看重与关注只是一种退而求其次的选择，由于受到能力、环境等主客观因素的影响，在实际的改革实践中往往难以兼顾效率、效果以及成本，但不可否认"多、快、好、省"地完成改革任务一直是我们在改革实践中追求的理想目标。评价指标体系构建及其维度设计作为一项理论研究，需要对事物的实际状态和理想状态进行统筹考量，同时兼顾改革的底线和高线来划分评价维度。在外显效用的三个维度中，相较于改革效率和改革成本，改革效果的确更为重要，但并不意味着研究者可以忽视改革效率和改革成本。外显效用由改革效率、改革效果和改革成本共同构成，三者缺一不可，研究中可选择以提升权重的方式来表明改革效果维度的重要性，而不是舍弃对改革效率和改革成本的考察。因此，经过两轮专家咨询以及课题组围绕专家建议的深入讨论，笔者最终将外显效用模块的评价维度确定为改革效率、改革效果、改革成本三项内容。

第三节 地级市政府"放管服"改革效能评价维度的主要内容

在分别确定内在潜能模块和外显效用模块的评价维度后，笔者需要进一步厘清各评价维度的基本内涵及其所需反映或代表的主要内容，以为后文的具体评价指标选取提供方向与支撑。

一、内在潜能模块的主要内容

在把握内在潜能内涵的基础上，笔者综合学界既有研究成果以及两轮专家咨询结果，最终确定内在潜能模块所包含的四个评价维度，即价值判断、改革执行力、文化环境、制度环境。一般来说，实践活动往往遵循"想干事—会干事—敢干事—干成事"的行为逻辑。内在潜能所包含的四个评价维度中，价值判断维度主要反映是否"想干事"，通过对改革价值的判断来揭示改革意愿；改革执行力维度主要反映是否"会干事"，通过执行力来判断改革能力；文化环境和制度环境主要反映是否"敢干事"，改革行为通常因触动既得利益的"奶酪"、改变既有利益格局而受到阻力，导致改革者缺乏行动的勇气，对文化环境和制度环境的测量在一定程度上反映了环境支持力度，是对改革受阻程度的重要体现。

（一）价值判断

在本书的研究语境下，价值判断是指地级市政府及其行政人员对"放管服"改革重要性或意义做出的理性判断。按照"三圈理论"的观点，公共价值是用于判定战略计划优劣的首要标准，换言之，唯有符合公共利益诉求的计划项目才是科学、可执行的。"放管服"改革作为深化行政体制改革、推进政府职能转变的重要突破口和有力抓手，在促进国家治理体系和治理能力现代化进程中发挥着不可撼动的关键性作用，所彰显的公共价值更是毋庸置疑的。在本研究中，地级市政府及其行政人员是"放管服"改革战略的具体实施者，根据委托-代理理论，改革者作为权力的被委托方，代表公民行使权力，其行为理应符合"公共人"假设，致力于表达公共意志，创造公共利益，满足公共诉求，行政行为往往取决于其对公共利益和诉求的认知与理解，受到价值判断的驱动。因此，地级市政府及其行政人员对改革价值的科学判定与系统认知是有序推进"放管服"改革战略的先决条件。

（二）改革执行力

在本书的研究语境下，改革执行力是指地级市政府及其行政人员对"放管服"改革部署的落实能力。改革战略贵在落实，倘若缺乏执行力的有效支撑，无论多么完美的战略计划，终究会沦为一纸空谈，难以发挥作用。对于"放管服"改革来说更是如此。改革开放以来，我国先后推进了多轮政府改革实践，随着政府职能转变进入"深水期"，"放管服"改革作为促进政府职能转变的新突破口应运而生，其作为一场刀刃向内的自我革命，以打破既有利益格局，破解体制、机制等结构性障碍为改革任务，蕴含于改革实践中的攻坚性可想而知。在此过程中，更需要贯彻始终的改革执行力为改革方案向改革实践的转化保驾护航。因此，地级市政府及其行政人员所具备的改革执行力是推动"放管服"改革向纵深发展的关键条件。

（三）文化环境

所谓文化环境，是指凝结于改革主体内部的组织氛围情况，亦称行政文化。一般来说，行政文化有广义和狭义之分。在本书的研究语境下，行政文化强调的是狭义的行政文化，即在公共行政管理实践中，地级市政府及其行政人员在实施行政行为、展开行政活动时，所奉行的基本理念和遵循的基本原则。[1]行政文化环

---

[1] 黄建：《新时代行政文化建设面临的问题及解决路径》，载于《中州学刊》2019年第8期，第16-20页。

境作为行政组织以及行政人员生存和发展的土壤，能够影响并塑造行政行为，会对其行为产生潜移默化且深远持久的影响。优质的行政文化环境有助于形成勤政务实的工作氛围，打破利益藩篱，促进"放管服"改革任务的有序推进；反之，恶劣的行政文化环境则易于形成懒政怠政的工作氛围，加重推诿扯皮现象，阻碍"放管服"改革任务的顺利开展。因此，考虑到行政文化与改革行为之间存在的内在关联，笔者认为地级市政府中所蕴含的文化环境作为行政行为的"加速器"和"助推器"，是"放管服"改革实践中不可或缺的内容。

（四）制度环境

一般来说，制度有正式制度和非正式制度之分，其中，正式制度是一种有形的制度安排，如法律、法规等，而非正式制度则是一种无形的制度安排，如约定俗成的惯例、伦理规范等。在本书的研究语境中，制度环境是指地级市政府在制度体系建设方面的基本情况，侧重于对正式制度的考察与测量，其作为行为规范的基本准则和客观参照，同时面向体制内外，在引导、规范行政机关及其行政人员的行政行为的同时，也约束行政体制外部各类主体的经济行为与社会行为。在现代政府治理中，制度是法治建设中不可或缺的重要元素，科学、合理、系统、完备的制度体系显然更容易获得认可以及普遍性的遵守与推行，与法治的精神内核更为贴合。因此，笔者认为地级市政府构建的制度体系是"放管服"改革实践中的"指向灯"和"稳定器"，对制度环境的系统化考察能够在一定程度上反映改革主体所具备的政治条件，形成对改革政治条件的真实刻画与写照。

二、外显效用模块的主要内容

在明确外显效用内涵的基础上，笔者综合学界既有研究成果以及两轮专家咨询结果，最终确定外显效用模块所包含的三个评价维度，即改革效率、改革效果、改革成本。

（一）改革效率

所谓改革效率，是指改革者在单位时间内完成的工作数量，侧重于对外显效用的量化测量。"放管服"改革作为一场刀刃向内的自我革命，遵循由内向外的改革逻辑，即以面向行政组织内部的改革举措为基点，通过破解行政组织内部的体制、机制等深层次障碍，来发挥改革举措的实际作用。结合改革效率的基本概念，该维度主要侧重于考察改革者行为实践的量化产出结果，是"放管服"改革产出的直接表现形式。由此，笔者认为改革效率作为"放管服"改革的直观性结果，需要作为关键要素纳入外显效用之中予以重点考察。

（二）改革效果

所谓改革效果，是指改革预期目标的实现程度，是对改革效率的细化与升华，侧重于考察改革者的量化产出是否有助于解决现实问题，改革者是否在保证数量（或速度）的同时兼顾质量，以此衡量其改革实践行为是否发挥了应有的作用。回归改革的本质，笔者认为行政机关及其行政人员、市场主体及社会主体共同构成了庞大的组织运行系统，改革产生于出现不平衡或者有违社会发展现象的背景之下，其核心目的便在于解决现实问题，使组织重新归于平衡状态，并保持有效运转。由此，笔者认为改革效果作为"放管服"改革的实质性结果，理应作为关键要素纳入外显效用之中予以重点考察。

（三）改革成本

所谓改革成本，是指为推进改革而消耗的资源总和，侧重于考量由外显效用而衍生的改革代价。改革者通常需要付出与之相应的代价（或费用），来支撑改革政策、举措的落地与实施。当前，"少花钱、多办事，不花钱、办成事"是政府现代化治理的基本要求之一，"放管服"改革作为促进政府治理体系和治理能力现代化的重要举措，理应遵循"少花钱、多办事，不花钱、办成事"的基本要求，降低行政成本。由此，笔者认为改革成本作为"放管服"改革的代价性结果，需要作为关键要素纳入外显效用之中予以重点考察。

第四节 地级市政府"放管服"改革效能评价维度的基本形态

根据前文的评价维度设计，笔者进一步探索各要素在不同状态下，可能形成的内在潜能和外显效用形态，在深化维度间关联性认知的同时，明确改革主体在不同组合关系下呈现的改革形态。

一、内在潜能模块的基本形态

考虑到文化环境和制度环境同属环境支持部分，笔者将"放管服"改革内在潜能中的四个评价维度提炼为价值判断、改革执行力、环境支持三方面内容，在"三圈理论"的六个分区的基础上，进一步对各项分区进行深化、扩展，对可能出现的八种基本形态，予以划分和描述，具体如表4-3、图4-5所示（表4-3中的分区序号与图4-5中的序号相对应）。

表 4-3　内在潜能的基本形态

序号	组合形态	价值判断	改革执行力	环境支持
1	努力区	高	高	低
2	成熟区	高	高	高
3	空想区	高	低	低
4	风险区	高	低	高
5	迷雾区	低	高	低
6	打折区	低	高	高
7	落后区	低	低	低
8	舒适区	低	低	高

资料来源：作者根据研究思路绘制而成。

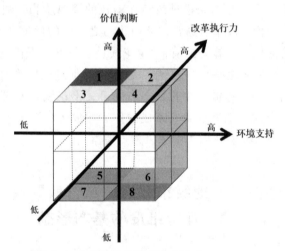

图 4.5　内在潜能的基本形态分布

资料来源：作者根据研究思路绘制而成。

在类型一中，内在潜能的分布形态为"高价值判断—高改革执行力—低环境支持"，笔者将之命名为努力区。处于该区域的改革主体能够充分认识到改革战略中所蕴含的公共价值，且具备与改革战略相匹配的执行力，基本达到"想干事"且"会干事"的阶段。美中不足的是，在环境支持方面的表现相对较差，尚未拥有优质化的环境支持。该区域的改革主体与成熟区只差一步，努力优化、改善环境，全面提升其与改革战略的匹配度，便可迈进成熟区，促进改革战略的实现。

在类型二中，内在潜能的分布形态为"高价值判断—高改革执行力—高环境支持"，笔者将之命名为成熟区。处于该区域的改革主体不仅能够充分认识到改革战略的重要性，而且具备与改革战略相匹配的执行力和环境支持，能够为改革战略的有效实施保驾护航。此形态下的改革主体在内在潜能方面发展得颇为成熟，基本拥有推进改革的优渥条件，在改革主体中位于佼佼者的地位，该区域更是各类改革主体争相追求的目标与努力发展的方向。

在类型三中，内在潜能的分布形态为"高价值判断—低改革执行力—低环境支持"，笔者将之命名为空想区。处于该区域的改革主体能够对改革战略中的公共价值做出科学判断，能够充分认识到改革战略的重要性，但是其在改革执行力和环境支持两方面均表现得差强人意，缺乏与改革战略相匹配的改革能力和环境支持，易于将改革任务停留在想法阶段。为走出空想区，促进改革战略的实现，该区域内的改革主体务必注重对执行力的提升以及对文化、制度环境的优化，全方位提升其与改革战略的匹配度。

在类型四中，内在潜能的分布形态为"高价值判断—低改革执行力—高环境支持"，笔者将之命名为风险区。处于该区域的改革主体不仅能够科学认识、判断改革战略的公共价值，意识到改革的重要性，还拥有强有力的文化、制度环境支持，只是在改革执行力方面的表现相对较差，尚未具备与改革战略相匹配的能力，这看似与成熟区非常接近，实则不然。改革执行力的提升绝非一日之功，且相对薄弱的改革执行力会在一定程度上加剧改革战略推进过程中的不确定性与风险性。为抵制风险、促进改革战略的实现，该区域内的改革主体务必注重对自身执行力的修炼，循序渐进地提升其与改革战略的匹配度。

在类型五中，内在潜能的分布形态为"低价值判断—高改革执行力—低环境支持"，笔者将之命名为迷雾区。处于该区域的改革主体具备与改革战略相匹配的改革执行力，但是在价值判断和环境支持方面表现得相对较差，改革主体未能对改革战略的公共价值做出正确判断，且缺乏优质、有力的环境支持，以至于改革主体缺少改革方向，犹如置身于层层迷雾之中，使得高水平的改革执行力难以充分发挥。此形态下的改革主体需要拨开层层迷雾，理性判断改革战略的公共价值，并进一步强化环境支持，努力从迷雾区向成熟区迈进。

在类型六中，内在潜能的分布形态为"低价值判断—高改革执行力—高环境支持"，笔者将之命名为打折区。处于该改革区域的改革主体具备与改革战略相匹配的执行力和环境支持，但是改革主体在价值判断方面的表现相对较差，尚未充分认识到改革战略的重要性。价值判断是内在潜能中的灵魂性要素，该要素的缺乏容易使贯彻始终的改革执行力和优渥的环境支持大打折扣，难以充分发挥作用。对于"放管服"改革而言，价值判断对于政治、经济以及社会发展的重大意义是毋庸置疑的，改革主体可能受到信息不对称、思想观念落后、利益制约等因素的影响而暂时未能认识到改革价值。面对如此形态，改革主体的当务之急是迅速厘清其在价值判断方面表现相对较差的真实原因，对可能的影响因素做出改善和调整，以尽快形成对改革战略价值的科学认知。

在类型七中，内在潜能的分布形态为"低价值判断—低改革执行力—低环境支持"，笔者将之命名为落后区。处于该区域的改革主体在价值判断、改革执行力和环境支持三方面均表现得相对较差，不仅缺乏对改革战略价值的科学研判，未能充分认识到改革战略的重要性，也不具备与改革战略相匹配的执行力和环境支持。从整体上看，此形态下的改革主体以懒政怠政、消极怠工的态度应对改革战略，已然形成"不求有功但求无过"的低迷状态，成为落后区域的一员。考虑到行为会受到认知的影响，该区域的改革主体有必要从价值判断入手，捋顺改革价值，调整内在潜能，改变低迷状态，走出落后区，促进改革战略的实现。

在类型八中，内在潜能的分布形态为"低价值判断—低改革执行力—高环境支持"，笔者将之命名为舒适区。处于该区域的改革主体拥有优质的文化环境和制度环境支持，但是在价值判断和改革执行力方面表现得相对较差，不仅缺乏对改革战略价值的科学认知，未能充分认识改革的重要性，而且改革执行力相对薄弱，可能对改革方案的实施与落地造成阻力。该区域的改革主体需要兼顾价值判断和改革执行力两个方面，在厘清价值判断相对偏低的本质性原因的同时，注重对改革执行力的修炼与提升，走出舒适区，全面提升内在潜能与改革战略的匹配度。

二、外显效用模块的基本形态

外显效用是改革效率、改革效果和改革成本的集合体，按照效率、效果和成本水平的不同分布，形成了关于外显效用的八种基本形态，具体如表4-4、图4-6所示（表4-4中的序号与图4-6中的分区序号相对应）。在下列八种基本形态中，高效率、高效果和低成本代表着最优质的外显效用，是改革主体所追求的理想形态；低效率、低效果和高成本则代表着最恶劣的外显效用，是改革主体要坚决抵制和规避的形态；剩余六种形态则处于最优质与最恶劣的外显效用之间。

表4-4 外显效用的基本形态

序号	组合形态	改革效率	改革效果	改革成本
1	成熟区	高	高	低
2	精进区	高	高	高
3	错位区	高	低	低
4	风险区	高	低	高
5	潜力区	低	高	低
6	目标区	低	高	高
7	懒政区	低	低	低
8	噩梦区	低	低	高

资料来源：作者根据研究思路绘制而成。

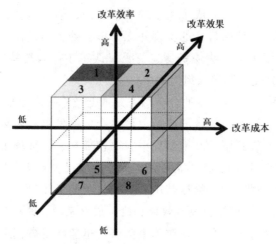

图 4-6 外显效用的基本形态分布

资料来源：作者根据研究思路绘制而成。

在类型一中，外显效用的分布形态是"高效率—高效果—低成本"，笔者将之命名为成熟区。该区域的改革主体在改革效率、改革效果以及改革成本三个方面均取得了颇为显著的成绩，改革的外显效用基本达到了较为成熟的水平。改革主体的改革目标坚定且明确，在不断深化改革的过程中，不仅形成了大量的改革产出，而且有助于解决政府治理中的现实问题，实现了改革数量和改革质量的有效衔接，并且无须耗费过多的物质资源，已基本达到"少花钱、多办事，不花钱、办成事"的改革标准，可谓各类改革主体争相追逐的理想形态。

在类型二中，外显效用的分布形态是"高效率—高效果—高成本"，笔者将之命名为精进区。处于该区域的改革主体正在大刀阔斧地推进"放管服"改革工作，且改革目标清楚、方向明确，改革举措的实施与落地有助于改善和解决政府治理中的现存问题，无论是改革的工作量还是改革目标的实现程度都已进入精进阶段。美中不足的是，这些改革产出的取得需要耗费大量的物质资源，这明显与"少花钱、多办事，不花钱、办成事"的改革标准相违背，由此，降低改革成本作为从精进区迈向成熟区的关键通道，需要引起此区域改革主体的高度重视。

在类型三中，外显效用的分布形态是"高效率—低效果—低成本"，笔者将之命名为错位区。处于该区域的改革主体积极响应中央、省级政府的政策安排，有序推进"放管服"改革战略，形成了数量丰富的改革产出，并且没有造成过多的物质资源消耗，但改革的目标感相对较弱，对于解决现存问题、实现预期目标并无太多助益，出现了目标的错位现象，需要及时纠正。

在类型四中，外显效用的分布形态是"高效率—低效果—高成本"，笔者将之命名为风险区。处于该区域的改革主体同样积极响应中央、省级政府关于"放管服"改革的战略部署，完成了大量的改革工作，但是这些数量丰富的改革产出对现实问题的解决和预期目标的实现并无太多益处，不仅偏离了改革目标的预期轨道，而且消耗了大量的物质资源，可见，改革主体未能精准把握区域发展实际，长此以往，容易使改革陷入风险之中。

在类型五中，外显效用的分布形态是"低效率—高效果—低成本"，笔者将之命名为潜力区。处于该区域的改革主体结合地方发展实际设置了精准、明确的改革目标，并在"放管服"改革过程中，严密部署、精准施策，形成了有助于解决现实问题、实现预期目标的高质量改革产出成果，且无须消耗过多的物质资源，基本能够做到人尽其才、物尽其用。但是改革的工作量不够优秀，笔者将之理解为"慢工出细活"。相较于改革效果和改革成本来说，改革效率是最容易改善的部分，一旦工作量得到提升，该改革主体将会迅速跻身成熟区行列，因此，可将之视为最具潜力冲击到成熟区的基本形态。

在类型六中，外显效用的分布形态是"低效率—高效果—高成本"，笔者将之命名为目标区。处于该区域的改革主体具有清晰、明确的行为目标，在目标的引领下，基本遵循解决现存问题、实现预期目标的改革思路，追求高水平的改革效果，但是其在一定程度上忽视了对改革效率和改革成本的关注，导致高水平的改革效果是以牺牲工作效率、消耗大量的物质资源为代价获得的，这有违现代政府治理中"少花钱、多办事，不花钱、办成事"的行为要求，需要在未来的改革中予以改善。

在类型七中，外显效用的分布形态是"低效率—低效果—低成本"，笔者将之命名为懒政区。处于该区域的改革主体很可能缺乏一定的行动力，在"放管服"改革进程中，对地方政府发展实际的认知与把握尚停留在较为初级的阶段，对中央、省级层面的相关政策部署消极怠工，改革产出的数量偏少、质量欠佳，对现实问题的解决和预期目标的实现并无太多助益，相应地，也未耗费过多的物质资源，是一种懒政怠政、颇为消极的改革形态。

在类型八中，外显效用的分布形态是"低效率—低效果—高成本"，笔者将之命名为噩梦区。处于该区域的改革主体在行动力和目标感方面表现得较为羸弱，缺乏对地方政府治理实际的整体性认知，不仅未能形成丰富的改革工作量，而且其改革产出对解决现实问题、实现预期目标也并无太多助益，还造成了大量的物质资源消耗，未能做到人尽其才、物尽其用，是完全站立在"少花钱、多办事，不花钱、办成事"对立面的改革形态，是各类改革主体务必坚决抵制的噩梦。

第五章

地级市政府"放管服"改革效能评价指标设计与遴选

何为指标？雷蒙·鲍尔在《指标》一书中指出，指标是一套统计数据系统，可用于描述社会发展状况，制定社会规划、开展社会分析，并对现状和未来做出估价；联合国教科文组织认为，指标是通过定量分析方式对社会生活状况的变化做出评价。简言之，指标是评价的具体手段。[①]如何设计并遴选科学、合理、恰当的评价指标是本章的讨论重点。

第一节 实践路径与基本原则

构建评价指标体系的意义在于为地级市政府提供一套衡量"放管服"改革效能水平的评价工具，其终极目标是根据实际测评结果，对相关的改革行为举措做出有针对性的调整与优化，使"放管服"改革能够持续取得更大的成效。为了能够提供一套有效的评价工具，使改革者获得科学、可靠、合理的评价结果，指标设计与遴选作为评价指标体系构建中的关键性环节，需要遵循相应的实践路径和基本原则。

一、实践路径

地级市政府"放管服"改革效能评价指标设计与遴选的实践路径如下：按照"放管服"改革效能的概念界定与理论分析，笔者首先将评价指标体系划分为内在潜能和外显效用两个模块；然后，根据前文的评价维度划分，分别为内在潜能量表和外显效用量表设计相应的一级指标，

[①] 卓越：《政府绩效评估的模式建构》，载于《政治学研究》2005年第2期，第88-95页。

并结合一级指标内涵填充二级、三级等具体指标，形成评价指标的初选库和备选池；最后，根据初选指标，设计并发放专家咨询问卷，根据咨询结果对具体指标进行逐层筛选，保留共识性指标，形成地级市政府"放管服"改革效能评价指标体系。

第一，关于指标设计。当前学界鲜有围绕"放管服"改革展开系统化测评的直接性研究成果，为提升指标设计的科学性与合理性，笔者认真梳理"放管服"改革的相关政策文本，充分参考"放管服"改革领域以及政府改革绩效评价领域的相关研究成果，尝试在把握"放管服"改革效能内涵的基础上，结合"放管服"改革和效能评价的现实需要，设计并形成地级市政府"放管服"改革效能评价指标的初选库和备选池，并明确每项指标的来源。

第二，关于指标遴选。依据前文的初选指标，设计"地级市政府'放管服'改革效能评价指标体系构建"专家咨询问卷，选取多名从事相关研究工作的理论专家和政府相关部门的实践专家组成专家库，对评价指标逐级开展咨询工作。在完成对专家咨询问卷的收集后，笔者主要分以下三个步骤对专家咨询问卷进行处理与分析。第一步，依据取得的问卷数据对专家积极程度、专家权威程度、专家协调程度等指标进行测算，以保障专家咨询结果的可靠性。专家积极程度一般通过问卷回收率反映，研究中通常以70%为临界值，大于70%表明专家积极程度较高；反之，则表明专家积极程度较低。专家权威程度（Cr）一般由专家判断依据（Ca）以及专家对咨询内容的熟悉程度（Cs）共同决定，其计算公式为$Cr=(Ca+Cs)/2$。学界通常认为专家权威系数大于或等于0.7为可接受信度，大于0.8则表示专家权威程度较高。关于专家熟悉程度和专家判断依据的赋值标准如表5-1、表5-2所示。需要说明的是，在其他研究中，通常会将"参考国内外资料"或"了解国内外同行"作为第四项判断依据，但是就本研究而言，"放管服"改革作为一项具有中国特色的改革实践活动，缺乏国际研究成果，相关研究成果主要集中在国内学界，且鲜有系统评价"放管服"改革的相关研究和实践，因此，笔者并未将"参考国内外资料"或"了解国内外同行"作为判断依据列入研究。专家协调程度一般通过肯德尔和谐系数来确定，当P值小于0.05时，代表结果显著。肯德尔和谐系数处于0~1之间，数值越接近1，表示协调程度越高。第二步，参考运用专家咨询法的相关研究成果，设置适用于本研究的指标筛选条件，计算各项初选指标的均值与变异系数，将计算结果与筛选条件进行比对，完成对评价指标的初步筛选。第三步，梳理专家提出的修改建议，召开课题讨论会，逐条讨论修改建议，据此完成对评价指标的进一步调整与优化。

表 5-1 专家熟悉程度的赋值标准

选项	非常熟悉	比较熟悉	一般	不太熟悉	完全不熟悉
赋值标准	1	0.8	0.6	0.4	0.2

资料来源：作者综合学界相关研究成果以及本文的研究思路设计、绘制而成。

表 5-2 专家判断依据的赋值标准

判断依据	大	中	小
实践经验	0.5	0.4	0.3
理论分析	0.35	0.25	0.15
直观感觉	0.15	0.1	0.05

资料来源：作者综合学界相关研究成果以及本文的研究思路设计、绘制而成。

第三，关于指标确立。当专家咨询结果趋于一致时，笔者将停止对专家咨询问卷的发放与收集，综合专家咨询问卷的打分情况、修改建议以及课题组的讨论结果决定每项评价指标的去留，完成对各项指标的调整与优化，最终形成地级市政府"放管服"改革效能评价指标体系。

二、基本原则

"放管服"改革作为促进国家治理体系和治理能力现代化的重要实践，自开展以来便引发了学界的高度关注。考虑到理论探索与实践发展的双重需求，如何科学地评价"放管服"改革效能是现代政府治理中所面临的一项重大课题，构建一套能够全面反映"放管服"改革效能的评价指标体系更是课题研究的重中之重。对此，笔者认为在选定"放管服"改革效能的测量指标时，不仅要遵循一般科学研究的通用性原则，更要深入"放管服"改革的实践内核，厘清需要遵循的个性化原则。

（一）通用性原则

通过对相关研究文献的梳理与归纳，笔者认为，在地级市政府"放管服"改革效能评价指标的设计与遴选中，大致需要遵循以下四项通用性原则。

第一，系统性。评价指标体系构建是一项系统性工程，要求研究者围绕评价主题开展多层次、多向度的统筹考量，对评价指标体系进行通盘审视与全面分析，避免关键性指标的遗漏与缺失；注重对同级别指标的系统化考察，保持指标内在逻辑的一致性，确保其归属同一逻辑链条；注重不同层次指标间的区别，保证不同层级的指标之间层次分明。

第二，科学性。评价指标体系构建不仅要以相关理论为依托，更要遵循实践经验。脱离理论发展与实践需求的评价指标体系将犹如"无源之水、无本之木"，难以成立。这要求研究者从理论和现实的双重维度出发，选取与研究主题密切相关的评价指标；注重指标内涵的明确性，避免歧义；注重评价指标之间的互斥性，避免指标间出现交叉或重叠现象。

第三，可测量性。评价指标体系构建是一项理论与应用价值兼具的研究课题，在"以评促建、以评促改"的价值引领下，构建系统、科学的评价指标体系是开展评价研究的基础和前提，应用评价指标体系开展实地测评是评价研究的关键环节，唯有设计、遴选具有可测量性的指标，才能形成可量化的评价结果，提升各地级市政府之间的可比对性。

第四，可获得性。指标的可获得性作为一项与可测量性相承接的原则，是应用评价指标体系完成实地测评的关键。唯有可测量性与可获得性兼具的指标才能发挥应有的作用，得到可靠的评价结果；仅具可测量性而难以获得甚至无法获得的指标，终会使评价结果化为泡影。

（二）个性化原则

除了通用性原则之外，地级市政府"放管服"改革效能评价指标的设计与遴选还需要遵循内化于"放管服"改革的个性化原则。通过对相关研究文献的梳理，笔者认为个性化原则主要包括以下两方面内容。

第一，问题导向。研究者务必明确构建"放管服"改革效能评价指标体系的根本目的在于解决问题。当前，理论界和实务界尚未形成一套系统、完整且应用广泛的"放管服"改革效能评价指标体系，现阶段的常用做法是从营商环境角度透视"放管服"改革进程。该做法在一定程度上混淆了营商环境优化和"放管服"改革的概念。研究者在选择评价指标时要注重厘清"放管服"改革与营商环境优化之间的差别，构建一套适用于测量"放管服"改革效能的评价指标体系，解决"放管服"改革评价体系相对缺失的问题，充实研究成果，反映"放管服"改革现状。此外，目标的实现程度是效能评价中需要重点考察的内容之一，改革的目标必然是解决政府运行过程中存在的一系列现实问题，研究者必须注重指标的代表性，选择能够反映现实问题解决程度的指标，将问题化原则融入"放管服"改革效能评价指标体系。

第二，国际导向。"放管服"改革作为政府治理的重要组成部分，已然成为实现第五个现代化的重要路径和有效抓手。在全球化的背景下，虽然不同国家的政府改革举措不尽相同，但其在改革思路上存在一定的共同之处。因此，在指标体系的构建进程中，研究者要运用国际化思维，充分借鉴吸收成熟、流行的国际性评价指标体系，如世界银行的营商环境评价、经济学人的营商环境评价等，以为研究的指标选取提供借鉴与参考。

第二节 地级市政府"放管服"改革效能评价指标设计

内在潜能和外显效用是评价"放管服"改革效能的两个核心变量。在指标设计阶段，笔者将以这两个核心变量为主题，分别设计评价量表，尝试在充分借鉴既有理论和相关研究成果的基础上，探寻适用于地级市政府"放管服"改革效能评价的具体指标，形成指标初选库和备选池。

一、内在潜能量表的指标设计

按照前文对内在潜能模块的评价维度探索，笔者将价值判断、改革执行力、文化环境和制度环境设置为内在潜能量表的一级指标，而后依托一级指标的本质与内涵进行要素的结构化分析，结合既有研究成果，完成对二级指标的设置，具体指标与指标来源如表5-3所示。

表5-3 内在潜能量表的初选指标

一级指标	二级指标	序号	指标来源
价值判断	顶层价值	1	陈水生[①]
	内部价值	2	
	外部价值	3	
改革执行力	资源获取能力	4	张钢、徐贤春[②]；张钢等[③]
	资源配置能力	5	
	资源整合能力	6	
	资源运用能力	7	

[①] 陈水生：《国家治理现代化视角下的"放管服"改革：动力机制、运作逻辑与未来展望》，载于《政治学研究》2020年第4期，第72-81,127页。

[②] 张钢、徐贤春：《地方政府能力的评价与规划——以浙江省11个城市为例》，载于《政治学研究》2005年第2期，第96-107页。

[③] 张钢、徐贤春、刘蕾：《长江三角洲16个城市政府能力的比较研究》，载于《管理世界》2004年第8期，第18-27页。

续表

一级指标	二级指标	序号	指标来源
文化环境	服务文化	8	颜佳华、欧叶荣[①]；黄建[②]；卓越[③]
	法治文化	9	
	廉政文化	10	
	勤政文化	11	
制度环境	制度的科学性	12	王鲁捷等[④]；倪星[⑤]；桑助来、张平平[⑥]；范柏乃、朱华[⑦]；孙萍、陈诗怡[⑧]
	制度的及时性	13	
	制度的完备性	14	
	制度的稳定性	15	

资料来源：作者根据研究思路绘制而成。

价值判断是指改革者对"放管服"改革的价值认知。通过对"放管服"改革所具备的公共价值的系统化梳理与提炼，笔者尝试从顶层、内部、外部三方面设置该维度下的二级指标。其中，顶层价值从宏观层面出发，强调"放管服"改革对有效推进国家治理体系和国家治理能力现代化的意义；内部价值从微观层面出发，强调"放管服"改革对促进政府权力调整与政府职能科学转变的意义；外部价值从中观层面出发，强调"放管服"改革对促进市场经济发展、满足人民群众对美好生活需求的意义。

改革执行力是指改革主体自身具备的、有助于落实"放管服"改革任务部署

---

① 颜佳华、欧叶荣：《有效的政府治理：基于行政文化创新视角的分析》，载于《河南师范大学学报（哲学社会科学版）》2016年第3期，第50-55页。

② 黄建：《新时代行政文化建设面临的问题及解决路径》，载于《中州学刊》2019年第8期，第16-20页。

③ 卓越：《公共部门绩效评估初探》，载于《中国行政管理》2004年第2期，第71-76页。

④ 王鲁捷、陈龙、崔蕾：《市级政府绩效评价研究》，载于《中国行政管理》2005年第8期，第44-47页。

⑤ 倪星：《地方政府绩效评估指标的设计与筛选》，载于《武汉大学学报（哲学社会科学版）》2007年第2期，第157-164页。

⑥ 桑助来、张平平：《政府绩效评估体系浮出水面》，载于《瞭望新闻周刊》2004年第29期，第24-25页。

⑦ 范柏乃、朱华：《我国地方政府绩效评价体系的构建和实际测度》，载于《政治学研究》2005年第1期，第86-97页。

⑧ 孙萍、陈诗怡：《营商政务环境：概念界定、维度设计与实证测评》，载于《当代经济管理》2020年第10期，第61-68页。

的综合素质。考虑到资源在改革方案落实中的核心地位和关键性作用，笔者尝试在该维度下设置资源获取能力、资源配置能力、资源整合能力和资源运用能力四项二级指标。其中，资源获取能力强调改革主体在获取人力、财力、物力资源方面的实际表现；资源配置能力强调改革主体在科学合理地分配人力、财力、物力资源方面的实际表现；资源整合能力强调改革主体在调动、整合人力、财力、物力资源方面的实际表现；资源运用能力强调改革主体在运用人力、财力、物力资源提供公共产品和服务方面的实际表现。

文化环境是指凝结于改革主体内部的组织氛围。考虑到组织文化会对组织行为产生潜移默化且深远持久的影响，笔者结合"放管服"改革的实践要求，尝试设置服务文化、法治文化、廉政文化和勤政文化四项二级指标。其中，服务文化指标用于测量行政组织内部是否具备以人为本、抵制传统官本位的行政氛围；法治文化指标用于考察行政组织内部是否形成了按章办事、抵制人治的行政氛围；廉政文化指标用于测量行政组织内部是否具备两袖清风、抵制腐败的行政氛围；勤政文化用于考察行政组织内部是否形成了尽职务实、抵制懒政怠政的行政氛围。

制度环境是指改革主体在制度体系建设方面的基本情况。结合制度环境在组织建设和改革中的功能、定位，笔者尝试从科学性、及时性、完备性以及稳定性四个方面出发，对行政组织内部的制度环境展开考量。其中，科学性强调制度设计经过严密论证，符合发展逻辑与发展实际；及时性强调制度设计紧跟时代脚步，能够切实解决新问题、满足新要求；完备性强调制度体系建设具有全面性和系统性；稳定性强调制度安排没有朝令夕改现象。

二、外显效用量表的指标设计

按照前文对外显效用模块的评价维度探索，笔者将改革效率、改革效果、改革成本设置为外显效用量表的一级指标，而后依托一级指标的本质与内涵进行要素的结构化分析，结合既有研究成果，完成对二级指标、三级指标的设置，具体指标以及指标来源如表5-4所示。

表 5-4　外显效用量表的初选指标

一级指标	二级指标	三级指标	序号	指标来源
改革效率	行政审批效率	行政审批部门	1	王琛伟[1]；世界银行[2]
		行政审批事项	2	
		行政审批要件	3	
		行政审批环节	4	
		行政审批成本	5	
		行政审批时限	6	
	政府监管效率	政府监管标准	7	沈荣华[3]；"放管服"改革重点任务分工方案
		政府监管行为	8	
		政府监管方式	9	
		政府监管机制	10	
		政府监管结果	11	
	政务服务效率	一件事、一次办	12	国家政务服务平台；"放管服"改革重点任务分工方案
		最多跑一次	13	
		就近办	14	
		马上办	15	
		网上办	16	
		省内通办	17	
		跨省通办	18	
改革效果	放出活力	生存力	19	陆晓丽、郭万山[4]；王伟同、李秀华[5]；黄琨、肖光恩[6]；黄晓磊、邓友超[7]；金延杰[8]；苏任刚、赵湘莲[9]
		改造力	20	
		开放力	21	
		吸引力	22	
		创新力	23	
		包容力	24	

---

[1] 王琛伟：《我国"放管服"改革成效评估方法探索》，经济管理出版社 2019 年版，第 30-35 页，第 49-52 页。
[2] World Bank Group, *Doing Business* 2018, A World Bank Group Flagship Report, 2018, p.153.
[3] 沈荣华：《推进"放管服"改革：内涵、作用和走向》，载于《中国行政管理》2019 年第 7 期，第 15-18 页。
[4] 陆晓丽、郭万山：《城市经济活力的综合评价指标体系》，载于《统计与决策》2007 年第 11 期，第 77-78 页。
[5] 王伟同、李秀华：《东北地区企业活力评价与比较分析——基于微观企业的视角》，载于《地方财政研究》2019 年第 1 期，第 25-34 页。
[6] 黄琨、肖光恩：《关于增强湖北省市场活力促进开放型经济发展问题研究》，载于《湖北社会科学》2016 年第 4 期，第 66-71，127 页。
[7] 黄晓磊、邓友超：《学校活力评价指标体系构建——基于德尔菲法的调查分析》，载于《教育学报》2017 年第 1 期，第 23-31 页。
[8] 金延杰：《中国城市经济活力评价》，载于《地理科学》2007 年第 1 期，第 9-16 页。
[9] 苏任刚、赵湘莲：《制造业发展、创业活力与城市经济韧性》，载于《财经科学》2020 年第 9 期，第 79-92 页。

续表

一级指标	二级指标	三级指标	序号	指标来源
改革效果	管出秩序	自由的进出秩序	25	倪星[①]；隋月娟[②]；市场秩序评价体系课题组[③]；郑修身[④]；施雪华、方盛举[⑤]
		规范的生产秩序	26	
		公平的竞争秩序	27	
		诚信的交易秩序	28	
		稳定的治安秩序	29	
	服出品质	服务环境满意度	30	程镝[⑥]；王琛伟[⑦]；叶托、胡税根[⑧]；丁依霞、郭俊华[⑨]；孙浩、徐文宇[⑩]；曹尔黎[⑪]
		服务态度满意度	31	
		服务指南满意度	32	
		服务流程满意度	33	
		服务内容满意度	34	
		服务时限满意度	35	
		服务成本满意度	36	
		服务结果满意度	37	
改革成本	人力投入	改革人员投入量	38	唐大鹏、王璐璐[⑫]
	物力投入	改革设施投入量	39	
	财力投入	改革资金投入量	40	

资料来源：作者根据研究思路绘制而成。

[①] 倪星：《地方政府绩效评估指标的设计与筛选》，载于《武汉大学学报(哲学社会科学版)》2007年第2期，第157-164页。

[②] 隋月娟：《市场秩序评价体系的基本内容》，载于《江苏商论》2001年第9期，第11-12页。

[③] 市场秩序评价体系课题组：《当代中国市场秩序的评价体系》，载于《教学与研究》1998年第1期，第20-23，63页。

[④] 郑修身：《什么是秩序?生产秩序、工作秩序、教学科研秩序、人民群众生活秩序有什么区别?》，载于《中学政治课教学》1986年第5期，第37页。

[⑤] 施雪华、方盛举：《中国省级政府公共治理效能评价指标体系设计》，载于《政治学研究》2010年第2期，第56-66页。

[⑥] 程镝：《政务服务中心服务质量公众满意度研究——基于H市政务服务中心"最多跑一次"改革》，载于《山东大学学报(哲学社会科学版)》2021年第1期，第65-74页。

[⑦] 王琛伟：《我国"放管服"改革成效评价体系的构建》，载于《改革》2019年第4期，第48-59页。

[⑧] 叶托、胡税根：《政府购买社会服务的绩效评估指标体系研究——基于德尔菲法和层次分析法的应用》，载于《广东行政学院学报》2015年第2期，第5-13，45页。

[⑨] 丁依霞、郭俊华：《网上政务服务体验质量的层次分析及综合模糊评价》，载于《图书馆》2020年第9期，第1-7，13页。

[⑩] 孙浩、徐文宇：《社会组织承接公共服务效能评价指标体系的构建》，载于《统计与决策》2017年第10期，第75-77页。

[⑪] 曹尔黎：《第三方B2B电子商务平台服务质量分析》，载于《商业研究》2010年第6期，第213-216页。

[⑫] 唐大鹏、王璐璐：《内部控制下政府行政运行成本管理创新》，载于《中国财政》2018年第12期，第32-34页。

改革效率强调改革主体在改革实践中形成或达到的工作量。笔者尝试从简政放权、放管结合、优化服务三项改革行为举措出发，设置了行政审批效率、政府监管效率、政务服务效率3项二级指标。其中，行政审批是简政放权改革的核心举措，为充分展现行政审批改革的工作量，笔者选择以改革主体对行政审批部门、行政审批事项、行政审批申报要件、行政审批环节、行政审批成本以及行政审批时限的实际削减量作为三级指标；政府监管是放管结合改革的核心举措，为充分展现政府监管改革的工作量，笔者选择以改革主体在政府监管标准、监管行为、监管方式、监管机制以及监管结果方面的实际工作量作为三级指标；政务服务是优化服务改革的核心举措，为充分展现政务服务改革的工作量，笔者选择以改革主体一件事一次办、最多跑一次、就近办、马上办、网上办、省内通办、跨省通办的事项数量作为三级指标。

改革效果强调市场和社会所获得的改革红利。按照"放管服"改革方案和任务设定，笔者在该维度下设置了放出活力、管出秩序、服出品质3项二级指标。放出活力是指简政放权有助于激发、释放市场和社会的自我生存与自我发展能力。为充分展现市场活力和社会创造力，笔者设置了生存力、改造力、开放力、吸引力、创新力、包容力等6项内容作为三级指标。管出秩序是指政府监管有助于规范市场和社会活动的各类行为。为充分展现市场和社会秩序，笔者设置了自由的进出秩序、规范的生产秩序、公平的竞争秩序、诚信的交易秩序、稳定的治安秩序等5项内容作为三级指标。服出品质是指优化服务有助于提升政府服务质量，增强人民群众的满意度。为充分展现人民群众的满意度，笔者设置了服务环境满意度、服务态度满意度、服务指南满意度、服务流程满意度、服务内容满意度、服务时限满意度、服务成本满意度、服务结果满意度等8项内容作为三级指标。

改革成本强调改革主体在推进改革过程中的资源投入。结合资源划分中的共识性标准，人力、物力和财力是推进改革过程的必要性支出，由此，笔者将人力投入、物力投入、财力投入设置为该维度下的二级指标。其中，人力投入强调改革中对人员的投入量；物力投入强调改革中对设施（如政务服务中心的自助服务系统等）的投入量；财力投入强调因改革的政策实施需要（如财政补贴等）而形成的资金投入量。

第三节 地级市政府"放管服"改革效能评价指标遴选

笔者采用德尔菲法，分别围绕内在潜能量表和外显效用量表向各位专家库成员展开咨询，并据此对相关指标做出调整与优化。

一、内在潜能量表的指标遴选

在第一轮专家咨询中,笔者按照内在潜能的初选指标设计专家咨询问卷,并面向理论界和实践界专家发放,共计发放问卷37份,回收问卷33份,经过数据清理,获得有效问卷27份。根据第一轮的修改结果,笔者面向理论界和实践界的专家开展第二轮咨询工作,向纳入第一轮统计的27位专家继续发放第二轮专家咨询问卷,本轮共计发放问卷27份,回收问卷23份,经过数据清理,获得有效问卷23份。经过两轮专家咨询,专家库成员对内在潜能量表的相关指标基本达成共识,专家意见的集中性和协调性有所提升。

(一)专家咨询的基本情况

在第一轮专家咨询中,共获得有效问卷27份,其中15份问卷为理论专家填答,12份问卷为实践专家填答。在第二轮专家咨询中,共获得有效问卷23份,其中12份为理论专家填答,11份为实践专家填答。两轮专家的基本情况如表5-5所示。需要说明的是党政机关的工作人员大多无专业技术职称,故无专业技术职称部分的比重相对偏高;1名受访者,可能具备多学科背景,故专业背景部分人数加总并非问卷总数、构成比之和并非100%。

表5-5 专家的基本情况(内在潜能量表)

项目	特征	第一轮		第二轮	
		人数(人)	构成比(%)	人数(人)	构成比(%)
性别	男	17	63	15	65.2
	女	10	37	8	34.8
年龄	30岁及以下	2	7.4	2	8.7
	31~40岁	12	44.4	11	47.8
	41~50岁	10	37	8	34.8
	51~60岁	3	11.1	2	8.7
最高学历	博士	12	44.4	9	39.1
	硕士	7	25.9	6	26.1
	本科	8	29.6	8	34.8
工作单位	高等院校	11	40.7	8	34.8
	党政机关	12	44.4	11	47.8
	科研机构	4	14.8	4	17.4

续表

项目	特征	第一轮		第二轮	
		人数（人）	构成比（%）	人数（人）	构成比（%）
专业技术职称	正高级	5	18.5	3	13
	副高级	6	22.2	5	21.7
	中级	5	18.5	5	21.7
	无职称	11	40.7	10	43.5
专业背景	哲学	1	3.7	—	—
	经济学	3	11.1	3	13
	法学	6	22.2	6	26.1
	教育学	1	3.7	—	—
	文学	3	11.1	3	13
	理学	1	3.7	1	4.3
	工学	3	11.1	3	13
	医学	1	3.7	1	4.3
	军事学	1	3.7	1	4.3
	管理学	13	48.1	10	43.5
工作年限	5年及以下	6	22.2	6	26.1
	6~10年	3	11.1	2	8.7
	11~15年	6	22.2	6	26.1
	16~20年	4	14.8	2	8.7
	大于20年	8	29.6	7	30.4

资料来源：作者根据数据收集、整理情况绘制而成。

（二）专家咨询结果的可靠性分析

笔者主要从专家积极程度、专家权威程度和专家意见协调程度三个方面，完成两轮专家咨询结果的可靠性分析。

第一，关于专家积极程度。第一轮共发放问卷37份，回收问卷33份，获得有效问卷27份；第二轮共发放问卷27份，回收问卷23份，获得有效问卷23份，两轮问卷回收率和有效回收率均大于70%，详见表5-6，表明专家对研究的参与度相对较高。

表5-6 专家积极程度（内在潜能量表）

轮次	发放问卷数（份）	回收问卷数（份）	问卷回收率（%）	有效问卷数（份）	有效回收率（%）
第一轮	37	33	89.19	27	81.82
第二轮	27	23	85.19	23	100

资料来源：作者根据数据收集、整理情况绘制而成。

第二，关于专家权威程度。按照专家权威程度的计算公式，专家权威程度＝（判断依据＋熟悉程度）/2，第一轮专家权威程度＝（0.843+0.807）/2=0.825，第二轮专家权威程度＝（0.822+0.817）/2=0.820，两轮专家权威程度均高于0.8，表明专家权威程度较高，咨询结果较为可靠，详见表5-7。

表5-7 专家权威程度（内在潜能量表）

专家编号	第一轮			第二轮		
	判断依据	熟悉程度	权威系数	判断依据	熟悉程度	权威系数
1	0.900	0.800	0.850	0.900	0.800	0.850
2	0.800	0.800	0.800	0.850	0.800	0.825
3	0.750	0.800	0.775	0.750	0.800	0.775
4	0.850	1.000	0.925	—	—	—
5	0.800	0.800	0.800	0.800	0.800	0.800
6	0.800	0.800	0.800	—	—	—
7	0.950	0.800	0.875	0.800	1.000	0.900
8	0.850	0.800	0.825	0.850	0.800	0.825
9	0.750	0.800	0.775	0.750	0.800	0.775
10	0.900	0.800	0.850	0.650	0.800	0.725
11	0.850	0.600	0.725	0.850	0.600	0.725
12	0.900	0.800	0.850	0.800	1.000	0.900
13	0.900	0.800	0.850	0.900	0.800	0.850
14	0.950	0.800	0.875	0.950	0.800	0.875
15	0.500	1.000	0.750	0.500	1.000	0.750
16	0.800	0.800	0.800	0.800	0.800	0.800
17	0.950	0.800	0.875	0.950	0.800	0.875
18	0.850	0.600	0.725	—	—	—

续表

专家编号	第一轮			第二轮		
	判断依据	熟悉程度	权威系数	判断依据	熟悉程度	权威系数
19	0.750	0.800	0.775	0.750	0.800	0.775
20	0.950	0.800	0.875	0.950	0.800	0.875
21	0.950	0.800	0.875	0.950	0.800	0.875
22	0.950	0.800	0.875	0.950	0.800	0.875
23	0.750	0.800	0.775	0.750	0.800	0.775
24	0.750	0.800	0.775	0.750	0.800	0.775
25	0.900	1.000	0.950	—	—	—
26	0.850	0.800	0.825	0.850	0.800	0.825
27	0.850	0.800	0.825	0.850	0.800	0.825
平均数	0.843	0.807	0.825	0.822	0.817	0.820

资料来源：作者根据数据收集、整理情况绘制而成。

第三，关于专家协调程度。在第一轮专家咨询中，内在潜能量表各项指标的变异系数在0.106~0.381之间，在第二轮专家咨询中，内在潜能量表各项指标的变异系数在0.059~0.217之间，且变异系数为0.217的指标是需要删除的（删除原因详见"第二轮专家咨询结果及建议汇总"部分），除去该指标外，剩余指标变异系数的最大值仅为0.149，两轮专家咨询的肯德尔和谐系数情况如表5-8所示，其中p值小于0.05，表明协调系数通过显著性检验，具有统计学意义，且第二轮的意见协调程度明显优于第一轮。

表5-8 专家意见协调程度（内在潜能量表）

协调程度	第一轮		第二轮	
	一级指标	二级指标	一级指标	二级指标
肯德尔和谐系数	0.177	0.094	0.363	0.230
卡方值	14.331	35.697	25.066	63.533
自由度	3	14	3	12
p值	0.002	0.001	0.000	0.000

资料来源：作者根据软件运行结果绘制而成。

（三）第一轮专家咨询结果及建议汇总

按照专家的打分结果，笔者将剔除均值小于4、变异系数大于0.3的指标，再整理专家的修改建议，在课题组内展开逐条讨论，据此完成对各项指标的调整与优化。关于一级指标的咨询结果已在第四章"评价维度构建的实证分析"部分有过详细论述，这里将直接呈现二级指标的专家咨询结果，具体如表5-9所示。根据均值和变异系数判断，顶层价值、内部价值、廉政文化等3项指标未能通过筛选，应剔除。剩余指标暂时保留，需要进一步考虑专家建议。

表5-9 内在潜能量表二级指标的专家打分情况（第一轮）

序号	二级指标	均值	变异系数
1	顶层价值	3.70	0.365
2	内部价值	3.44	0.381
3	外部价值	4.00	0.250
4	资源获取能力	4.19	0.188
5	资源配置能力	4.22	0.178
6	资源整合能力	4.11	0.289
7	资源运用能力	4.22	0.249
8	服务文化	4.00	0.269
9	法治文化	4.11	0.206
10	廉政文化	3.89	0.260
11	勤政文化	4.04	0.252
12	制度的科学性	4.15	0.256
13	制度的及时性	4.70	0.115
14	制度的完备性	4.11	0.273
15	制度的稳定性	4.22	0.240

资料来源：作者根据数据收集、整理情况绘制而成。

关于内在潜能量表的二级指标，共有7位专家提出修改建议，经过课题组内的深入讨论，做出如下修改。

第一，在价值判断部分，有专家指出"一项指标只能考察一个问题，而'外部价值'指标同时强调适应市场经济发展和满足人民群众美好生活需求两个问题"；有专家建议"增加政府信任相关指标"；有专家提出"该维度内的二级指标设计以外在价值为主，缺乏关于改革者自身、改革集团的内在价值"。结合专家打分情况与上述修改建议，笔者将价值判断维度中的"顶层价值"和"内部价值"指标删除，将"外部价值"指标一分为二，分离成"经济价值"和"社会价值"，额外增加"政治价值"和"自我价值"指标，其中"政治价值"用于衡量"放管服"改革对改善政府形象、提升公信力的意义,"自我价值"用于衡量"放管服"改革对促进个人成长、提升职场竞争力的意义。

第二,在改革执行力部分,有专家认为"'资源整合能力'和'资源运用能力'两个指标雷同,建议合并";有专家指出"'资源配置能力'和'资源整合能力'两个指标较为相近,建议合并";有专家建议"将'资源获取能力'改为'资源汲取能力',此表述更为学术化"。结合专家打分情况与上述修改建议,笔者将改革执行力维度中的"资源获取能力"调整为"资源汲取能力",同时为避免指标的相似性与雷同性,剔除"资源整合能力"指标。

第三,在文化环境部分,结合专家打分情况,笔者将"廉政文化"指标剔除。

第四,在制度环境部分,有专家提出"对于地级市政府而言,制度的完备性、科学性不是由本级政府决定的,制度的适应性和韧性或许更为关键"。结合专家打分情况与上述修改建议,笔者将制度环境维度中"制度的科学性""制度的完备性"两项指标剔除,增加"制度的适应性"指标,强调改革制度要具有韧性,能够有效地应对困难与诸多不确定性。诚如该专家所言,地级市政府在制度的科学性以及完备性方面可能更多的是接受中央、省级政府的安排,在制度的适应性方面才可能有更大的发挥空间,能够结合本地区的特点与情况,对相关制度做出一定的调整。

由此,通过第一轮专家咨询,笔者将内在潜能量表的二级指标暂时确定为政治价值、经济价值、社会价值、自我价值、资源汲取能力、资源配置能力、资源运用能力、服务文化、法治文化、勤政文化、制度的及时性、制度的稳定性、制度的适应性等13项内容,投入第二轮的专家咨询问卷中开展进一步检验。

(四)第二轮专家咨询结果及建议汇总

按照专家的打分结果,笔者将剔除均值小于4、变异系数大于0.3的指标,再整理专家的修改建议,在课题组内展开逐条讨论,据此完成对各项指标的调整与优化。关于一级指标的咨询结果已在第四章"评价维度构建的实证分析"部分有过详细论述,这里将直接呈现二级指标的专家咨询结果,具体如表5-10所示。根据均值和变异系数判断,自我价值指标未能通过筛选,应剔除。剩余指标暂时保留,需要进一步考虑专家建议。

表5-10 内在潜能量表二级指标的专家打分情况(第二轮)

序号	二级指标	均值	变异系数
1	政治价值	4.26	0.145
2	经济价值	4.70	0.119

续表

序号	二级指标	均值	变异系数
3	社会价值	4.35	0.149
4	自我价值	3.74	0.217
5	资源汲取能力	4.26	0.127
6	资源配置能力	4.17	0.118
7	资源运用能力	4.57	0.129
8	服务文化	4.30	0.148
9	法治文化	4.43	0.114
10	勤政文化	4.22	0.123
11	制度的及时性	4.48	0.132
12	制度的稳定性	4.70	0.119
13	制度的适应性	4.74	0.114

资料来源：作者根据数据收集、整理情况绘制而成。

本轮专家咨询结果显示，专家库成员对内在潜能量表中的各项二级指标基本达成共识，只需结合专家打分情况，剔除价值判断维度中的"自我价值"指标。由此，通过第二轮专家咨询，笔者将内在潜能量表的二级指标最终确定为政治价值、经济价值、社会价值、资源汲取能力、资源配置能力、资源运用能力、服务文化、法治文化、勤政文化、制度的及时性、制度的稳定性、制度的适应性12项内容。

二、外显效用量表的指标遴选

在第一轮专家咨询中，笔者按照外显效用的初选指标设计专家咨询问卷，并面向理论界和实务界专家发放，共发放问卷37份，回收问卷33份，经过数据清理，获得有效问卷27份。根据第一轮的修改结果，笔者面向理论界和实务界专家开展第二轮咨询，向纳入第一轮统计的27位专家继续发放专家咨询问卷。在第二轮专家咨询中，共发放问卷27份，回收问卷23份，经过数据清理，获得有效问卷22份。经过两轮专家咨询，专家库成员对外显效用部分的具体指标基本达成共识，专家意见的集中性和协调性有所提升。

（一）专家咨询的基本情况

在第一轮专家咨询中，共收集有效问卷27份，其中14份来自理论专家，13份来自实践专家。在第二轮专家咨询中，共收集有效问卷22份，其中10份来自理论专家，12份来自实践专家。专家咨询的基本情况如表5-11所示。需要说明的是，党政机关的工作人员大多无专业技术职称，故无职称部分的比重相对偏高；1名受访者可能具备多学科背景，故专业背景部分人数加总并非问卷总数，构成比之和并非100%。

表5-11 专家的基本情况（外显效用量表）

项目	特征	第一轮		第二轮	
		人数（人）	构成比（%）	人数（人）	构成比（%）
性别	男	17	63.0	14	63.6
	女	10	37.0	8	36.4
年龄	30岁及以下	2	7.4	2	9.1
	31~40岁	9	33.3	8	36.4
	41~50岁	13	48.1	10	45.5
	51~60岁	3	11.1	2	9.1
最高学历	博士	12	44.4	8	36.4
	硕士	6	22.2	5	22.7
	本科	9	33.3	9	40.9
工作单位	高等院校	11	40.7	7	31.8
	党政机关	13	48.1	12	54.5
	科研机构	3	11.1	3	13.6
专业技术职称	正高级	5	18.5	3	13.6
	副高级	5	18.5	3	13.6
	中级	6	22.2	6	27.3
	无职称	11	40.7	10	45.5
专业背景	哲学	1	3.7	—	—
	经济学	2	7.4	2	9.1
	法学	6	22.2	6	27.3
	教育学	1	3.7	—	—
	文学	3	11.1	3	13.6
	理学	1	3.7	1	4.5
	工学	3	11.1	3	13.6
	医学	1	3.7	1	4.5
	军事学	2	7.4	2	9.1

续表

项目	特征	第一轮		第二轮	
		人数（人）	构成比（%）	人数（人）	构成比（%）
专业背景	管理学	12	44.4	8	36.4
工作年限	5年及以下	5	18.5	5	22.7
	6～10年	3	11.1	2	9.1
	11～15年	5	18.5	4	18.2
	16～20年	4	14.8	2	9.1
	大于20年	10	37	9	40.9

资料来源：作者根据数据收集、整理情况绘制而成。

（二）专家咨询结果的可靠性分析

与内在潜能模块的分析思路相似，笔者将同样从专家积极程度、专家权威程度和专家意见协调程度三个方面，完成两轮专家咨询结果的可靠性分析。

第一，关于专家积极程度。第一轮共发放问卷37份，回收问卷33份，获得有效问卷27份；第二轮共发放问卷27份，回收问卷23份，获得有效问卷22份。具体如表5-12所示。问卷回收率和有效回收率均大于70%，表明本研究的专家积极程度相对较高。

表5-12　专家积极程度（外显效用量表）

轮次	发放问卷数（份）	回收问卷数（份）	问卷回收率（%）	有效问卷数（份）	有效回收率（%）
第一轮	37	33	89.19	27	81.82
第二轮	27	23	85.19	22	95.65

资料来源：作者根据数据收集、整理情况绘制而成。

第二，关于专家权威程度。按照专家权威程度的计算公式，专家权威程度＝（判断依据＋熟悉程度）/2，第一轮专家权威程度＝（0.854＋0.807）/2＝0.831，第二轮专家权威程度＝（0.843＋0.809）/2＝0.826，如表5-13所示，两轮专家权威程度均高于0.8，表明专家权威程度较高，咨询结果较为可靠。

表5-13　专家权威程度（外显效用量表）

专家编号	第一轮			第二轮		
	判断依据	熟悉程度	权威系数	判断依据	熟悉程度	权威系数
1	0.900	0.800	0.850	0.900	0.800	0.850

续表

专家编号	第一轮			第二轮		
	判断依据	熟悉程度	权威系数	判断依据	熟悉程度	权威系数
2	0.800	0.800	0.800	0.850	0.800	0.825
3	0.750	0.800	0.775	0.750	0.800	0.775
4	0.950	1.000	0.975	—	—	—
5	0.800	0.800	0.800	0.800	0.800	0.800
6	0.800	0.800	0.800	—	—	—
7	0.800	1.000	0.900	0.800	1.000	0.900
8	0.950	0.800	0.875	0.950	0.800	0.875
9	0.900	0.800	0.850	—	—	—
10	0.850	0.600	0.725	0.850	0.600	0.725
11	0.900	0.800	0.850	0.800	0.800	0.800
12	0.900	0.800	0.850	0.900	0.800	0.850
13	0.750	0.800	0.775	0.750	1.000	0.875
14	1.000	0.600	0.800	0.950	0.800	0.875
15	0.700	0.800	0.750	0.700	0.800	0.750
16	0.800	0.800	0.800	0.800	0.800	0.800
17	0.950	0.800	0.875	0.950	0.800	0.875
18	0.850	0.800	0.825	—	—	—
19	0.750	0.800	0.775	0.750	0.800	0.775
20	0.950	0.800	0.875	0.950	0.800	0.875
21	0.950	0.800	0.875	0.950	0.800	0.875
22	0.950	0.800	0.875	0.950	0.800	0.875
23	0.750	0.800	0.775	0.750	0.800	0.775
24	0.750	0.800	0.775	0.750	0.800	0.775
25	0.900	1.000	0.950	—	—	—
26	0.850	0.800	0.825	0.850	0.800	0.825
27	0.850	0.800	0.825	0.850	0.800	0.825
平均数	0.854	0.807	0.831	0.843	0.809	0.826

资料来源：作者根据数据收集、整理情况绘制而成。

第三，关于专家协调程度。在第一轮专家咨询中，外显效用量表各项指标的变异系数在 0.119~0.331 之间，在第二轮专家咨询中，外显效用各项指标的变异系数在 0.072~0.247 之间，且大多数指标的变异系数低于 0.15，两轮专家咨询的肯德尔和谐系数如表 5-14 所示，其中 p 值小于 0.05，表明协调系数通过显著性检验，具有统计学意义，且第二轮专家意见的和谐程度明显优于第一轮。

表 5-14 专家意见协调程度（外显效用量表）

协调程度	第一轮			第二轮		
	一级指标	二级指标	三级指标	一级指标	二级指标	三级指标
肯德尔和谐系数	0.163	0.081	0.099	0.346	0.381	0.270
卡方值	8.806	17.532	104.648	15.240	67.079	142.374
自由度	2	8	39	2	8	24
p 值	0.012	0.025	0.000	0.000	0.000	0.000

资料来源：作者根据数据收集、整理情况绘制而成。

（三）第一轮专家咨询结果及建议汇总

按照专家的打分结果，笔者将剔除均值小于 4、变异系数大于 0.3 的指标，再整理专家的修改建议，在课题组内展开逐条讨论，据此完成对各项指标的调整与优化。关于一级指标的咨询结果已在第四章"评价维度构建的实证分析"部分有过详细论述，这里将直接呈现二级指标和三级指标的专家咨询结果。

1. 二级指标的专家咨询结果及建议汇总

整理专家咨询结果，二级指标的专家打分情况如表 5-15 所示，根据均值和变异系数判断，外显效用部分的 9 项二级指标全部通过筛选，可暂时保留，需要进一步考虑专家建议。

表 5-15 外显效用量表二级指标的专家打分情况（第一轮）

序号	二级指标	均值	变异系数
1	行政审批效率	4.11	0.281
2	政府监管效率	4.26	0.179
3	政务服务效率	4.33	0.202
4	放出活力	4.56	0.153
5	管出秩序	4.33	0.157
6	服出品质	4.44	0.144
7	人力投入	4.04	0.175

续表

序号	二级指标	均值	变异系数
8	物力投入	4.00	0.259
9	财力投入	4.11	0.227

资料来源：作者根据数据收集、整理情况绘制而成。

关于外显效用量表的二级指标，有专家认为"简政放权效率应该通过行政放权数量来反映，这是一项最为直接且最具代表性的指标，建议将'行政审批效率'修改为'行政放权效率'，同时关于改革效率部分的指标内涵需要再明确"。经过课题组成员的深入讨论，结合专家打分和上述建议，笔者调整、明确改革效率部分的指标内涵，将"行政审批效率"指标调整为"行政放权效率"。由此，通过第一轮专家咨询，笔者将外显效用量表的二级指标暂时确定为行政放权效率、政府监管效率、政务服务效率、放出活力、管出秩序、服出品质、人力投入、物力投入、财力投入等9项内容，并将之投入第二轮的专家咨询问卷中开展进一步检验。

2. 三级指标的专家咨询结果及建议汇总

整理专家咨询结果，三级指标的专家打分情况如表5-16所示，根据均值和变异系数判断，行政审批部门、行政审批要件、行政审批环节、行政审批成本、行政审批时限、政府监管标准、政府监管行为、政府监管方式、政府监管结果、规范的生产秩序、稳定的治安秩序、服务时限满意度12项指标未能通过筛选，应剔除，剩余指标暂时保留，需要进一步考虑专家建议。

表5-16 外显效用量表三级指标的专家打分情况（第一轮）

序号	三级指标	均值	变异系数
1	行政审批部门	3.52	0.319
2	行政审批事项	4.22	0.221
3	行政审批要件	3.93	0.307
4	行政审批环节	3.96	0.293
5	行政审批成本	3.67	0.312
6	行政审批时限	3.78	0.331
7	政府监管标准	3.74	0.293
8	政府监管行为	3.70	0.298
9	政府监管方式	3.74	0.302
10	政府监管机制	4.00	0.269
11	政府监管结果	3.96	0.284

续表

序号	三级指标	均值	变异系数
12	一件事、一次办	4.26	0.202
13	最多跑一次	4.19	0.199
14	就近办	4.11	0.183
15	马上办	4.26	0.191
16	网上办	4.19	0.163
17	省内通办	4.37	0.129
18	跨省通办	4.22	0.165
19	生存力	4.44	0.157
20	改造力	4.37	0.170
21	开放力	4.30	0.156
22	吸引力	4.52	0.155
23	创新力	4.33	0.212
24	包容力	4.19	0.210
25	自由的进出秩序	4.15	0.219
26	规范的生产秩序	3.81	0.263
27	公平的竞争秩序	4.41	0.191
28	诚信的交易秩序	4.37	0.170
29	稳定的治安秩序	3.85	0.246
30	服务环境满意度	4.15	0.210
31	服务态度满意度	4.33	0.212
32	服务指南满意度	4.07	0.225
33	服务流程满意度	4.26	0.231
34	服务内容满意度	4.22	0.178
35	服务时限满意度	3.89	0.297
36	服务成本满意度	4.11	0.206
37	服务结果满意度	4.48	0.168
38	改革人员投入量	4.07	0.203
39	改革设施投入量	4.07	0.245
40	改革资金投入量	4.22	0.190

资料来源：作者根据数据收集、整理情况绘制而成。

关于外显效用量表的三级指标，有5位专家提出修改建议，经过课题组成员的深入讨论，笔者对三级指标做出以下调整与优化。

第一，关于行政放权效率部分，有专家认为"在将二级指标'行政审批效率'调整为'行政放权效率'后，原二级指标下设置的三级指标与'行政放权效率'的指标内涵并不匹配，建议对三级指标进行调整"。结合专家打分情况以及上述专家建议，笔者深刻认识到指标调整的必要性，因此剔除了"行政审批部门""行政审批要件""行政审批环节""行政审批成本""行政审批时限"等5项三级指标，将"行政审批事项"指标融入行政放权的指标内涵。一般来说，政府改革中的行政放权主要包括向下级政府放权、向市场和社会移权两部分内容，由此，笔者尝试将内部放权与外部放权作为衡量行政放权效率的2项三级指标。

第二，关于政府监管效率部分，有专家认为"现行指标中对政府监管效率的理解以及设置的三级指标有欠妥当，尤其是政府监管机制指标，测量难度大，且难以反映政府监管效率的实际水平，结合效率的本质与内涵，建议从及时性的角度去解构、衡量政府监管效率"。结合专家打分情况以及上述专家建议，笔者剔除原有的5项指标，遵循专家建议，重新理解政府监管效率，将之定义为行政监管的及时性，并设置了2项与其内涵相对应的三级指标，即问题识别与问题处理，其中问题识别强调行政机关能够及时发现不良现象，问题处理强调行政机关能够迅速制止不良行为。

第三，在政务服务效率部分，有专家认为"'一件事、一次办'和'最多跑一次'两项指标的区别不明显，建议合并"；有专家提出"'就近办'和'马上办'两项指标较为相似，建议合并"。结合专家打分情况以及上述修改建议，为避免指标间的相似性与雷同性，笔者剔除"最多跑一次"和"就近办"指标，保留"一件事、一次办"和"马上办"指标。

第四，在放出活力部分，有专家认为"'包容力'与'开放力'的指标内涵具有一定的相似性"，结合专家打分情况以及上述修改建议，为保证各指标项的互斥性，剔除"包容力"指标，保留"开放力"指标。

第五，在管出秩序部分，根据专家打分情况，剔除"规范的生产秩序"和"稳定的治安秩序"两项指标。

第六，在服出品质部分，有专家提出"该维度下的满意度测量指标存在重叠，建议精简"；有专家认为"'服务内容满意度'的具体界定不清晰，需要再明确，同时建议增加'服务能力满意度'指标，用于反映政府办事人员的业务办理能力"；有专家指出"服务成本通常会在服务流程中公开体现，建议合并'服务成本满意度'和'服务流程满意度'两项指标"。结合专家打分和上述修改建议，笔者对服出品质维度的三级指标进行精简和增添，由于服务时限在很大程度上取决于服务流程，优质化的服务流程通常能够快速地满足个人或企业需求，故剔除"服务时限满意度"指标；考虑到服务指南与服务流程之间具有一定的相似性，故剔除"服务指南满意度"指标；服务内容和服务结果同时强调对个人、企业需求的有效回应，具有一定的重叠性，故剔除"服务内容满意度"指标；服务成本通常会在服务流程里公开，故剔除"服务成本满意度"指标；增加服务能力满意度，用于衡量被服务者对行政人员业务熟练程度的满意度。

第七，在改革成本部分，结合专家打分情况和修改建议，专家库成员对改革成本维度下设置的具体指标基本达成共识，三项具体指标全部保留。

由此，通过第一轮专家咨询，笔者将外显效用量表的三级指标暂时确定为内部放权、外部放权、问题识别、问题处理、"一件事、一次办"、马上办、网上办、省内通办、跨省通办、生存力、改造力、开放力、吸引力、创新力、自由的进出秩序、公平的竞争秩序、诚信的交易秩序、服务环境满意度、服务态度满意度、服务流程满意度、服务能力满意度、服务结果满意度、改革人员投入量、改革设施投入量、改革资金投入量等25项，并将之投入第二轮的专家咨询问卷中开展进一步检验。

（四）第二轮专家咨询结果及建议汇总

按照专家的打分结果，笔者剔除均值小于4、变异系数大于0.3的指标，再整理专家的修改建议，在课题组内展开逐条讨论，据此完成对各项指标的调整与优化。关于一级指标的咨询结果已在第四章"评价维度构建的实证分析"部分有过详细论述，这里将直接呈现二级指标和三级指标的专家咨询结果。

1.二级指标的专家咨询结果及建议汇总

整理专家咨询结果，二级指标的专家打分情况详见表5-17，根据均值和变异系数判断，外显效用部分的9项二级指标全部通过筛选，可暂时保留，需要进一步考虑专家建议。

表5-17　外显效用量表二级指标的专家打分情况（第二轮）

序号	二级指标	均值	变异系数
1	行政放权效率	4.55	0.131
2	政府监管效率	4.64	0.106
3	政务服务效率	4.82	0.082
4	放出活力	4.73	0.096
5	管出秩序	4.23	0.101

续表

序号	二级指标	均值	变异系数
6	服出品质	4.77	0.090
7	人力投入	4.00	0.154
8	物力投入	4.00	0.244
9	财力投入	4.09	0.129

资料来源：作者根据数据收集、整理情况绘制而成。

关于外显效用量表的二级指标，仅有1位专家提出修改建议，认为"应该在改革效果中增加配合协同指标"。经过课题组内讨论，决定采纳该建议，在改革效果维度增加改革协同指标。"放管服"改革强调简政放权、放管结合、优化服务三管齐下，协同推进，三者协同作为改革中的预期目标的确属于改革效果维度。由此，通过第二轮专家咨询，笔者将外显效用量表的二级指标最终确定为行政放权效率、政府监管效率、政务服务效率、放出活力、管出秩序、服出品质、改革协同、人力投入、物力投入、财力投入等10项内容。

2. 三级指标的专家咨询结果及建议汇总

整理专家咨询结果，三级指标的专家打分情况如表5-18所示，根据均值和变异系数判断，外显效用部分的25项三级指标全部通过筛选，可暂时保留，需要进一步考虑专家建议。

表5-18 外显效用量表三级指标的专家打分情况（第二轮）

序号	三级指标	均值	变异系数
1	内部放权	4.09	0.129
2	外部放权	4.23	0.101
3	问题识别	4.41	0.114
4	问题处理	4.73	0.096
5	一件事、一次办	4.36	0.133
6	马上办	4.50	0.149
7	网上办	4.23	0.125
8	省内通办	4.55	0.131
9	跨省通办	4.14	0.155
10	生存力	4.36	0.133
11	改造力	4.64	0.125

续表

序号	三级指标	均值	变异系数
12	开放力	4.64	0.106
13	吸引力	4.82	0.082
14	创新力	4.86	0.072
15	自由的进出秩序	4.32	0.110
16	公平的竞争秩序	4.86	0.096
17	诚信的交易秩序	4.73	0.116
18	服务环境满意度	4.41	0.114
19	服务态度满意度	4.68	0.102
20	服务流程满意度	4.73	0.116
21	服务能力满意度	4.36	0.113
22	服务结果满意度	4.86	0.072
23	改革人员投入量	4.14	0.172
24	改革设施投入量	4.05	0.247
25	改革资金投入量	4.09	0.129

资料来源：作者根据数据收集、整理情况绘制而成。

关于外显效用量表的三级指标，结合专家打分情况和修改建议，专家库成员基本对其达成共识，只有一处内容需要修改，即由于在二级指标部分采纳专家建议增加了"改革协同"指标，考虑到指标体系的完整性，需要设置与该项二级指标相对应、匹配的三级指标。经过课题组成员讨论，大家最终决定从现行的改革状态和未来的发展预期两方面出发，设置整体协同和预期协同两项指标，完成对"放""管""服"三者协同性的考察。

由此，通过第二轮专家咨询，笔者将外显效用量表的三级指标最终确定为内部放权、外部放权、问题识别、问题处理、"一件事、一次办"、马上办、网上办、省内通办、跨省通办、生存力、改造力、开放力、吸引力、创新力、自由的进出秩序、公平的竞争秩序、诚信的交易秩序、服务环境满意度、服务态度满意度、服务流程满意度、服务能力满意度、服务结果满意度、整体协同、预期协同、改革人员投入量、改革设施投入量、改革资金投入量27项内容。

第四节 地级市政府"放管服"改革效能评价指标确立

经过两轮专家咨询,完成对评价指标的系统化筛选,之后通过对内在潜能和外显效用部分指标的调整与优化,地级市政府"放管服"改革效能评价指标体系基本确立。

一、内在潜能量表的指标确立

地级市政府"放管服"改革内在潜能部分主要包含价值判断、改革执行力、文化环境和制度环境等4项一级指标和12项二级指标,具体如表5-19所示。

表5-19 地级市政府"放管服"改革内在潜能评价指标体系

评价目标	一级指标	二级指标	指标内涵
内在潜能	价值判断	政治价值	"放管服"改革对改善政府形象、提升公信力具有重要意义
		经济价值	"放管服"改革对改善营商环境、促进经济发展具有重要意义
		社会价值	"放管服"改革对提升人民群众获得感、幸福感、安全感具有重要意义
	改革执行力	资源汲取能力	改革者汲取人力、财力、物力资源的实际水平
		资源配置能力	改革者合理分配人力、财力、物力资源的实际水平
		资源运用能力	改革者科学运用资源、提供公共产品和服务的实际水平
	文化环境	服务文化	行政组织展现出以人为本的服务理念
		法治文化	行政组织展现出按章办事的法治理念
		勤政文化	行政组织展现出尽职务实的勤政理念
	制度环境	制度的及时性	改革制度具有及时性,能够切实解决新问题、满足新要求
		制度的稳定性	改革制度具有稳定性,没有朝令夕改现象
		制度的适应性	改革制度具有韧性,能够有效地应对困难与诸多不确定性

资料来源:作者根据研究思路绘制而成。

维度一，价值判断是指改革者对"放管服"改革意义的认识，包含政治价值、经济价值和社会价值三方面内容。其中，政治价值强调"放管服"改革对改善政府形象、提升公信力的意义；经济价值强调"放管服"改革对改善营商环境、促进经济发展的意义；社会价值强调"放管服"改革对提升人民群众获得感、幸福感、安全感的意义。

维度二，改革执行力是指改革者对改革部署的落实能力，包括资源汲取能力、资源配置能力和资源运用能力。其中，资源汲取能力强调改革者汲取人力、财力、物力资源的实际水平；资源配置能力强调改革者合理分配人力、财力、物力资源的实际水平；资源运用能力强调改革者科学运用资源、提供公共产品和服务的实际水平。

维度三，文化环境是指在改革推进过程中，行政组织的文化氛围，包括服务文化、法治文化、勤政文化。其中，服务文化强调行政组织中以人为本的服务理念；法治文化强调行政组织中按章办事的法治理念；勤政文化强调行政组织中尽职务实的勤政理念。

维度四，制度环境是指改革的制度体系建设情况，包括制度的及时性、制度的稳定性、制度的适应性。其中，制度的及时性强调改革制度能切实解决新问题、满足新要求；制度的稳定性强调改革制度没有朝令夕改现象；制度的适应性强调改革制度能够有效应对诸多困难和不确定性。

从整体上看，内在潜能量表作为适用于评价地级市政府"放管服"改革效能的重要量表之一，其独特性突出表现在改革执行力和制度环境两个方面。一方面，地级市政府作为行政组织中的中坚力量，其"放管服"改革实践是在中央政府顶层设计和省级政府的战略指导下完成的，其改革能力更多地表现在改革执行上，那么，如何结合区域发展实际来整合资源，将宏观的发展蓝图落实到位？对此，笔者将"三圈理论"中的"能力圈"引申为执行力，在内在潜能量表中设置改革执行力维度，试图通过对资源汲取、资源配置以及资源运用方面的考察来衡量地级市政府的改革执行力水平。另一方面，地级市政府作为行政组织中承上启下的关键力量，在接受中央政府和省级政府宏观指导的同时，更要为其下级政府即县级政府和乡级政府提供微观支持，充分发挥其身处改革一线的优势，细化改革施工图，选择恰当的政策工具，引领县级、乡级政府更好地推进改革工作。对此，笔者在制度环境维度的指标选取方面，并没有选择制度的科学性、制度的系统性等宏观类指标，而是选择能够直接由本级政府决定、内容指向相对具化、细化且有助于对下级政府形成引领性的微观类指标来反映改革主体的制度环境情况，以期彰显地级市政府与其他行政层级政府的区别。

二、外显效用量表的指标确立

地级市政府"放管服"改革外显效用部分主要包含改革效率、改革效果和改革成本等3项一级指标、10项二级指标和27项三级指标,具体如表5-20所示。

表5-20 地级市政府"放管服"改革外显效用评价指标体系

评价目标	一级指标	二级指标	三级指标	指标内涵
外显效用	改革效率	行政放权效率	内部放权	行政审批事项向下级政府的下移数量
			外部放权	行政审批事项向市场和社会的转移数量
		政府监管效率	问题识别	监管部门能够及时发现不良现象
			问题处理	监管部门能够迅速制止不良行为
		政务服务效率	一件事、一次办	做到"一件事、一次办"的事项数量
			马上办	做到"马上办"的事项数量
			网上办	做到"网上办"的事项数量
			省内通办	做到"省内通办"的事项数量
			跨省通办	做到"跨省通办"的事项数量
	改革效果	放出活力	生存力	激发了市场和社会的生命力
			改造力	减少政府干预,提升市场与社会的发展自主性
			开放力	提升对外开放水平,打破地方保护主义制约
			吸引力	不断吸收、引进人才、资金等发展要素
			创新力	不断开发新领域、新产品、新技术
		管出秩序	自由的进出秩序	各类主体在准入和退出中的自由度
			公平的竞争秩序	各类主体间竞争的公开、公正、公平性
			诚信的交易秩序	各类主体诚实、守信地开展交易
		服出品质	服务环境满意度	被服务者对服务环境的满意度
			服务态度满意度	被服务者对服务态度的满意度
			服务流程满意度	被服务者对服务流程的满意度
			服务能力满意度	被服务者对业务熟练程度的满意度
			服务结果满意度	被服务者对服务结果的满意度

续表

评价目标	一级指标	二级指标	三级指标	指标内涵
外显效用	改革效果	改革协同	整体协同	改革中"放""管""服"三管齐下,协同推进
			预期协同	未来发展中,"放""管""服"的协同性会越来越好
	改革成本	人力投入	改革人员投入量	为推进"放管服"改革,投入的人员
		物力投入	改革设施投入量	为推进"放管服"改革,投入的设施
		财力投入	改革资金投入量	为推进"放管服"改革,投入的资金

资料来源：作者根据研究思路绘制而成。

维度一，改革效率是指改革者在单位时间内完成的实际工作数量，从"放管服"改革举措的角度出发，形成与改革效率维度相对应的9项具体指标，设置行政审批事项向下级政府的下移数量、行政审批事项向市场和社会的转移数量两个题项，考察行政审批权下放的数量；设置监管部门能够及时发现不良现象、监管部门能够迅速制止不良行为两个题项，考察行政监管的及时性；设置"一件事、一次办"、马上办、网上办、省内通办、跨省通办事项数量五个题项，考察政务服务的及时性。

维度二，改革效果是指改革预期目标的实现程度，从"放管服"改革举措的角度出发，形成与改革效果维度相对应的15项具体指标，设置生存力、改造力、开放力、吸引力、创新力水平等题项，考量简政放权改革在多大程度上激发、释放了市场和社会的自我生存和自我发展能力；设置各类主体在准入和退出中的自由度、竞争中的公平公开公平性、交易中的诚实守信题项，考量放管结合改革在多大程度上规范了市场和社会中的各类行为；设置服务环境、服务态度、服务流程、服务能力、服务结果满意度等题项，考量优化服务改革在多大程度上提升了政府服务质量；设置简政放权、放管结合、优化服务改革的整体协同和预期协同等题项，考量改革举措的协同性是否能够切实达到"放""管""服"三管齐下、协同推进的总体性目标。

维度三，改革成本是指为推进改革而付出的代价，从组织具备的核心要素角度出发，形成与改革成本维度相对应的3项具体指标，设置政府在改革人员方面的实际投入量题项，衡量"放管服"改革的人力投入；设置政府在改革设施方面的实际投入量等题项，衡量"放管服"改革的物力投入；设置政府在改革资金方面的实际投入量题项，衡量"放管服"改革的财力投入。

从整体上看，外显效用量表作为适用于评价地级市政府"放管服"改革效能的重要量表之一，其独特性突出表现在对三条改革主线的兼顾上。如前文所述，在"放管服"改革实践中，处于中观层次的地级市政府在积极开展"职能瘦身"、下放行政职权的同时，也要直接面向市场主体和社会主体履行相应的监管和服务职能。相较于其他行政层级，地级市政府需要更为全面地承担简政放权、放管结合、优化服务三条主线的改革任务。因此，笔者在改革效率和改革效果维度的指标设计中，兼顾三项改革举措，设置行政放权效率、政府监管效率、政务服务效率、放出活力、管出秩序、服出品质等指标，以实现对地级市政府"放管服"改革结果的全方位考察。

第六章

地级市政府"放管服"改革效能评价指标体系的实证检验

在前文的研究中,笔者主要依托内在潜能-外显效用二维分析框架,提出了测量地级市政府"放管服"改革效能的评价模型。本章将围绕地级市政府"放管服"改革效能的问卷编制、问卷试测、数据采集、测量与分析等系列内容展开重点讨论,以期为评价指标体系找到充足的数据支撑,并在实地测量中完成对评价指标体系的校验。

第一节 地级市政府"放管服"改革效能的问卷编制

构建评价指标体系的目的在于应用,如何将理论意义上的评价指标转化为可测量的现实数据是研究者面临的一大难题。相关研究表明,对于"放管服"改革而言,人民群众的评价是必不可少的,唯有如此,才能真正了解"放管服"改革的实际进展。同时,考虑到当前关于地级市政府"放管服"改革的客观数据较为匮乏,能够在地方政府网站以及新闻报道中收集到的零散的客观数据也存在统计时间、统计口径、统计标准不一致等一系列现实问题,难以应用于实证测评之中,笔者最终选择运用问卷调查的方式来收集指标数据,完成实证分析。

学界认为,问卷调查法是管理学定量研究中最为普及的方法[1],具有效率高、费用低、较少受到外界干扰、便于统计处理与分析、能够做大样本的调查研究等显著优势,尤其是在公共管理研究中,很多问题无法

---

[1] 陈晓萍、徐淑英、樊景立:《组织与管理研究的实证方法(第二版)》,北京大学出版社2012年版,第190页。

直接测量，只能通过问卷调查法进行间接调查[①]。对于本研究而言，"放管服"改革的内在潜能和外显效用是两个难以直接测量的变量，需要通过问卷调查法来完成间接调查。为切实保证调查问卷的科学性与实用性，笔者将严格遵循问卷设计的基本原则和相关程序，运用李克特量表来设计、编制关于地级市政府"放管服"改革效能评价的调查问卷。需要说明的是，为全方位、多角度地了解地级市政府在"放管服"改革实践中的实际进展，笔者尝试从服务提供者和服务接受者的双重角度出发，针对地级市政府公务员和普通市民两大群体分别设计调查问卷。

一、问卷的基本结构

本研究所编制和应用的调查问卷符合调查问卷的一般性结构，主要包含问卷的名称、封面信、被调查者的基本信息、指导语、调查内容以及结束语。具体介绍如下。

1. 问卷的名称

问卷的名称是对调查内容的高度提炼，要求简明扼要。本调查问卷的名称为"地级市政府'放管服'改革效能的问卷调查"，该名称有助于被调查者初步了解问卷的调查内容。

2. 封面信

封面信是调查者写给被调查者的一封信。调查者在这封信中需要向被调查者交代调查者的身份，说明问卷调查的目的、意义以及主要内容等，如涉及个人信息、主要观点等需要为被调查者保密的内容，必须予以注明，以消除被调查者的顾虑。封面信虽然只有寥寥数语，却意义非凡，更有学者认为被调查者能否接受调查、认真如实地填写问卷，在很大程度上取决于封面信的质量[②]。笔者在本次问卷的封面信中，说明了本调查旨在了解被调查者对当地地级市政府"放管服"改革效能的真实想法，以为深化"放管服"改革提供重要参考。同时注明本次调查以匿名方式进行，仅用于学术研究，并对问卷结果严格保密。

3. 被调查者的基本信息

结合研究实际，需要适当收集被调查者的基本信息。本研究在地级市政府公务员类的调查问卷中主要设置了性别、年龄、学历、所在地区、行政级别、工作年限6项内容。考虑到调查对象的不同，普通市民类调查问卷中的基本信息与之

[①] 范柏乃、蓝志勇：《公共管理研究与定量分析方法（第二版）》，科学出版社2013年版，第79页。
[②] 范柏乃、蓝志勇：《公共管理研究与定量分析方法（第二版）》，科学出版社2013年版，第83页。

略有不同，笔者主要设置了性别、年龄、学历、所在地区、单位类型/身份、工作年限等6项内容。

4. 指导语

指导语即问卷填写说明，是调查者对填表的方式、要求等做出的整体性说明。考虑到调查对象的不同，本研究在地级市政府公务员类调查问卷中的填写说明为"请结合您的工作经历及观察，从实际工作角度对下列有关地级市政府的表述做出判断，在相应的数字上打'√'，数字越大代表赞同度越高"；在普通市民类调查问卷中的填写说明为"请结合您对政府的所见所闻以及去办事的亲身经历，从接受服务的角度对下列题目做出判断，在相应的数字上打'√'，数字越大代表赞同度越高"。

5. 调查内容

调查内容是整个调查问卷中最为核心的部分，其内容设计的科学、合理与否将直接影响甚至决定调查的结果，要求研究者围绕调查目的设计问题和答案。在本研究中，笔者紧紧围绕地级市政府"放管服"改革效能这一核心议题设置相应的问题和答案，邀请被调查者对题项表述与现实发展情况的拟合度做出判断。

6. 结束语

该部分位于问卷的结尾，可在问卷填答结束之际，用简短的语言对被调查对象的配合表示感谢，同时也可征询被调查者对问卷设计和问卷调查本身的态度和看法[①]。

二、问卷的主要内容

如前文所述，本研究将从服务者与被服务者的双重维度出发，分别针对地级市政府公务员和普通市民两个群体编制调查问卷。其中，公务员是"放管服"改革实践活动的直接推动者，面向地级市政府公务员群体的问卷调查，能够帮助研究者了解改革者对"放管服"改革的实际认知，获悉改革者眼中的改革状态和实践进展；与之不同，市民则是"放管服"改革实践活动的直接受益者，如通过相关改革举措，缩短了办事时间，减少了办事的繁文缛节等。面向普通市民群体的问卷调查，能够帮助研究者了解受益者对"放管服"改革实践的实际认知，获悉受益者所感受到的改革状态和实践进展，这不仅与面向地级市政府公务员群体的调查结果形成印证与补充，而且有助于拓展指标体系的校验思路。关于校验思路

[①] 范柏乃、蓝志勇：《公共管理研究与定量分析方法（第二版）》，科学出版社2013年版，第84页。

的详尽内容，笔者将在指标体系校验部分做出系统性阐述。

无论是地级市政府公务员的调查问卷还是普通市民的调查问卷，均重点围绕"放管服"改革的内在潜能和外显效用两个量表展开，其中内在潜能量表主要包含价值判断、改革执行力、文化环境和制度环境4个维度，共计12个题项，致力于测量组织内部所蕴藏的潜在能量，在地级市政府公务员的问卷调查中需要地级市政府公务员对自身所具备的推进"放管服"改革的基础性综合实力做出自评，在普通市民的问卷调查中需要市民从观察与感知的角度对地级市政府及其行政人员所具备的推进"放管服"改革的基础性综合实力做出评价。外显效用量表主要包含改革效率、改革效果和改革成本等3个主维度、10个次维度，共计27个题项，致力于测量由改革实践举措而形成的实际结果，在地级市政府公务员的问卷调查中需要地级市政府公务员对其自身的改革行为结果做出自评，在普通市民的问卷调查中需要市民从观察与感知的角度对地级市政府的改革行为所实现的改革结果做出评价。在答案设置上均采用李克特量表，其中"1"意味着对相关表述"极不赞同"，"7"意味着对相关表述"极其赞同"，其余数字则代表从"极不赞同"到"极其赞同"的中间层次。

第二节　地级市政府"放管服"改革效能的问卷试测

当前，学界尚未形成关于测量"放管服"改革效能的直接性研究成果，本书所构建的地级市政府"放管服"改革效能评价指标体系源于对相关文献、关键性政策的梳理以及专家意见的咨询，可能在一定程度上导致调查问卷的主观性较强。为保证调查问卷的科学性与严谨性，实现对地级市政府"放管服"改革效能的科学测量，有必要在开展正式调查前，率先进行问卷试测。考虑到正式调查将涉及诸多地级市，笔者未将问卷试测局限于某一特定城市，而是将调查范围拓展、延伸至整个辽宁省，用于试测的调查问卷将不同程度地涉及省内的地级市。总体来说，笔者面向辽宁省内的地级市政府公务员发放问卷150份，回收有效问卷141份；面向辽宁省内的市民发放问卷150份，回收有效问卷146份。

一、内在潜能量表的预调查分析

（一）效度分析

在问卷的效度测量中，内容效度和结构效度是最为常用的两种方法，其中，内容效度是指测量题项是否反映了测量目标。本研究在指标设计与问卷编制过程中，不仅注重对学界理论研究成果的参考与借鉴，而且面向理论专家与实践专家开展咨询工作，这在一定程度上保证了问卷的内容效度。本部分主要借助软件 SPSS 20.0 运用探索性因子分析（exploratory factor analysis，EFA）对量表的结构效度进行验证。

在开展探索性因子分析之前，研究者需要率先对数据进行 KMO 和 Bartlett 球形检验，以此来判断该量表是否适合做因子分析。在 KMO 系数的界定方面，学界认为该系数越接近 1，说明其越适合做因子分析，而当该系数低于 0.5 时，则不适合做因子分析。

内在潜能量表的 KMO 和 Bartlett 球形检验结果如表 6-1 所示，地级市政府公务员类和普通市民类调查问卷中内在潜能量表的 KMO 值分别为 0.859 和 0.861，且 Bartlett 球形检验对应的 p 值均为 0.000，可见，内在潜能量表中的相关指标适合进行探索性因子分析。

表 6-1　内在潜能量表的 KMO 和 Bartlett 球形检验结果

问卷类别		地级市政府公务员类	普通市民类
KMO 取样适切性量数		0.859	0.861
Bartlett 球形检验	近似卡方	1430.309	1205.249
	自由度	66	66
	显著性	0.000	0.000

资料来源：作者根据软件运行结果绘制而成。

公因子方差的提取值代表公因子对变量的表达程度，提取值越高，说明变量被公因子表达得越好。分析结果显示，无论是地级市政府公务员类还是普通市民类调查问卷公因子方差中题项的共同度值均接近或高于 0.8，如表 6-2 所示。

表 6-2　内在潜能量表的公因子方差

指标项	地级市政府公务员类问卷		普通市民类问卷	
	初始	提取	初始	提取
政治价值	1.000	0.891	1.000	0.817
经济价值	1.000	0.898	1.000	0.873
社会价值	1.000	0.818	1.000	0.811
资源汲取能力	1.000	0.884	1.000	0.788
资源配置能力	1.000	0.887	1.000	0.841
资源运用能力	1.000	0.864	1.000	0.807

续表

指标项	地级市政府公务员类问卷		普通市民类问卷	
	初始	提取	初始	提取
服务文化	1.000	0.834	1.000	0.742
法治文化	1.000	0.837	1.000	0.760
勤政文化	1.000	0.828	1.000	0.787
制度的及时性	1.000	0.839	1.000	0.884
制度的稳定性	1.000	0.904	1.000	0.833
制度的适应性	1.000	0.879	1.000	0.872

资料来源：作者根据软件运行结果绘制而成。

使用最大方差正交旋转法进行因子提取（因子提取标准为特征根大于1），地级市政府公务员类和普通市民类的问卷结果均显示提取出4个因子，累计方差解释分别为86.358%和81.786%，如表6-3和表6-4所示，每个因子旋转后的方差解释率均接近甚至高于20%，这表明公共因子的解释力较强，能够较好地完成对内在潜能的测量。

表6-3　内在潜能量表解释的总方差（地级市政府公务员类）

成分	初始特征值			提取平方和载入			旋转平方和载入		
	合计	方差的%	累计%	合计	方差的%	累计%	合计	方差的%	累计%
1	6.142	51.186	51.186	6.142	51.186	51.186	2.665	22.205	22.205
2	2.081	17.339	68.525	2.081	17.339	68.525	2.620	21.830	44.035
3	1.100	9.169	77.695	1.100	9.169	77.695	2.557	21.309	65.344
4	1.040	8.664	86.358	1.040	8.664	86.358	2.522	21.014	86.358
5	0.378	3.153	89.511						
6	0.270	2.248	91.759						
7	0.249	2.072	93.832						
8	0.169	1.412	95.244						
9	0.165	1.374	96.618						
10	0.150	1.251	97.869						
11	0.135	1.125	98.993						
12	0.121	1.007	100.000						

资料来源：作者根据软件运行结果绘制而成。

表 6-4 内在潜能量表解释的总方差（普通市民类）

成分	初始特征值			提取平方和载入			旋转平方和载入		
	合计	方差的%	累计%	合计	方差的%	累计%	合计	方差的%	累计%
1	6.160	51.334	51.334	6.160	51.334	51.334	2.530	21.086	21.086
2	1.418	11.816	63.150	1.418	11.816	63.150	2.502	20.851	41.938
3	1.166	9.716	72.866	1.166	9.716	72.866	2.453	20.441	62.379
4	1.070	8.919	81.786	1.070	8.919	81.786	2.329	19.407	81.786
5	0.445	3.706	85.492						
6	0.393	3.275	88.766						
7	0.344	2.867	91.634						
8	0.281	2.345	93.979						
9	0.227	1.891	95.870						
10	0.193	1.607	97.477						
11	0.160	1.336	98.813						
12	0.142	1.187	100.000						

资料来源：作者根据软件运行结果绘制而成。

具体分析旋转成分矩阵，如表6-5所示，由SPSS 20.0软件生成的四个因子与题项之间的对应关系和预期一致，其中政治价值、经济价值和社会价值属于价值判断维度，资源汲取能力、资源配置能力和资源运用能力属于改革执行力维度，服务文化、法治文化和勤政文化属于文化环境维度，制度的及时性、制度的稳定性以及制度的适应性属于制度环境维度，其对应的因子载荷系数基本高于0.8（唯有普通市民类问卷中的服务文化和法治文化在文化环境因子上的载荷系数略低，分别为0.794和0.780），且每个题项仅在其对应的因子中出现一次，与理论推导的内在潜能维度数目及内容相吻合。因此，基于对预调查样本的分析，内在潜能量表的效度水平良好。

表 6-5 内在潜能量表的旋转成分矩阵

指标项	成分（地级市政府公务员类）				成分（普通市民类）			
	1	2	3	4	1	2	3	4
政治价值	0.886				0.847			
经济价值	0.892				0.876			
社会价值	0.843				0.827			
资源汲取能力		0.898					0.837	

续表

指标项	成分（地级市政府公务员类）				成分（普通市民类）			
	1	2	3	4	1	2	3	4
资源配置能力		0.869					0.829	
资源运用能力		0.844					0.836	
服务文化				0.861				0.794
法治文化				0.829				0.780
勤政文化				0.834				0.827
制度的及时性			0.827			0.863		
制度的稳定性			0.868			0.827		
制度的适应性			0.872			0.835		

资料来源：作者根据软件运行结果绘制而成。

（二）信度分析

克隆巴赫系数（Cronbach's alpha）是检验问卷信度的常用指标，尤其适用于李克特量表的可靠性检验。其计算公式如下：

$$\alpha = \frac{k}{k-1}\left(1 - \frac{\sum_{i=1}^{k} S_i^2}{S_x^2}\right)$$

学界通常认为，克隆巴赫系数位于0.5～0.7之间表明量表可信；位于0.7～0.9之间表明量表很可信；大于0.9表明量表处于理想状态，量表结果非常可信。运用软件SPSS 20.0，分别对地级市政府公务员类和普通市民类的试测样本进行信度分析，结果显示，无论是内在潜能的总量表还是分量表的克隆巴赫系数均高于0.8，具体如表6-6所示。

表6-6　内在潜能量表的克隆巴赫系数

量表类别	地级市政府公务员类		普通市民类	
	Cronbach's alpha	项数	Cronbach's alpha	项数
价值判断分量表	0.924	3	0.894	3
改革执行力分量表	0.923	3	0.879	3
文化环境分量表	0.898	3	0.843	3
制度环境分量表	0.921	3	0.916	3
内在潜能总量表	0.912	12	0.912	12

资料来源：作者根据软件运行结果绘制而成。

12题项的"校正的项总计相关性"均大于0.5,且任意项已删除的克隆巴赫系数均小于总量表的的克隆巴赫系数(见表6-7),可见该量表具有稳定性、可靠性和内部一致性。

表6-7 内在潜能量表各题项的信度分析结果

题项	地级市政府公务员类		普通市民类	
	校正的项总计相关性	项已删除的Cronbach's alpha	校正的项总计相关性	项已删除的Cronbach's alpha
政治价值	0.617	0.906	0.625	0.907
经济价值	0.617	0.906	0.658	0.905
社会价值	0.611	0.906	0.663	0.904
资源汲取能力	0.589	0.908	0.593	0.908
资源配置能力	0.703	0.902	0.692	0.903
资源运用能力	0.697	0.902	0.622	0.906
服务文化	0.618	0.906	0.606	0.907
法治文化	0.641	0.905	0.650	0.905
勤政文化	0.638	0.905	0.606	0.907
制度的及时性	0.702	0.902	0.681	0.904
制度的稳定性	0.714	0.901	0.685	0.903
制度的适应性	0.648	0.904	0.728	0.901

资料来源:作者根据软件运行结果绘制而成。

综上所述,通过对试测样本的分析,笔者发现内在潜能量表具有良好的信度和效度,题项设置科学、合理,可全部保留至正式调查。

二、外显效用量表的预调查分析

(一)效度分析

考虑到外显效用量表的设计思路与程序在一定程度上保障了其内容效度,笔者将选择探索性因子分析来检验外显效用量表的结构效度。KMO和Bartlett球形检验是开展探索性因子分析的必备环节,其结果如表6-8所示,地级市政府公务员类和普通市民类调查问卷中外显效用量表的KMO值分别为0.923和0.932,且Bartlett球形检验对应的p值均为0.000,这说明外显效用量表中的相关指标适合进行探索性因子分析。

表6-8 外显效用量表的KMO和Bartlett球形检验

问卷类别		地级市政府公务员类	普通市民类
KMO取样适切性量数		0.923	0.932
Bartlett球形检验	近似卡方	4035.723	3409.653
	自由度	351	351
	显著性	0.000	0.000

资料来源：作者根据软件运行结果绘制而成。

在探索性因子分析中发现，无论是地级市政府公务员类调查问卷还是普通市民类调查问卷，公因子方差中题项的共同度值均接近或高于0.6，使用最大方差正交旋转法提取特征根大于1的因子，结果显示，地级市政府公务员类和普通市民类的问卷均提取出3个因子，累计方差解释分别为72.103%和66.145%（一般来讲，在社会科学领域累计方差解释高于60%即表明结果可靠），每个因子旋转后的方差解释率均高于10%，这表明公共因子的解释力较强，能够较好地完成对外显效用的测量。详见表6-9至表6-11。

表6-9 外显效用量表的公因子方差

指标项	地级市政府公务员类问卷		普通市民类问卷	
	初始	提取	初始	提取
内部放权	1.000	0.660	1.000	0.651
外部放权	1.000	0.664	1.000	0.601
问题识别	1.000	0.679	1.000	0.643
问题处理	1.000	0.726	1.000	0.646
一件事、一次办	1.000	0.770	1.000	0.631
马上办	1.000	0.836	1.000	0.658
网上办	1.000	0.778	1.000	0.670
省内通办	1.000	0.734	1.000	0.662
跨省通办	1.000	0.578	1.000	0.741
生存力	1.000	0.541	1.000	0.690
改造力	1.000	0.550	1.000	0.650
开放力	1.000	0.729	1.000	0.557
吸引力	1.000	0.692	1.000	0.618

续表

指标项	地级市政府公务员类问卷		普通市民类问卷	
	初始	提取	初始	提取
创新力	1.000	0.767	1.000	0.688
自由的进出秩序	1.000	0.718	1.000	0.676
公平的竞争秩序	1.000	0.768	1.000	0.667
诚信的交易秩序	1.000	0.760	1.000	0.680
服务环境满意度	1.000	0.720	1.000	0.551
服务态度满意度	1.000	0.788	1.000	0.690
服务流程满意度	1.000	0.806	1.000	0.644
服务能力满意度	1.000	0.774	1.000	0.646
服务结果满意度	1.000	0.779	1.000	0.640
整体协同	1.000	0.703	1.000	0.606
预期协同	1.000	0.672	1.000	0.591
改革人员投入量	1.000	0.749	1.000	0.816
改革设施投入量	1.000	0.835	1.000	0.817
改革资金投入量	1.000	0.691	1.000	0.730

资料来源：作者根据软件运行结果绘制而成。

表6-10 外显效用量表解释的总方差（地级市政府公务员类）

成分	初始特征值			提取平方和载入			旋转平方和载入		
	合计	方差的%	累计%	合计	方差的%	累计%	合计	方差的%	累计%
1	15.371	56.931	56.931	15.371	56.931	56.931	9.327	34.543	34.543
2	2.816	10.431	67.362	2.816	10.431	67.362	7.132	26.416	60.959
3	1.280	4.740	72.103	1.280	4.740	72.103	3.009	11.144	72.103
4	0.993	3.677	75.780						
5	0.842	3.117	78.897						
⋮									
27	0.047	0.174	100.000						

资料来源：作者根据软件运行结果绘制而成。

表 6-11 外显效用量表解释的总方差（普通市民类）

成分	初始特征值			提取平方和载入			旋转平方和载入		
	合计	方差的%	累计%	合计	方差的%	累计%	合计	方差的%	累计%
1	14.983	55.494	55.494	14.983	55.494	55.494	7.281	26.966	26.966
2	1.829	6.776	62.270	1.829	6.776	62.270	6.305	23.352	50.318
3	1.046	3.875	66.145	1.046	3.875	66.145	4.273	15.827	66.145
4	0.905	3.351	69.496						
5	0.863	3.195	72.691						
⋮									
27	0.076	0.281	100.000						

资料来源：作者根据软件运行结果绘制而成。

具体分析旋转成分矩阵，如表6-12所示，由SPSS 20.0软件生成的3个因子与题项之间的对应关系和预期一致，依次将外显效用划分为改革效率、改革效果和改革成本等3个维度，与理论推导出的外显效用的维度数目及内容相吻合。基于对预调查样本的分析，笔者认为外显效用量表的效度水平良好。

表 6-12 外显效用量表的旋转成分矩阵

指标项	成分（地级市政府公务员类）			成分（普通市民类）		
	1	2	3	1	2	3
内部放权		0.752			0.727	
外部放权		0.747			0.654	
问题识别		0.725			0.679	
问题处理		0.769			0.741	
一件事、一次办		0.836			0.721	
马上办		0.868			0.711	
网上办		0.807			0.701	
省内通办		0.762			0.687	
跨省通办		0.696			0.744	
生存力	0.637			0.613		
改造力	0.682			0.630		

续表

指标项	成分（地级市政府公务员类）			成分（普通市民类）		
	1	2	3	1	2	3
开放力	0.756			0.671		
吸引力	0.684			0.708		
创新力	0.630			0.706		
自由的进出秩序	0.701			0.709		
公平的竞争秩序	0.798			0.642		
诚信的交易秩序	0.764			0.613		
服务环境满意度	0.795			0.602		
服务态度满意度	0.819			0.705		
服务流程满意度	0.852			0.647		
服务能力满意度	0.808			0.596		
服务结果满意度	0.814			0.582		
整体协同	0.681			0.513		
预期协同	0.712			0.567		
改革人员投入量			0.690			0.814
改革设施投入量			0.759			0.796
改革资金投入量			0.627			0.759

资料来源：作者根据软件运行结果绘制而成。

（二）信度分析

运用软件 SPSS 20.0 分别对地级市政府公务员类和普通市民类的试测样本进行信度分析，结果显示，外显效用总量表和分量表的克隆巴赫系数均高于 0.9（见表 6-13）。

表 6-13 外显效用量表的克隆巴赫系数

量表类别	地级市政府公务员类		普通市民类	
	Cronbach's alpha	项数	Cronbach's alpha	项数
改革效率分量表	0.949	9	0.928	9
改革效果分量表	0.965	15	0.957	15
改革成本分量表	0.908	3	0.910	3

续表

量表类别	地级市政府公务员类		普通市民类	
	Cronbach's alpha	项数	Cronbach's alpha	项数
外显效用总量表	0.970	27	0.969	27

资料来源：作者根据软件运行结果绘制而成。

校正的项总计相关性均大于 0.5，且任意项已删除的克隆巴赫系数均等于或小于总量表的克隆巴赫系数（见表 6-14），可见该量表具有稳定性、可靠性和内部一致性。

表 6-14 外显效用量表各题项的信度分析结果

题项	地级市政府公务员类		普通市民类	
	校正的项总计相关性	项已删除的 Cronbach's alpha	校正的项总计相关性	项已删除的 Cronbach's alpha
内部放权	0.680	0.969	0.660	0.968
外部放权	0.693	0.969	0.689	0.968
问题识别	0.732	0.969	0.685	0.968
问题处理	0.714	0.969	0.651	0.968
一件事、一次办	0.699	0.969	0.668	0.968
马上办	0.737	0.969	0.711	0.968
网上办	0.749	0.969	0.724	0.967
省内通办	0.717	0.969	0.712	0.968
跨省通办	0.634	0.970	0.699	0.968
生存力	0.683	0.969	0.793	0.967
改造力	0.634	0.970	0.770	0.967
开放力	0.761	0.969	0.636	0.968
吸引力	0.743	0.969	0.696	0.968
创新力	0.804	0.969	0.761	0.967
自由的进出秩序	0.783	0.969	0.746	0.967
公平的竞争秩序	0.787	0.969	0.774	0.967
诚信的交易秩序	0.808	0.968	0.787	0.967
服务环境满意度	0.744	0.969	0.696	0.968
服务态度满意度	0.800	0.969	0.769	0.967

续表

题项	地级市政府公务员类		普通市民类	
	校正的项总计相关性	项已删除的 Cronbach's alpha	校正的项总计相关性	项已删除的 Cronbach's alpha
服务流程满意度	0.781	0.969	0.760	0.967
服务能力满意度	0.796	0.969	0.768	0.967
服务结果满意度	0.797	0.969	0.764	0.967
整体协同	0.741	0.969	0.736	0.967
预期协同	0.591	0.970	0.710	0.968
改革人员投入量	0.685	0.969	0.698	0.968
改革设施投入量	0.706	0.969	0.717	0.968
改革资金投入量	0.706	0.969	0.670	0.968

资料来源：作者根据软件运行结果绘制而成。

综上所述，通过对试测样本的分析，笔者发现外显效用量表具有良好的信度和效度，题项设置科学、合理，可全部保留至正式调查。

第三节 地级市政府"放管服"改革效能的数据采集

通过问卷试测后，笔者选择以东北三省为例，应用上述量表展开正式测评。为保障数据采集工作的有序性和样本数据的代表性，需预先制定科学、详尽的抽样方案。

一、样本选取

（一）区域选择

出于以下考虑，本研究选择在东北三省开展实地调研工作。

其一，东北振兴战略是党中央、国务院作出的一项重大决策。2003年10月，中共中央、国务院正式印发《关于实施东北地区等老工业基地振兴战略的若干意见》，首次吹响振兴东北的号角；2009年9月，国务院发布《关于进一步实施东北地区等老工业基地振兴战略的若干意见》，经过十余年的不懈努力，东北振兴战略取得阶段性成果，开启了全面振兴的新篇章。2016年4月出台的《中共中央国务院关于全面振兴东北地区等老工业基地的若干意见》，明确指出"进一步理顺政府和市场关系，着力解决政府直接配置资源、管得过多过细以及职能错位、越位、缺位、不到位等问题"，"进一步推动简政放权、放管结合、优化服务"①。2018年9月28日，习近平总书记在深入推进东北振兴座谈会上进一步强调，要"以优化营商环境为基础，全面深化改革，做实改革举措，释放改革活力，提高改革效能"②。2021年9月，国务院对东北全面振兴"十四五"实施方案作出批复，强调"以深化供给侧结构性改革为主线，以改革创新为根本动力，以满足人民日益增长的美好生活需要为根本目的，统筹发展和安全，从推动形成优势互补高质量发展的区域经济布局出发，着力破解体制机制障碍，着力激发市场主体活力，着力推动产业结构调整优化，着力构建区域动力系统，着力在落实落细上下功夫，走出一条质量更高、效益更好、结构更优、优势充分释放的发展新路，推动东北全面振兴实现新突破"③。

　　其二，"放管服"改革在东北全面振兴进程中占据着举足轻重的地位。新中国成立初期，东北三省曾以丰富的资源、坚实的产业、独特的地理位置，在众多地区中脱颖而出，成为我国经济与社会发展的先行者和排头兵，在新中国发展初期发挥了重要的作用。但是在改革开放的浪潮中，东北三省未能适应发展的迅速转型，其在新中国成立初期的优势地位逐步丧失，困扰东北三省发展的体制、机制等深层次结构性矛盾愈发突显。"放管服"改革作为供给侧结构性改革的重要内容之一，正是破解体制、机制等深层次障碍的良方。这场刀刃向内的自我革命能够引导东北三省的各级政府明确政府、市场、社会之间的界限，推动政府"瘦身""强体"，解决根植于东北三省内部的结构性问题，激发市场活力和社会创造力，充分发挥市场在资源配置中的决定性作用、更好地发挥政府作用，促进行政要素、市场要素和社会要素的充分涌流，实现有为政府、有效市场、有序社会的协同配合，为市场松绑，为群众解忧，构建人民满意的服务型政府。围绕东北三省地级市政府的"放管服"改革工作开展阶段性评价，能够使地级市政府明确其在改革实践中的优势与现状，迅速厘清其在改革中存在的问题与不足，进而有的放矢地补齐短板、强化弱项，助力东北全面振兴，激发东北改革创新活力。

---

①《中共中央国务院关于全面振兴东北地区等老工业基地的若干意见》，载于《人民日报》2016年4月27日，第1版。

②《习近平在东北三省考察并主持召开深入推进东北振兴座谈会时强调 解放思想锐意进取深化改革破解矛盾 以新气象新担当新作为推进东北振兴》，载于《奋斗》2018年第19期，第1-12、77页。

③国务院：《国务院关于东北全面振兴"十四五"实施方案的批复》，中华人民共和国中央人民政府网，2021年11月8日。

（二）抽样范围

按照区域划分标准，东北三省指黑龙江、吉林、辽宁三个省份，东北三省的地级市政府是指黑龙江、吉林、辽宁三个省份的地级市。其中，黑龙江省包括哈尔滨、齐齐哈尔、鸡西、鹤岗、双鸭山、大庆、伊春、佳木斯、七台河、牡丹江、黑河、绥化等12个地级市，需要说明的是，大兴安岭地区行政公署虽然也属于黑龙江省，且其行政级别与地级市相同，但该地区还有一部分属于内蒙古，故笔者暂不将其纳入本研究的抽样范围；吉林省包括长春、吉林、四平、辽源、通化、白山、松原、白城等8个地级市，需要说明的是，虽然延边也属于吉林省，且其行政级别与地级市相同，但该地作为一个少数民族自治州，其在生产生活方式、治理模式等方面与普通地级市存在一定区别，故笔者暂不将其纳入本研究的抽样范围；辽宁省主要包括沈阳、大连、鞍山、抚顺、本溪、丹东、锦州、营口、阜新、辽阳、盘锦、铁岭、朝阳、葫芦岛等14个地级市。按照研究设计，调查样本应为来自黑龙江、吉林、辽宁三省地级市的政府公务员和普通市民。需要说明的是，结合前文对地级市政府的概念界定，本书这里的地级市政府公务员特指市本级行政机关的公务员，考虑到本研究实地调研时新冠疫情的影响，笔者最终将抽样的城市数目确定为9个，预计面向地级市政府公务员发放问卷500份左右，预计面向普通市民发放问卷1500份左右。

（三）抽样方法

本研究采用四阶段分层抽样法：第一阶段，梳理黑龙江省、吉林省、辽宁省所包含的城市数量，按照城市数量和人口比例，确定在每个省份抽取的城市数量；第二阶段，将每个省份的城市按照抽取的数量进行分类，确定每个省份将抽取的城市名单；第三阶段，根据抽取城市的人口比例匹配样本数量；第四阶段，在兼顾性别、年龄、职业等层次的基础上，以方便抽样的方式抽取受访者。具体如表6-15所示。

表6-15 东北三省地级市政府"放管服"改革效能测评的抽样方案

省份	总体数据				抽样方案		
	城市数量（个）	城市数量占比（%）	总人口（万人）	总人口占比（%）	抽样城市数（个）	地级市政府公务员总体样本数（人）	普通市民总体样本数（人）
黑龙江省	12	35.29	3512.90	34.79	3	175	525
吉林省	8	23.53	2394.44	23.71	2	115	350

续表

省份	总体数据				抽样方案		
	城市数量（个）	城市数量占比（％）	总人口（万人）	总人口占比（％）	抽样城市数（个）	地级市政府公务员总体样本数（人）	普通市民总体样本数（人）
辽宁省	14	41.18	4190.20	41.50	4	210	625
总计	34	100.00	10097.54	100.00	9	500	1500

资料来源：作者根据各省份2020年的统计年鉴整理、计算而来。

（四）各省份的抽样计划

在明确各省份所需要的调研城市数以及地级市政府公务员和普通市民的总体样本数后，笔者需要进一步确定调研的具体城市，并完成对地级市政府公务员和普通市民的样本量匹配。

1. 关于黑龙江省的抽样计划

笔者首先采用聚类分析法，根据GDP总量和人均GDP两项指标将黑龙江省的12个地级市划分为3类，聚类分析结果如表6-16所示。以此保证在黑龙江省选取的3个地级市具有代表性，能够在一定程度上反映该省份的"放管服"改革现状。

表6-16 黑龙江省地级市的聚类分析结果

类别	第一类	第二类	第三类
城市名称	哈尔滨	齐齐哈尔、牡丹江、黑河、绥化、鸡西、鹤岗、双鸭山、伊春、佳木斯、七台河	大庆
城市数量	1	10	1

资料来源：作者根据《黑龙江统计年鉴2020》整理、计算而来。

在3个类别中随机抽取调研城市，笔者最终将哈尔滨市、齐齐哈尔市、大庆市确定为黑龙江省的样本城市，并按照相应的城市人口比重来分别匹配地级市政府公务员和普通市民的抽取样本数，具体如表6-17所示。

表6-17 黑龙江省的样本匹配情况

分层编号	城市数（个）	抽样市数（个）	抽样城市人口比重（％）	各层地级市政府公务员抽取样本数（人）	各层普通市民抽取样本数（人）
1（哈尔滨）	1	1	54.28	95	285
2（齐齐哈尔）	10	1	30.05	55	160

续表

分层编号	城市数（个）	抽样市数（个）	抽样城市人口比重（％）	各层地级市政府公务员抽取样本数（人）	各层普通市民抽取样本数（人）
3（大庆）	1	1	15.67	25	80
总计	12	3	100.00	175	525

资料来源：作者根据《黑龙江统计年鉴2020》整理、计算而来。

2.关于吉林省的抽样计划

与黑龙江省的抽样计划相似，笔者首先采用聚类分析法，根据GDP总量和人均GDP两项指标将吉林省的8个地级市划分为两类，聚类分析结果如表6-18所示。以此保证在吉林省选取的2个地级市具有代表性，能够在一定程度上反映该省份的"放管服"改革现状。

表6-18 吉林省地级市的聚类分析结果

类别	第一类	第二类
城市名称	长春	吉林、四平、辽源、通化、白山、松原、白城
城市数量	1	7

资料来源：作者根据《吉林统计年鉴2020》整理、计算而来。

而后，在2个类别中随机抽取调研城市，笔者最终将长春市和吉林市确定为吉林省的样本城市，并按照相应的城市人口比重来分别匹配地级市政府公务员和普通市民的抽取样本数，具体如表6-19所示。

表6-19 吉林省的样本匹配情况

分层编号	城市数（个）	抽样市数（个）	抽样城市人口比重（％）	各层地级市政府公务员抽取样本数（人）	各层普通市民抽取样本数（人）
1（长春）	1	1	64.68	75	225
2（吉林）	7	1	35.32	40	125
总计	8	2	100	115	350

资料来源：作者根据《吉林统计年鉴2020》整理、计算而来。

3.关于辽宁省的抽样方案

与黑龙江省和吉林省的抽样计划相似，笔者首先采用聚类分析法，根据GDP总量和人均GDP两项指标将辽宁省的14个地级市划分为4类，聚类分析结果如表6-20所示。以此保证在辽宁省选取的4个地级市具有代表性，能够在一定程度上反映该省份的"放管服"改革现状。

表6-20 辽宁省地级市的聚类分析结果

类别	第一类	第二类	第三类	第四类
城市名称	沈阳、大连	鞍山、抚顺、本溪、营口、辽阳	丹东、朝阳、锦州、阜新、铁岭、葫芦岛	盘锦
城市数量	2	5	6	1

资料来源：作者根据《辽宁统计年鉴2020》整理、计算而来。

在4个类别中随机抽取调研城市，笔者最终将沈阳市、辽阳市、锦州市、盘锦市确定为辽宁省的样本城市，并按照城市人口比重，匹配地级市政府公务员和普通市民的抽取样本数，具体如表6-21所示。

表6-21 辽宁省的样本匹配情况

分层编号	城市数（个）	抽样市数（个）	抽样城市人口比重（%）	各层地级市政府公务员抽取样本数（人）	各层普通市民抽取样本数（人）
1（沈阳）	2	1	55.82	115	350
2（辽阳）	2	1	12.89	30	80
3（锦州）	6	1	21.68	45	135
4（盘锦）	4	1	9.61	20	60
总计	14	4	100	210	625

资料来源：作者根据《辽宁统计年鉴2020》整理、计算而来。

（五）调查实施

在确定调研城市及其样本数量后，笔者灵活运用访谈、邮寄、微信、在线网站等多种方式展开问卷调查工作，地级市政府公务员类和普通市民类的调查问卷于2021年9月末同时开始发放。由于受到疫情影响，调研周期不断延长，历经2个月左右的时间，直至2021年11月末，哈尔滨、齐齐哈尔、大庆、长春、吉林、沈阳、锦州、盘锦、辽阳9个城市的调研工作才全部完成。这期间发放地级市政府公务员类调查问卷793份，回收787份，获得有效问卷578份；发放普通市民类调查问卷1853份，回收1848份，获得有效问卷1545份。

二、样本特征分析

问卷调查的样本基本分布情况如表6-22所示。在地级市政府公务员类的调查问卷中，被调查者的性别分布较为均衡，几乎各占一半；被调查者的年龄集中分布在31～50岁之间，是行政机关的中坚力量，同时也有年龄处于30岁以下或51～

60岁之间的被调查者,这说明本轮调研结果具有一定的代表性,能够反映不同年龄段的地级市政府公务员对"放管服"改革效能的认知;被调查者的受教育水平较高,包括专科、本科、研究生不同学历层次,从整体上看以本科学历为主;被调查者的行政级别也涉及厅局级及以上、县处级、乡科级、普通科员等多个层次,能够反映体制内不同级别的群体对改革实践的看法;被调查者的工作年限包括多个层次,低至5年及以下、高至31年及以上均有所涉及,就整体而言,工作年限大多在10年以上,说明被调查者拥有丰富的工作经验,了解政府改革的发展脉络与演进历程,见证了"放管服"改革实践的循序推进与逐步深化,更易于形成对"放管服"改革的全面认知,对问卷题项的理解力更强。在普通市民类的调查问卷中,被调查者的性别分布同样比较均衡,基本各占一半;被调查者的年龄分布也比较均衡,不同年龄层次的人群对政府的需求可能存在一定的差异,通过调查能够帮助研究者了解不同年龄段的市民对"放管服"改革的认知;被调查者的单位类型多样,基本覆盖"放管服"改革所涉及的各类组织;被调查者的工作年限分布也较为均衡,在一定程度上能够反映不同群体对"放管服"改革的看法。总而言之,不论是地级市政府公务员类的调查问卷还是普通市民类的调查问卷均覆盖不同年龄、职务、学历、工作年限的被调查者,样本的代表性良好。

表6-22 问卷调查的样本分布情况

样本特征		分类标准	频数(人)	频率(%)	样本特征	分类标准	频数(人)	频率(%)
地级市政府公务员类调查问卷	性别	男	325	56.2	年龄	30岁及以下	92	15.9
		女	253	43.8		31~40岁	197	34.1
	学历	专科	54	9.3		41~50岁	212	36.7
		本科	385	66.6		51~60岁	77	13.3
		研究生	139	24	行政级别	厅局级及以上	19	3.3
	地区	哈尔滨市	91	15.7		县处级	190	32.9
		齐齐哈尔市	68	11.8		乡科级	182	31.5
		大庆市	33	5.7		普通科员及以下	176	30.4
		长春市	70	12.1		无	11	1.9
		吉林市	46	8.0	工作年限	5年及以下	82	14.2
		沈阳市	172	29.8		6~10年	83	14.4
		锦州市	48	8.3		11~20年	200	34.6
		盘锦市	22	3.8		21~30年	158	27.3
		辽阳市	28	4.8		31年及以上	55	9.5

续表

样本特征	分类标准	频数（人）	频率（%）	样本特征	分类标准	频数（人）	频率（%）
普通市民类调查问卷	性别 男	779	50.4	地区	哈尔滨市	317	20.5
	女	766	49.6		齐齐哈尔市	154	10.0
	年龄 30岁及以下	298	19.3		大庆市	75	4.9
	31~40岁	503	32.6		长春市	216	14.0
	41~50岁	455	29.4		吉林市	168	10.9
	51~60岁	222	14.4		沈阳市	339	21.9
	61岁及以上	67	4.3		锦州市	136	8.8
	学历 高中及以下	235	15.2		盘锦市	69	4.5
	专科	357	23.1		辽阳市	71	4.6
	本科	749	48.5	单位类型及身份	党政机关	160	10.4
	研究生	204	13.2		事业单位	429	27.8
	工作年限 5年及以下	286	18.5		企业单位	550	35.6
	6~10年	314	20.3		自由职业	187	12.1
	11~20年	422	27.3		离退休	92	6.0
	21~30年	342	22.1		学生	51	3.3
	31年及以上	181	11.7		其他	76	4.9

资料来源：作者根据数据收集、整理情况绘制而成。

第四节　地级市政府"放管服"改革效能的测量与分析

通过有效问卷筛选后，笔者将运用获得的578份地级市政府公务员类问卷和1545份普通市民类问卷对东北三省地级市政府"放管服"改革效能进行测量，并针对其测评结果展开进一步的分析。

一、量表质量分析

为确保测评结果的可信性和可靠性，笔者同样需要对在正式调查中获得的有效样本进行信度、效度检验。

（一）内在潜能量表的质量分析

1. 信度分析

如前文所述，克隆巴赫系数是检验李克特量表信度的常用方法，在正式调查的信度检验中同样选择该方法，如表6-23所示，无论是地级市政府公务员类还是普通市民类的调查问卷，内在潜能分量表和总量表的信度均高于0.9，达到十分可信水平，说明问卷的可靠性和稳定性良好。

表6-23 内在潜能分量表与总量表的信度系数

类别	分量表				总量表
	价值判断	改革执行力	文化环境	制度环境	内在潜能
地级市政府公务员类	0.924	0.932	0.920	0.926	0.927
普通市民类	0.903	0.914	0.911	0.904	0.931
项数	3	3	3	3	12

资料来源：作者根据软件运行结果绘制而成。

2. 效度分析

在前文的问卷试测中，笔者选择运用软件SPSS 20.0，通过探索性因子分析来检验量表的结构效度。在正式问卷的效度分析部分，笔者将选择运用软件Mplus 7进行验证性因子分析，通过对维度间关系、题项与维度归属关系的考察来检验量表的结构效度。考虑到样本数据的基本形态，笔者选择稳健的最大似然估计MLR完成验证性因子分析。内在潜能量表的结构方程模型如图6-1所示，其整体拟合度如表6-24所示。

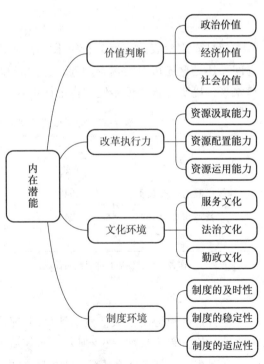

图6-1 内在潜能量表的结构方程模型

资料来源：作者根据研究思路绘制而成。

表6-24 内在潜能量表的模型拟合度

指标	χ^2	df	RMSEA	CFI	TLI	SRMR
地级市政府公务员类	109.840	50	0.046	0.984	0.979	0.039
普通市民类	139.045	50	0.034	0.991	0.988	0.023

资料来源：作者根据软件运行结果绘制而成。

在地级市政府公务员类调查问卷中，内在潜能模型的卡方值（χ^2）为109.840，自由度（df）为50，卡方与自由度之比为2.197，该比值处于1~3之间；RMSEA为0.046，小于0.08；CFI和TLI分别为0.984和0.979，均高于0.9；SRMR为0.039，小于0.08。在普通市民类调查问卷中，内在潜能模型的卡方值（χ^2）为139.045，自由度为50，卡方与自由度之比为2.781，该比值处于1~3之间；RMSEA为0.034，小于0.08；CFI和TLI分别为0.991和0.988，均高于0.9；SRMR为0.023，小于0.08。由此可见，无论是地级市政府公务员类还是普通市民类的调查问卷，模型拟合指标全部合格，内在潜能量表具有良好的结构效度。

（二）外显效用量表的质量分析

1. 信度分析

外显效用量表的信度分析结果如表6-25所示，无论是地级市政府公务员类调查问卷还是普通市民类调查问卷，分量表和总量表的信度均高于0.9，达到十分可信水平，说明问卷的可靠性和稳定性良好。

表6-25 外显效用分量表与总量表的信度系数

类别	分量表			总量表
	改革效率	改革效果	改革成本	外显效用
地级市政府公务员类	0.949	0.967	0.914	0.975
普通市民类	0.944	0.965	0.925	0.976
项数	9	15	3	27

资料来源：作者根据软件运行结果绘制而成。

2. 效度分析

笔者选择稳健的最大似然估计MLR完成外显效用量表的验证性因子分析，该量表的结构方程模型如图6-2所示，其模型拟合度如表6-26所示。

在地级市政府公务员类调查问卷中，外显效用模型的卡方值（χ^2）为925.621，自由度（df）为314，卡方与自由度之比为2.948，该比值处于1~3之

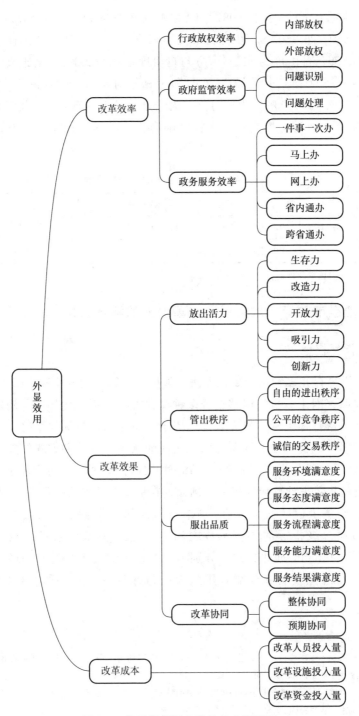

图 6-2 外显效用量表的结构方程模型

资料来源：作者根据研究思路绘制而成。

间；RMSEA 为 0.058，小于 0.08；CFI 和 TLI 分别为 0.943 和 0.937，均高于 0.9；SRMR 为 0.040，小于 0.08。在普通市民类调查问卷中，外显效用模型的卡方值（χ^2）为 894.589，自由度为 314，卡方与自由度之比为 2.849，该比值处于 1~3 之间；RMSEA 为 0.035，小于 0.08；CFI 和 TLI 分别为 0.978 和 0.976，均高于 0.9；SRMR 为 0.023，小于 0.08。由此可见，无论是地级市政府公务员类调查问卷还是普通市民类调查问卷，模型拟合指标全部合格，外显效用量表具有良好的结构效度。

表 6-26　外显效用量表的模型拟合度

指标	χ^2	df	RMSEA	CFI	TLI	SRMR
地级市政府公务员类	925.621	314	0.058	0.943	0.937	0.040
普通市民类	894.589	314	0.035	0.978	0.976	0.023

资料来源：作者根据软件运行结果绘制而成。

二、地级市政府"放管服"改革效能的测评结果

（一）指标权重

当前，学界存在多种指标赋权方法，如熵值法、层次分析法、因子分析法等。相关研究表明，因子分析法能够整合多种赋权方法的不同优势，是确定指标权重的上佳之选。从整体上看，研究者运用因子分析法确定指标权重时，主要采用主成分分析、因子载荷系数、变量与因子之间的相关系数三种方式，并据此计算各项指标权重。[1]参照黄鲁成、黄斌[2]，马海群、唐守利[3]等人的研究成果，笔者选择采用因子载荷系数来计算指标权重，例如，在地级市政府公务员类的调查结果中，政治价值、经济价值、社会价值 3 项二级指标的载荷系数分别为 0.901、0.926、0.864，这 3 项二级指标的载荷系数之和为 2.691，则政治价值的权重为 0.901/2.691，约等于 0.335，据此方式，分别为地级市政府公务员类和普通市民类调查问卷计算内在潜能量表和外显效用量表的指标权重，具体如表 6-27 至表 6-30 所示。

---

[1] 郭瑞、杨天通：《高校智库评价指标体系的构建及实证研究——基于第四代评估理论视角》，载于《智库理论与实践》2021 年第 5 期，第 33-44 页。

[2] 黄鲁成、黄斌：《科技型小微企业技术创新中的管理风险评价指标体系构建》，载于《科技进步与对策》2014 年第 6 期，第 118-122 页。

[3] 马海群、唐守利：《基于结构方程的政府开放数据网站服务质量评价研究》，载于《现代情报》2016 年第 9 期，第 10-15、33 页。

表6-27 内在潜能量表的指标权重（地级市政府公务员类）

一级指标	一级指标权重	二级指标	二级指标权重
价值判断	0.237	政治价值	0.335
		经济价值	0.344
		社会价值	0.321
改革执行力	0.245	资源汲取能力	0.303
		资源配置能力	0.354
		资源运用能力	0.343
文化环境	0.260	服务文化	0.329
		法治文化	0.340
		勤政文化	0.331
制度环境	0.257	制度的及时性	0.322
		制度的稳定性	0.337
		制度的适应性	0.341

资料来源：作者根据软件运行结果整理、计算而成。

表6-28 内在潜能量表的指标权重（普通市民类）

一级指标	一级指标权重	二级指标	二级指标权重
价值判断	0.248	政治价值	0.328
		经济价值	0.345
		社会价值	0.327
改革执行力	0.255	资源汲取能力	0.322
		资源配置能力	0.348
		资源运用能力	0.331
文化环境	0.257	服务文化	0.333
		法治文化	0.332
		勤政文化	0.334
制度环境	0.240	制度的及时性	0.330
		制度的稳定性	0.331
		制度的适应性	0.339

资料来源：作者根据软件运行结果整理、计算而成。

表6-29 外显效用量表的指标权重（地级市政府公务员类）

一级指标	一级指标权重	二级指标	二级指标权重	三级指标	三级指标权重
改革效率	0.351	行政放权效率	0.325	内部放权	0.489
				外部放权	0.511
		政府监管效率	0.337	问题识别	0.498
				问题处理	0.502
		政务服务效率	0.338	一件事、一次办	0.204
				马上办	0.212
				网上办	0.196
				省内通办	0.200
				跨省通办	0.188
改革效果	0.359	放出活力	0.263	生存力	0.191
				改造力	0.193
				开放力	0.210
				吸引力	0.201
				创新力	0.205
		管出秩序	0.259	自由的进出秩序	0.324
				公平的竞争秩序	0.344
				诚信的交易秩序	0.332
		服出品质	0.259	服务环境满意度	0.186
				服务态度满意度	0.201
				服务流程满意度	0.207
				服务能力满意度	0.205
				服务结果满意度	0.201
		改革协同	0.219	整体协同	0.533
				预期协同	0.467
改革成本	0.289	人力投入	0.334	改革人员投入量	1
		物力投入	0.354	改革设施投入量	1
		财力投入	0.312	改革资金投入量	1

资料来源：作者依据软件运行结果整理、计算而成。

表 6-30 外显效用量表的指标权重（普通市民类）

一级指标	一级指标权重	二级指标	二级指标权重	三级指标	三级指标权重
改革效率	0.349	行政放权效率	0.335	内部放权	0.493
				外部放权	0.507
		政府监管效率	0.322	问题识别	0.502
				问题处理	0.498
		政务服务效率	0.343	一件事、一次办	0.201
				马上办	0.205
				网上办	0.202
				省内通办	0.197
				跨省通办	0.196
改革效果	0.352	放出活力	0.251	生存力	0.198
				改造力	0.202
				开放力	0.204
				吸引力	0.200
				创新力	0.196
		管出秩序	0.229	自由的进出秩序	0.326
				公平的竞争秩序	0.341
				诚信的交易秩序	0.333
		服出品质	0.267	服务环境满意度	0.196
				服务态度满意度	0.199
				服务流程满意度	0.201
				服务能力满意度	0.204
				服务结果满意度	0.199
		改革协同	0.253	整体协同	0.510
				预期协同	0.490
改革成本	0.299	人力投入	0.333	改革人员投入量	1
		物力投入	0.339	改革设施投入量	1
		财力投入	0.328	改革资金投入量	1

资料来源：作者依据软件运行结果整理、计算而成。

（二）评价结果

按照前文计算的指标权重，获得东北三省9个城市的最终测评结果，如表6-31、表6-32所示。按照前文的理论构建，过程有效性反映的是改革主体能够在多大程度上将内在潜能转化为外显效用，其结果等于外显效用与内在潜能的比值，当比值结果等于1时，表明改革主体的行为举措达到有效性的基本标准；当比值结果大于1时，表明改革主体的行为高效；当比值结果小于1时，则表明改革主体的行为低效。效能水平反映的是改革主体内在潜能与外显效用的动态联结状况，用内在潜能与外显效用的乘积来表示。本研究采用李克特量表来代表内在潜能和外显效用水平，由此判断效能水平的最小值为1，最大值为49，各市的效能水平理应处于1~49之间。

表6-31 东北三省地级市政府"放管服"改革效能的测评结果（地级市政府公务员类）

城市名称	内在潜能	外显效用	过程有效性	效能水平	效能排名
哈尔滨	6.087	5.732	0.942	34.890	1
齐齐哈尔	5.442	5.342	0.982	29.072	6
大庆	5.884	5.513	0.937	32.437	4
长春	5.970	5.518	0.924	32.944	3
吉林	5.686	5.498	0.967	31.257	5
沈阳	5.989	5.623	0.939	33.677	2
锦州	5.473	5.256	0.960	28.765	8
盘锦	5.432	5.311	0.978	28.851	7
辽阳	5.398	5.067	0.939	27.352	9

资料来源：作者依据软件运行结果整理、计算而成。

表6-32 东北三省地级市政府"放管服"改革效能的测评结果（普通市民类）

城市名称	内在潜能	外显效用	过程有效性	效能水平	效能排名
哈尔滨	5.528	5.171	0.936	28.584	2
齐齐哈尔	5.120	5.037	0.984	25.787	8
大庆	5.309	5.212	0.982	27.671	4
长春	5.483	5.205	0.949	28.537	3
吉林	5.313	5.119	0.964	27.197	5
沈阳	5.538	5.255	0.949	29.099	1
锦州	5.170	5.023	0.972	25.972	6

续表

城市名称	内在潜能	外显效用	过程有效性	效能水平	效能排名
盘锦	5.144	5.032	0.978	25.884	7
辽阳	5.058	4.801	0.949	24.285	9

资料来源：作者依据软件运行结果整理、计算而成。

根据实际测评结果来看，地级市政府公务员类问卷的测评得分普遍高于普通市民类的测评得分。对此，笔者认为地级市政府公务员类的问卷调查属于自评，而普通市民类的调查问卷属于他评，自评分数高于他评分数为合理现象。综合地级市政府公务员类和普通市民类的调查结果，笔者发现两者间具有一定的相似性，在所选择的9个样本城市中，省会城市所具备的内在潜能和表现出的外显效用普遍高于普通地级市，效能水平由两者的乘积而得，因此省会城市的效能水平也普遍高于普通地级市。在过程的有效性方面，普通地级市的水平略高，即相较于省会城市，普通地级市能够更好地将其所具备的内在潜能转化为外显效用。但是从整体上看，9个样本城市的外显效用与内在潜能的比值均小于1，即改革主体未能将其所具备的内在潜能高效地转化为外显效用，东北三省的改革行为仍处于相对低效的水平。在未来的"放管服"改革中，东北三省的地级市政府仍旧需要在挖掘、激发、释放改革潜能上下功夫。

各维度的具体得分情况如表6-33、表6-34、图6-3和图6-4所示。从整体上看，内在潜能模块中改革执行力和制度环境的分数略低，外显效用模块中改革效率和改革成本的得分偏低，这说明改革主体在行为落实、制度建设以及改革及时性方面的表现较差，且成本消耗相对较大，需要在未来的改革中不断改善。

表6-33　东北三省地级市政府"放管服"改革效能各维度的测评结果（地级市政府公务员类）

城市名称	内在潜能				外显效用		
	价值判断	改革执行力	文化环境	制度环境	改革效率	改革效果	改革成本
哈尔滨	6.509	5.472	6.568	5.822	5.768	5.809	5.612
齐齐哈尔	5.897	4.907	5.656	5.337	5.243	5.407	5.400
大庆	6.463	5.123	6.375	5.601	5.486	5.581	5.480
长春	6.430	5.570	6.182	5.737	5.395	5.704	5.455
吉林	6.094	4.829	6.218	5.608	5.671	5.542	5.251
沈阳	6.353	5.602	6.227	5.805	5.537	5.790	5.539
锦州	5.875	4.781	5.895	5.354	5.188	5.396	5.185
盘锦	5.730	5.276	5.652	5.105	5.259	5.346	5.349

续表

城市名称	内在潜能				外显效用		
	价值判断	改革执行力	文化环境	制度环境	改革效率	改革效果	改革成本
辽阳	5.737	5.009	5.739	5.131	5.092	5.216	4.870

资料来源：作者依据软件运行结果整理、计算而成。

表6-34 东北三省地级市政府"放管服"改革效能各维度的测评结果（普通市民类）

城市名称	内在潜能				外显效用		
	价值判断	改革执行力	文化环境	制度环境	改革效率	改革效果	改革成本
哈尔滨	5.734	5.400	5.556	5.418	5.207	5.214	5.080
齐齐哈尔	5.230	4.905	5.187	5.162	5.049	4.975	5.095
大庆	5.449	5.139	5.390	5.258	5.215	5.039	5.413
长春	5.660	5.419	5.499	5.350	5.172	5.227	5.217
吉林	5.417	5.178	5.391	5.265	5.138	5.143	5.069
沈阳	5.759	5.399	5.568	5.424	5.212	5.375	5.164
锦州	5.259	4.995	5.272	5.155	5.021	5.060	4.984
盘锦	5.155	5.059	5.232	5.130	4.906	5.093	5.106
辽阳	5.127	4.916	5.211	4.975	4.605	4.883	4.933

资料来源：作者依据软件运行结果整理、计算而成。

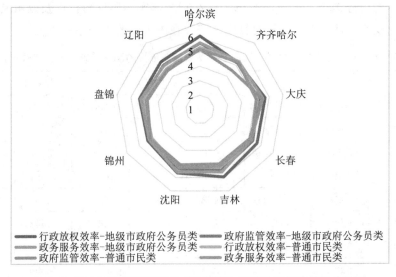

图6-3 东北三省地级市政府"放管服"改革效率维度的评价结果

资料来源：作者根据软件运行结果计算绘制而成。

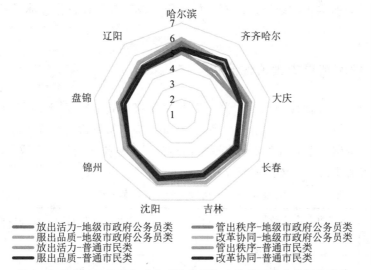

图 6-4　东北三省地级市政府"放管服"改革效果维度的评价结果

资料来源：作者根据软件运行结果计算绘制而成。

第五节　地级市政府"放管服"改革效能评价指标体系校验

在上述研究中，笔者应用本文所构建的地级市政府"放管服"改革效能评价指标体系在东北三省9个样本城市展开实际测评，在一定程度上证明了该评价指标体系的可行性和适用性。但对于一套评价指标体系来说，不仅需要具备可行性和适用性，更需要具备科学性和稳健性，对此，笔者将本研究所获得的测评结果与学界权威性研究成果进行相关性分析，以此来检验评价模型的科学性和评价结果的稳健性。

一、校验思路

笔者借鉴以往研究中的指标校验思路，将学界的权威性研究成果作为验证评价指标体系科学性与稳健性的重要参考。当前，学界缺乏关于"放管服"改革评价的直接性研究成果，考虑到"放管服"改革与营商环境优化之间的相关性，笔者最终选择《管理世界》经济研究院与首都经济贸易大学中国产业经济研究院合作开展的"2020·中国城市营商环境评价研究"的测评结果作为指标体系校验的参考。[①]将上述评价结果排名与本研究评价模型的结果排序进行相关性检验，以此

---

① 李志军：《2020中国城市营商环境评价》，中国发展出版社2021年版，第46-53页。

来判断本研究所构建的地级市政府"放管服"改革效能评价指标体系的科学性与稳健性。

二、评价结果的相关性分析

依照前文的指标体系校验思路，笔者按照前文的指标权重计算获得9个样本城市的"放管服"改革效能水平排名。"2020·中国城市营商环境评价研究"的评价对象覆盖全国，笔者按照该研究成果的城市得分和排序结果，形成了本研究中9个样本城市的排名，具体如表6-35所示。

表6-35 不同方法的排名结果汇总

城市名称	地级市政府公务员类	普通市民类	"2020·中国城市营商环境评价研究"
哈尔滨	1	2	2
齐齐哈尔	6	8	9
大庆	4	4	4
长春	3	3	3
吉林	5	5	5
沈阳	2	1	1
锦州	8	6	6
盘锦	7	7	7
辽阳	9	9	8

资料来源：作者依据软件运行结果整理、计算而成。

而后笔者运用Spearman相关分析，展现不同评价结果之间的相关性，检验结果如表6-36所示。

表6-36 不同排名结果的相关性分析

评价结果类别	地级市政府公务员类	普通市民类
地级市政府公务员类	—	0.917**
普通市民类	0.917**	—
"2020·中国城市营商环境评价"	0.867**	0.983**

**$p<0.01$。

资料来源：作者依据软件运行结果绘制而成。

当前，学界通常认为相关系数大于0.7即为强相关，上述分析结果显示，本研究的实际测评结果与学界代表性权威结果之间具有高度的正相关关系。由此可见，本研究所构建的地级市政府"放管服"改革效能评价指标体系具有科学性，其评价结果具有稳健性。

三、评价指标体系的校验结论

笔者应用本研究构建的地级市政府"放管服"改革效能评价指标体系在东北三省的9个样本城市分别面向地级市政府公务员群体和普通市民群体收集相关数据，开展实际测评，测评过程以及测评结果表明本研究的评价指标体系具有可行性和适用性。同时，笔者灵活运用样本数据，将本研究的评价结果与学界代表性成果展开相关性分析。一方面，从本研究的评价结果来看，地级市政府公务员类调查问卷和普通市民类调查问卷的测评结果之间具有一定的相似性，这表明本轮问卷调查的确能够反映东北三省地级市政府的"放管服"改革进展，在供给侧和需求侧的双重视角下，使测评结果得到互相印证；另一方面，从本研究的评价结果与学界权威性结果之间的关系来看，本研究的结果与学界的权威结果之间具有一定的相似性，这证明本研究的评价指标体系以及实际测评结果具有科学性和稳健性。

第七章

结论与展望

在促进国家治理体系和治理能力现代化的背景下,"放管服"改革作为深化行政体制改革、转变政府职能的"先手棋"和"当头炮",得到理论界与实务界的广泛关注。结合选题和研究需要,笔者率先回顾了关于"放管服"改革和政府改革绩效评价的相关研究成果,对已有文献进行系统化梳理,明确已有研究中达成的共识,发现其存在的不足,并立足本研究议题,寻找可能存在的研究空间,拓宽研究思路。在厘定"放管服"改革效能本质与内涵的基础上,笔者依托结构功能主义理论、SPO模型以及服务型政府理论,提出适用于效能评价的内在潜能-外显效用二维分析框架,而后进一步详细论证效能评价作为"放管服"改革研究新视角的价值意蕴,阐明由传统的绩效评价转向效能评价视角的必要性和重要性。

笔者依据分析框架,确定地级市政府"放管服"改革效能评价指标体系中的关键变量,通过对相关政策文本和研究成果的梳理,尝试对关键性变量进行理论解构,提炼评价维度、充实评价指标,构建内在潜能和外显效用量表,形成评价指标的初选库和备选池;而后,面向理论界和实务界的专家发放咨询问卷,充分征询专家建议,以专家的理论深度和实践经验帮助笔者科学遴选评价指标,最终形成包含4项一级指标、12项二级指标的内在潜能量表和包含3项一级指标、10项二级指标、27项三级指标的外显效用量表。据此分别面向地级市政府公务员群体和普通市民群体编制调查问卷,并灵活运用访谈、邮寄、微信、在线网站等多种方式在东北三省的9个样本城市展开实地调研,最终收集有效的地级市政府公务员类问卷578份,有效的普通市民类问卷1545份,并通过多维分析与校验,证明了该评价指标体系及其评价结果的科学性与可用性。

第一节 基本研究结论

通过对地级市政府"放管服"改革效能评价指标体系构建这一核心议题的分析与探索，笔者主要得到以下8项基本研究结论，其中，前四个研究结论是在评价指标体系设计与构建过程中得到的，后四个研究结论是在实证分析的过程中得到的。

一、构建"放管服"改革效能评价指标体系是促进国家治理现代化的必经之路

党的十九届四中全会强调，要把我国制度优势更好地转化为国家治理效能。党的十九届五中全会更是将"国家治理效能得到新提升"设置为我国"十四五"时期经济社会发展的主要目标之一。"放管服"改革作为一场刀刃向内的自我革命，以重塑政府、市场、社会三者关系为核心，有助于破解深埋于行政组织内部的结构性障碍，自实施以来，便得到各地方政府的推崇与青睐，成为当前政府改革中的"重头戏"和"主战场"。从研究议题出发，笔者认为评价"放管服"改革效能不仅有助于开拓研究视角，而且能够深入了解改革进展，为国家深化改革战略提供决策依据，为地方政府持续推进"放管服"改革指明方向。因此，构建"放管服"改革效能评价指标体系作为开展评价工作的基础与前提，无疑是促进国家治理现代化的必经之路。

二、"放管服"改革效能评价指标体系由内在潜能与外显效用量表共同构成

通过对相关文献资料的梳理以及相近词汇的概念辨析，本研究提出，"放管服"改革效能是指国家行政机关及其行政人员推进简政放权、放管结合和优化服务改革的有效性，强调内在潜能和外显效用的动态联结，是对改革起点、过程和结果的综合体现，是改革效率、改革效果和改革效益的有机统一。经过理论推演与实践探索，笔者认为"放管服"改革效能评价指标体系由内在潜能量表和外显效用量表共同构成，其中，内在潜能代表改革起点，外显效用代表改革结果，以内在潜能与外显效用两者的乘积表示实际效能水平。乘积结果越大，表明效能水平越高；乘积结果越小，表明效能水平越低。以外显效用与内在潜能的比值表示改革过程的有效性（也就是，将改革过程视为实现两者动态联结的触发器，以比

值运算反映改革主体在多大程度上将内在潜能转换为外显效用):比值结果大于1,表明改革过程高效;比值结果等于1,表明改革过程达到有效性的基本标准;比值结果小于1,表明改革过程低效。

三、"放管服"改革的内在潜能量表包含12项具体指标

本研究将"放管服"改革效能评价中的关键性变量——内在潜能,作为构建评价指标体系的重要突破口之一,提出内在潜能是改革主体自身所具备的基础性改革要素的统称,侧重于对"放管服"改革起点的考察。结合已有文献资料和理论分析,笔者主要依托"三圈理论"和"想干事—会干事—敢干事—干成事"的行为逻辑,从价值、执行力和环境三方面出发,识别评价要素,设计评价维度,构建测评量表,并结合不同改革主体在不同维度的不同表现,将内在潜能模块中可能出现的基本形态划分为8个区域,即努力区、成熟区、空想区、风险区、迷雾区、打折区、落后区、舒适区。最终经过层层遴选和检验,形成包含价值判断、改革执行力、文化环境、制度环境4个维度以及12项具体指标的内在潜能量表。

四、"放管服"改革的外显效用量表包含27项具体指标

本研究将"放管服"改革效能评价中的关键性变量——外显效用,作为构建评价指标体系的另一重要突破口,提出外显效用是对改革所获得产出的客观描述,侧重于对改革结果的考察。结合已有文献资料和理论分析,笔者主要依托"多、快、好、省"理论的逻辑框架,从改革效率、改革效果和改革成本三方面出发,识别评价要素,设计评价维度,构建测评量表,并根据不同改革主体在不同维度的不同表现,将外显效用模块中可能出现的基本形态划分为8个区域,即成熟区、精进区、错位区、风险区、潜力区、目标区、懒政区、噩梦区。最终经过层层遴选,形成包含改革效率、改革效果、改革成本3个主维度、10个次维度以及27项具体指标的外显效用量表。

五、"放管服"改革效能评价指标体系是一套科学可用的测量工具

为检验地级市政府"放管服"改革效能评价指标体系的应用价值,笔者选择以东北三省为例,展开实际测评。通过多阶段分层抽样,将哈尔滨市、齐齐哈尔市、大庆市、长春市、吉林市、沈阳市、盘锦市、锦州市、辽阳市确定为本研究的样本城市,并根据城市的基本属性信息确定样本匹配数量。通过面向地级市政府公务员和普通市民的大规模数据采集,检验了调查问卷的信度和效度,证明了

该评价指标体系的可用性。而后,笔者借鉴以往研究中的指标校验思路,将学界的权威性研究成果作为指标校验的重要参考,将本研究的测评结果与学界权威性研究结果进行相关性分析,高度正相关的分析结果证明了该评价指标体系和评价结果的科学性、稳健性。

六、省会城市的"放管服"改革效能水平基本上高于普通地级市

从面向哈尔滨、齐齐哈尔、大庆、长春、吉林、沈阳、盘锦、锦州、辽阳9个样本城市的实证测评结果来看,在东北地区,哈尔滨、长春、沈阳三个省会城市所具备的内在潜能和所表现出来的外显效用普遍高于其他普通地级市,由于效能水平等于内在潜能与外显效用的乘积,因此,综合来看,省会城市的"放管服"改革效能水平也普遍高于普通地级市。

七、普通地级市的"放管服"改革过程有效性往往高于省会城市

从面向哈尔滨、齐齐哈尔、大庆、长春、吉林、沈阳、盘锦、锦州、辽阳9个样本城市的实证测评结果来看,在东北地区,普通地级市在"放管服"改革过程有效性方面的表现相对较好,虽然其内在潜能水平不及省会城市,但普遍能够将其所具备的有限的内在潜能更好地转化为外显效用,即普通地级市在外显效用与内在潜能的比值结果上普遍高于省会城市。

八、供给侧视角下的"放管服"改革效能水平总体上高于需求侧

为了兼顾供给侧和需求侧的观点,笔者在哈尔滨、齐齐哈尔、大庆、长春、吉林、沈阳、盘锦、锦州、辽阳9个样本城市的实地调研中,分别面向地级市政府公务员群体和普通市民群体发放调查问卷,其中,地级市政府公务员群体代表供给侧,普通市民群体则代表需求侧。从效能水平的结果排名来看,供给侧与需求侧视角下的排名结果基本相似,这也表明本轮调查数据能够切实反映改革实际。但从效能水平的实际得分来看,供给侧视角下的"放管服"改革效能水平整体上高于需求侧。换言之,可能是受到信息不对称、期望值不同等诸多因素的影响,地级市政府公务员群体的自评结果普遍高于普通市民群体的他评结果。

第二节 研究不足

笔者虽然在一定程度上验证了地级市政府"放管服"改革效能评价指标体系及其评价结果的科学性和可用性,但受研究能力等因素的限制,本研究仍然具有一定的局限性。

一、样本的数量和代表性尚待加强

本研究尝试运用内在潜能-外显效用二维分析框架来实现对"放管服"改革效能的测评,主要通过问卷调查的方式来完成数据采集工作。虽然在抽样设计阶段,笔者采用多阶段分层抽样法,尝试以此确保样本的代表性,但是受到人力、财力等研究资源的限制,在最后涉及地级市政府公务员和普通市民的样本抽取阶段,只能采用方便抽样的方法,这会在一定程度上对样本数据的代表性和普遍性产生一定影响,需要在未来的研究中做出改进。

二、研究的理论分析深度尚待提升

效能是一个抽象且复杂的概念,国内外研究者对其本质的认识和理解可以说是众说纷纭。虽然笔者依托相关理论和已有研究成果,构建了效能评价的分析框架,并验证了评价指标体系的科学性和可用性,但是由于笔者的学术知识和积累有限,部分观点阐释不够深刻、部分内容分析不够透彻,在理论探讨和规律发现方面仍旧存在欠缺之处,需要在未来的研究中加以改进。

第三节 研究展望

考虑到上述不足,笔者认为在未来的研究中可从以下几个方面着手,实现对本议题的深化和拓展。

一、扩大实证研究的调查范围

当前,本研究主要依托东北三省9个样本城市,578份来自地级市政府公务员的调查数据和1545份来自普通市民的调查数据开展实证分析。在今后的研究中,为全面掌握我国地级市政府在"放管服"改革中的实践进展,笔者可以进一步扩大实证调查范围,提高样本量,并尽量采取随机抽样方法进行调研,以此强化样本数据的代表性,增强研究结果的普遍性。

二、结合典型的地方实践案例

当前,本研究主要运用基于主观感知的问卷调查数据,来验证评价指标体系的科学性和可用性。在今后的研究中,笔者将注重收集"放管服"改革的实践案例,通过对案例的解读与剖析,探索蕴含在"放管服"改革效能背后的因果机制,彰显定性分析与定量分析相结合的优势,使研究内容更加充实、饱满。

三、开展国内的区域对比分析

当前,本研究选择以东北三省为例,围绕该区域地级市政府的"放管服"改革效能开展实证测评。在今后的研究中,笔者可以东北三省为基础,尝试开展全国范围内的区域对比分析,如:东北三省与东部三省的对比分析,在国务院办公厅印发的《东北地区与东部地区部分省市对口合作工作方案》中,明确提出了东北三省与东部三省的对口合作关系,即辽宁省与江苏省、吉林省与浙江省、黑龙江省与广东省。这种明确的对口合作关系,进一步提升了对比分析的意义与价值。此外,东部地区作为国家行政体制改革的先行区,已经形成了一系列可复制、可推广的典型经验,在对比分析中定然能够进一步凸显东北三省在改革中的优势与不足,助力东北三省的"放管服"改革向纵深推进。

参考文献

[1] 陈晓萍,徐淑英,樊景立.组织与管理研究的实证方法[M].2版.北京:北京大学出版社,2012.

[2] 丁煌.行政学原理[M].武汉:武汉大学出版社,2007.

[3] [法]埃米尔·涂尔干.社会分工论[M].渠东,译.北京:生活·读书·新知三联书店,2013.

[4] 范柏乃,蓝志勇.公共管理研究与定量分析方法[M].2版.北京:科学出版社,2013.

[5] 冯波.古典西方社会学理论[M].北京:中国传媒大学出版社,2016.

[6] 侯钧生.西方社会学理论教程[M].天津:南开大学出版社,2001.

[7] 李志军.2020中国城市营商环境评价[M].北京:中国发展出版社,2021.

[8] 林聚任,刘玉安.社会科学研究方法[M].2版.济南:山东人民出版社,2008.

[9] 刘少杰.现代西方社会学理论[M].长春:吉林大学出版社,1998.

[10] [美]罗伯特·K.默顿.社会理论和社会结构[M].唐少杰,齐心,等译.南京:译林出版社,2006.

[11] [美]乔纳森·H·特纳.现代西方社会学理论[M].范伟达,主译.天津:天津人民出版社,1988.

[12] [美]T·帕森斯.现代社会的结构与过程[M].梁向阳,译.北京:光明日报出版社,1988.

[13] [美]玛格丽特·波洛玛.当代社会学理论[M].孙立平,译.北京:华夏出版社,1989.

[14] 王琛伟.我国"放管服"改革成效评估方法探索[M].北京：经济管理出版社，2019.

[15] 文军.西方社会学理论：经典传统与当代转向[M].上海：上海人民出版社，2006.

[16] 吴理财.中国政府与政治[M].武汉：华中师范大学出版社，2016.

[17] 习近平.习近平谈治国理政(第一卷)[M].北京：外文出版社有，2018.

[18] 习近平.习近平谈治国理政(第二卷)[M].北京：外文出版社，2017.

[19] 辞海编辑委员会.辞海[M].上海：上海辞书出版社，1989.

[20] 谢庆奎.当代中国政府与政治[M].2版.北京：高等教育出版社，2010.

[21] 谢自强.政府干预理论与政府经济职能[M].长沙：湖南大学出版社，2004.

[22] 新华汉语词典[M].北京：商务印书馆国际有限公司，2013.

[23] 新华字典[M].北京：商务印书馆，2012.

[24] 徐国祥.统计预测和决策[M].上海：上海财经大学出版社，2008.

[25] 杨开峰等.中国之治·国家治理体系和治理能力现代化十五讲[M].北京：中国人民大学出版社，2020.

[26] [英]克里斯托弗·波利特，[比利时]海尔特·鲍克尔特.公共管理改革——比较分析[M].夏镇平，译.上海：上海译文出版社，2003.

[27] 高培勇.公共行政学[M].北京：经济科学出版社，2002.

[28] 中国社会科学院语言研究所词典编辑室.现代汉语词典[M].北京：商务印书馆，2012.

[29] 竺乾威.公共行政学[M].2版.上海：复旦大学出版社，2000.

[30] 安彩英.国外政府效能建设的实践及启示[J].云南行政学院学报，2013，15(2)：43-45.

[31] 安宇宏."放管服"[J].宏观经济管理，2016(8)：80-81.

[32] 白玉杰.《2019中国城市营商环境报告》发布，北京综合排名全国第一[J].中关村，2020(7)：13.

[33] 包国宪，董静.政府绩效评价在西方的实践及启示[J].兰州大学学报，2006(5)：20-26.

[34] 《中国行政管理》编辑部.深化"放管服"改革优化营商环境[J].中国行政管理，2019(7)：5.

[35] 毕克新，施芳芳，温巧云.基于FAHP的行政审批制度改革绩效评价研究[J].科技与管理，2012，14(2)：20-23.

[36] 毕瑞峰，段龙飞."放管服"改革背景下的地方政府事权承接研究——基于广东省中山市镇区的调查分析[J].中国行政管理，2018(8)：30-34.

[37] 薄贵利, 吕毅品. 论建设高质量的服务型政府[J]. 社会科学战线, 2020(2): 189-197.

[38] 蔡岚. 合作治理: 现状和前景[J]. 武汉大学学报(哲学社会科学版), 2013, 66(3): 41-46, 128.

[39] 曹尔黎. 第三方B2B电子商务平台服务质量分析[J]. 商业研究, 2010(6): 213-216.

[40] 曹俊德. "三圈理论"的核心思想及决策方法论意义[J]. 国家行政学院学报, 2010(1): 37-41.

[41] 曹莹. 政务公开如何用好"互联网＋"[J]. 人民论坛, 2017(33): 70-71.

[42] 崔运武, 李玫. 论我国地方政府"放管服"改革的挑战与应对——基于政策有效执行和整体性治理的分析[J]. 湘潭大学学报(哲学社会科学版), 2019, 43(2): 13-20.

[43] 崔卓兰. 行政法观念更新试论[J]. 吉林大学社会科学学报, 1995(5): 75-78.

[44] 柴宝勇. 以加强公正监管大力推进"放管服"改革[J]. 中国行政管理, 2019(4): 13-14.

[45] 陈皓然, 吴秋惠, 王鸳鸳, 等. 基于结构过程结果(SPO)模型的药学服务评价研究概述[J]. 中国药师, 2020, 23(4): 733-735.

[46] 陈俊营, 丁文丽, 马宁辉. 降低准入管制就能促进经济增长吗?——全球放松准入管制政策改革绩效再评价[J]. 现代财经(天津财经大学学报), 2019, 39(1): 72-85.

[47] 陈丽君, 童雪明. 整体性治理视阈中的"最多跑一次"改革: 成效、挑战及对策[J]. 治理研究, 2018, 34(3): 29-38.

[48] 陈泉生. 论现代行政法学的理论基础[J]. 法制与社会发展, 1995(5): 12-20.

[49] 陈世香, 黎德源. 中国"放管服"改革研究的进展与前瞻[J]. 上海行政学院学报, 2021, 22(3): 101-111.

[50] 陈升, 王梦佳, 李霞. 有限政府理念下行政审批改革及绩效研究——以浙、豫、渝等省级权力清单为例[J]. 公共行政评论, 2017, 10(4): 80-94, 194.

[51] 陈水生. 国家治理现代化视角下的"放管服"改革: 动力机制、运作逻辑与未来展望[J]. 政治学研究, 2020(4): 72-81, 127.

[52] 陈学芳, 严卫林. "多快好省"的主题式案例教学[J]. 中学政治教学参考, 2015(21): 50-51.

[53] 陈咏江. 当前中国国民党的转型问题浅探——基于涂尔干的结构功能主义视角[J]. 台湾研究, 2019(1): 38-49.

[54] 陈振明.中国政府改革与治理的目标指向和实践进展[J].东南学术,2020(2):36-43,246.

[55] 程波辉,彭向刚.两种政府模式下的"放管服"改革比较[J].行政论坛,2019,26(6):42-48.

[56] 程镝.政务服务中心服务质量公众满意度研究——基于H市政务服务中心"最多跑一次"改革[J].山东大学学报(哲学社会科学版),2021(1):65-74.

[57] 成婧.结构功能主义视角下的国家治理体系建设[J].湖南科技大学学报(社会科学版),2014,17(6):64-68.

[58] 程倩."服务行政":从概念到模式——考察当代中国"服务行政"理论的源头[J].南京社会科学,2005(5):50-57.

[59] 成协中."放管服"改革的行政法意义及其完善[J].行政管理改革,2020(1):36-44.

[60] 丁邡,逢金辉,乔靖媛.我国"放管服"改革成效评估与展望[J].宏观经济管理,2019(6):25-29.

[61] 丁煌.服务型政府的理论澄清[J].中国行政管理,2004(11):21.

[62] 邓念国."放管服"改革中政务大数据共享的壁垒及其破解——以"最多跑一次"改革为考察对象[J].天津行政学院学报,2018,20(1):14-21.

[63] 邓悦,周宇航.基于双重差分法的改革绩效评估——以河南邓州强县扩权为例[J].江西社会科学,2013,33(2):178-182.

[64] 邓悦,郑汉林,郅若平."放管服"改革对企业经营绩效的影响——来自中国企业-劳动力匹配调查(CEES)的经验证据[J].改革,2019(8):128-139.

[65] 丁依霞,郭俊华.网上政务服务体验质量的层次分析及综合模糊评价[J].图书馆,2020(9):1-7,13.

[66] 杜岩岩,张赫.PDCA循环理论视角下首尔国立大学绩效评估的策略及启示[J].现代教育管理,2020(10):106-115.

[67] 范柏乃,朱华.我国地方政府绩效评价体系的构建和实际测度[J].政治学研究,2005(1):86-97.

[68] 方茜,贺昌政.基于激励视角的政府效能提升路径研究——以基本公共服务为例[J].软科学,2013,27(2):24-27.

[69] 封丽霞.新中国法治道路的逻辑展开——以中国社会主要矛盾的发展变化为线索[J].中共中央党校(国家行政学院)学报,2020,24(2):101-111.

[70] 冯娜娜,沈月琴,孙小龙,等."三圈理论"视角下农村宅基地退出模

式比较——基于义乌市的观察[J].中国农业资源与区划,2021,42(2):44-51.

[71] 高慧军,黄华津.新时代我国政府公共关系优化研究[J].中国行政管理,2019(6):16-21.

[72] 高小平,陈新明.政府绩效管理视角下深化"放管服"改革研究[J].理论与改革,2019(2):51-60.

[73] 高学栋,李坤轩.推进"互联网+政务服务"对策研究——基于山东省部分政府部门"放管服"改革第三方评估[J].华东经济管理,2016,30(12):178-184.

[74] 高月姣,吴和成.创新主体及其交互作用对区域创新能力的影响研究[J].科研管理,2015,36(10):51-57.

[75] GB/T 19000—2000质量管理体系基础和术语[J].世界标准信息,2001(4):11-30.

[76] 耿欣,代金奎.农村信用社改革绩效评价——以山东省为例[J].山东社会科学,2012(12):165-167.

[77] 顾杰,何崇喜.下硬功夫打造好发展软环境[J].中国行政管理,2019(4):6-7.

[78] 关盛梅.结构功能主义视野下的家庭变迁与青少年社会化[J].学术交流,2009(2):126-130.

[79] 郭泽保.政府效能建设若干问题探析[J].福建行政学院福建经济管理干部学院学报,2001(4):6-9,77.

[80] 郭齐胜,张磊.武器装备系统效能评估方法研究综述[J].计算机仿真,2013,30(8):1-4,18.

[81] 郭瑞,杨天通.高校智库评价指标体系的构建及实证研究——基于第四代评估理论视角[J].智库理论与实践,2021,6(5):33-44.

[82] 郭燕芬,柏维春.政府效能的概念界定、辨析与发展[J].广西社会科学,2017(8):133-137.

[83] 贺芒,邹芳,范晓洁."三圈理论"模型下公共文化服务跨部门合作机制研究[J].重庆社会科学,2020(12):88-98.

[84] 胡建,程琳,贾进.河北省集体林权制度改革绩效分析[J].河北学刊,2012,32(5):236-238.

[85] 胡锦涛.高举中国特色社会主义伟大旗帜 为夺取全面建设小康社会新胜利而奋斗——在中国共产党第十七次全国代表大会上的报告[J].求是,2007(21):3-22.

[86] 胡税根，冯锐，杨竞楠.优化营商环境 培育和激发市场主体活力[J].中国行政管理，2021(8)：16-18.

[87] 黄海燕.民意大众传播的政治效能[J].江西社会科学，2018，38(3)：212-217.

[88] 黄建.新时代行政文化建设面临的问题及解决路径[J].中州学刊，2019(8)：16-20.

[89] 黄琨，肖光恩.关于增强湖北省市场活力促进开放型经济发展问题研究[J].湖北社会科学，2016(4)：66-71，127.

[90] 黄鲁成，黄斌.科技型小微企业技术创新中的管理风险评价指标体系构建[J].科技进步与对策，2014，31(6)：118-122.

[91] 黄晓磊，邓友超.学校活力评价指标体系构建——基于德尔菲法的调查分析[J].教育学报，2017，13(1)：23-31.

[92] 侯志阳.强化中的弱势："放管服"改革背景下乡镇政府公共服务履职的个案考察[J].中国行政管理，2019(5)：46-51.

[93] 戢浩飞.深化"放管服"改革的重点与方向——基于机构改革的分析视角[J].天津行政学院学报，2020，22(1)：46-53.

[94] 姜晓萍，苏楠.国内服务型政府研究的知识图谱[J].四川大学学报(哲学社会科学版)，2014(2)：98-109.

[95] 金延杰.中国城市经济活力评价[J].地理科学，2007(1)：9-16.

[96] 寇大伟，崔建锋.整体性治理视域的"放管服"改革——以河北省"放管服"改革为例[J].领导科学，2019(4)：13-16.

[97] 蓝虹，穆争社.我国农村信用社改革绩效评价——基于三阶段DEA模型Malmquist指数分析法[J].金融研究，2016(6)：159-175.

[98] 李冠青.农村信用社改革绩效评价及政策建议——基于山东地区的实证研究[J].东岳论丛，2013，34(2)：128-131.

[99] 李军鹏.十九大后深化放管服改革的目标、任务与对策[J].行政论坛，2018，25(2)：11-16.

[100] 李健，荣幸."放管服"改革背景下社会组织发展的政策工具选择——基于2004至2016年省级政策文本的量化分析[J].国家行政学院学报，2017(4)：73-78，146-147.

[101] 李静.城市社区网络治理结构的构建——结构功能主义的视角[J].东北大学学报(社会科学版)，2016，18(6)：605-609.

[102] 李军鹏.改革开放40年：我国放管服改革的进程、经验与趋势[J].学习与实践，2018(2)：29-36.

[103] 李克强.在全国深化"放管服"改革 转变政府职能电视电话会议上的讲话[N].人民日报，2018-07-13(2).

[104] 李克强.简政放权 放管结合 优化服务 深化行政体制改革 切实转变政府职能——在全国推进简政放权放管结合职能转变工作电视电话会议上的讲话[J].中国机构改革与管理，2015(6)：6-13.

[105] 李坤轩.新时代深化"放管服"改革的问题与对策[J].行政管理改革，2019(6)：75-82.

[106] 李水金，欧阳蕾.十八大以来我国"放管服"改革的动因、成效、困境及推进策略[J].天津行政学院学报，2020,22(2)：11-21.

[107] 李岩.美国医疗质量管理之父多那比第安(Avedis Donabedian)[J].中国医院，2003(5)：30.

[108] 李彦娅，聂勇钢.基于政治系统理论的"放管服"改革动因解析[J].成都行政学院学报，2019(3)：17-21.

[109] 李彦娅."放管服"改革的理性与价值——基于政府改革进程的梳理[J].理论与改革，2019(6)：138-145.

[110] 李彦娅，冷普林.江西省"放管服"改革：缘起、困境及其优化路径——基于合作治理的理论视角[J].四川行政学院学报，2020(2)：32-42.

[111] 李瑜，毕晓光."政策打架"现象的机理与消解对策[J].领导科学，2019(22)：19-22.

[112] 林清泉，刘典文.深化高等教育"放管服"改革的路径选择——基于福建省的实践与探索[J].教育评论，2016(12)：3-8.

[113] 林永生，郭治鑫，吴其倡.中国市场化改革绩效评估[J].北京师范大学学报(社会科学版)，2019(1)：147-157.

[114] 梁謇.中国特色社会主义"资源配置市场决定论"解析[J].北方论丛，2015(1)：142-146.

[115] 廖福崇."放管服"改革、行政审批与营商环境——来自企业调查的经验证据[J].公共管理与政策评论，2019，8(6)：80-96.

[116] 廖福崇.治理现代化、审批改革与营商环境：改革成效与政策启示[J].经济体制改革，2020(1)：5-12.

[117] 廖福崇."放管服"改革优化了营商环境吗？——基于6144家民营企业数据的统计分析[J].当代经济管理，2020，42(7)：74-82.

[118] 刘海涛，张秀兰.逻辑学原理在基于本体的知识组织中的应用[J].图书馆学研究，2012(3)：62-65，31.

[119] 刘润忠.试析结构功能主义及其社会理论[J].天津社会科学,2005(5):52-56.

[120] 刘熙瑞.切实加强积极服务型政府的研究和建设[J].新视野,2004(2):47-49.

[121] 刘熙瑞.服务型政府——经济全球化背景下中国政府改革的目标选择[J].中国行政管理,2002(7):5-7.

[122] 刘熙瑞,段龙飞.服务型政府:本质及其理论基础[J].国家行政学院学报,2004(5):25-29.

[123] 刘潇阳,魏楠.地方政府"放管服"改革提升路径研究——基于整体性治理视角[J].领导科学,2018(32):25-27.

[124] 刘远亮."互联网+政务服务"驱动政府效能建设的逻辑理路[J].西南民族大学学报(人文社会科学版),2020,41(8):207-212.

[125] 柳亮.美国公立大学问责:结构功能主义的分析框架[J].教育发展研究,2010,30(Z1):5-10.

[126] 卢家银.舆论的动力中介:政治效能对青年政治表达的影响——基于中国大陆15所高校大学生的调查研究[J].暨南学报(哲学社会科学版),2017,39(3):102-111.

[127] 陆生宏,井胜,孙友晋.协同研究政务服务 助力优化营商环境[J].中国行政管理,2021(8):146-148.

[128] 陆晓丽,郭万山.城市经济活力的综合评价指标体系[J].统计与决策,2007(11):77-78.

[129] 罗佳,傅丽丽,覃文芳,等.Donabedian质量理论在血液净化中心手卫生持续改进中的应用[J].中国感染控制杂志,2021,20(5):462-466.

[130] 马宝成,吕洪业,王君琦,等.党的十八大以来政府职能转变的重要进展与未来展望[J].行政管理改革,2017(10):28-34.

[131] 马海群,唐守利.基于结构方程的政府开放数据网站服务质量评价研究[J].现代情报,2016,36(9):10-15,33.

[132] 马亮."放管服"改革:理论意蕴与政策启示[J].江苏师范大学学报(哲学社会科学版),2020,46(5):88-99,124.

[133] 马亮.国家治理、行政负担与公民幸福感——以"互联网+政务服务"为例[J].华南理工大学学报(社会科学版),2019,21(1):77-84.

[134] 马春庆.为何用"行政效能"取代"行政效率"——兼论行政效能建设的内容和意义[J].中国行政管理,2003(4):28-30.

[135] 孟凡蓉,陈光,袁梦,等.世界一流科技社团综合能力评估指标体系设计

研究[J].科学学研究，2020，38(11)：1937-1943.

[136] 倪星.地方政府绩效评估指标的设计与筛选[J].武汉大学学报(哲学社会科学版)，2007(2)：157-164.

[137] 彭向刚.技术赋能、权力规制与制度供给——"放管服"改革推进营商环境优化的实现逻辑[J].理论探讨，2021(5)：131-137.

[138] 彭云，王佃利.机制改革视角下我国"放管服"改革进展及梗阻分析——基于七省市"放管服"改革的调查[J].东岳论丛，2020，41(1)：125-133.

[139] 秦德君.马克思主义国家职能理论框架中的"放管服"改革价值分析[J].学术界，2021(4)：41-50.

[140] 秦长江."放管服"改革中存在的问题及其对策——基于河南的调研与思考[J].中州学刊，2019(3)：1-7.

[141] 渠滢.我国政府监管转型中监管效能提升的路径探析[J].行政法学研究，2018(6)：32-42.

[142] 《全国重点城市民营企业家对营商环境评价调查报告》摘要[J].光彩，2019(6)：59.

[143] 芮国强，彭伟，陈童.地方政府人才政策效能评估——以常州为例的实证研究[J].学海，2017(6)：156-160.

[144] 桑助来，张平平.政府绩效评估体系浮出水面[J].瞭望新闻周刊，2004(29)：24-25.

[145] 宋林霖，赵宏伟.论"放管服"改革背景下地方政务服务中心的发展新趋势[J].中国行政管理，2017(5)：148-151.

[146] 宋林霖，何成祥.优化营商环境视阈下放管服改革的逻辑与推进路径——基于世界银行营商环境指标体系的分析[J].中国行政管理，2018(4)：67-72.

[147] 宋林霖，许飞.论大市场监管体制改革的纵深路径——基于纵向政府职责系统嵌套理论分析框架[J].南开学报(哲学社会科学版)，2018(6)：11-21.

[148] 苏海坤.能力、效率与效益——谈提高乡镇政府行政效能的途径[J].学术论坛，2007(11)：69-72.

[149] 苏亮，马国芳.地方政府推进"放管服"改革实证研究——以云南省楚雄州为例[J].云南行政学院学报，2019，21(3)：120-126.

[150] 苏任刚，赵湘莲.制造业发展、创业活力与城市经济韧性[J].财经科学，2020(9)：79-92.

[151] 苏永伟，张跃强，陈池波.湖北省供给侧结构性改革绩效评价[J].统计与决策，2018，34(5)：99-102.

[152] 隋月娟.市场秩序评价体系的基本内容[J].江苏商论，2001(9)：11-12.

[153] 孙德敏.加强顶层设计和摸着石头过河相结合刍议[J].理论学习与探索，2014(3)：81-83.

[154] 孙浩，徐文宇.社会组织承接公共服务效能评价指标体系的构建[J].统计与决策，2017(10)：75-77.

[155] 孙杰，郑永丰.政府治理现代化视阈下"放管服"改革的路径[J].科学社会主义，2020(1)：117-122.

[156] 孙萍.创新行政管理方式势在必行[N].沈阳日报，2016-06-08(7).

[157] 孙萍，陈诗怡.基于主成分分析法的营商政务环境评价研究——以辽宁省14市的调查数据为例[J].东北大学学报(社会科学版)，2019，21(1)：51-56.

[158] 孙萍，陈诗怡.营商政务环境的要素构成与影响路径——基于669例样本数据的结构方程模型分析[J].辽宁大学学报(哲学社会科学版)，2020，48(4)：59-66.

[159] 孙萍，陈诗怡.地方政府创新的影响因素与多元路径——基于面板数据分析和定性比较分析的双重检测[J].北京行政学院学报，2020(3)：28-36.

[160] 孙萍，陈诗怡.营商政务环境：概念界定、维度设计与实证测评[J].当代经济管理，2020，42(10)：61-68.

[161] 孙萍，陈诗怡."放管服"改革的功能定位与发展路径——基于制度优势转化为治理效能的理论思考[J].学习与探索，2021(3)：47-53，179.

[162] 孙美佳，胡伟.政府行政效能对高层次人才集聚的影响研究[J].江苏行政学院学报，2016(5)：117-122.

[163] 孙艳阳.行政审批改革与企业价值——基于行政审批中心设立的"准自然实验"[J].山西财经大学学报，2019，41(7)：14-30.

[164] 市场秩序评价体系课题组.当代中国市场秩序的评价体系[J].教学与研究，1998(1)：20-23，63.

[165] 施雪华."服务型政府"的基本涵义、理论基础和建构条件[J].社会科学，2010(2)：3-11，187.

[166] 施雪华，方盛举.中国省级政府公共治理效能评价指标体系设计[J].政治学研究，2010(2)：56-66.

[167] 石佑启，刘茂盛.政府治理变革下行政法之革新——结构功能主义的分析方法[J].东南学术，2018(4)：218-226.

[168] 沈荣华.十八大以来我国"放管服"改革的成效、特点与走向[J].行政管理改革，2017(9)：10-14.

[169] 沈荣华.推进"放管服"改革：内涵、作用和走向[J].中国行政管理，2019(7)：15-18.

[170] 谭新雨,刘帮成.基层公务员创新何以提升"放管服"改革成效？——基于组织学视角的逻辑解释[J].中国行政管理，2020(3)：83-91.

[171] 唐大鹏,王璐璐.内部控制下政府行政运行成本管理创新[J].中国财政，2018(12)：32-34.

[172] 田小龙.我们为什么要从伦理路径建设服务型政府[J].安徽大学学报(哲学社会科学版)，2019，43(6)：148-156.

[173] 汪玉凯.放管服改革如何深化——社会各界对简政放权、放管结合、优化服务的评价[J].中国党政干部论坛，2017(9)：47-50.

[174] 王丛虎.考核评价是"放管服"落实到基层的重要抓手[J].国家治理，2019(48)：33-34.

[175] 王昌林,赵栩.加快营造国际一流的营商环境——关于当前深化"放管服"改革、优化营商环境的一些思考[J].中国行政管理，2019(7)：19-20.

[176] 王琛伟.我国"放管服"改革成效评估体系的构建[J].改革，2019(4)：48-59.

[177] 王湘军.国家治理现代化视域下"放管服"改革研究——基于5省区6地的实地调研[J].行政法学研究，2018(4)：106-115.

[178] 王晓洁,郭宁,李昭逸.优化税务营商环境的"加减乘除法"[J].税务研究，2017(11)：16-20.

[179] 王丛虎,门钰璐."放管服"视角下的行政审批制度改革[J].理论探索，2019(1)：91-96.

[180] 王鲁捷,陈龙,崔蕾.市级政府绩效评价研究[J].中国行政管理，2005(8)：44-47.

[181] 王晴.国家治理背景下的政府有效性改革——以公安机关"放管服"改革为例[J].东岳论丛，2020，41(2)：83-89.

[182] 王伟同,李秀华.东北地区企业活力评价与比较分析——基于微观企业的视角[J].地方财政研究，2019(1)：25-34.

[183] 王文龙.结构功能主义视角下乡村治理模式嬗变与中国乡村治理政策选择[J].现代经济探讨，2019(10)：117-124.

[184] 王亚婷,李永刚.政府公共服务的非均衡供给：一个结构功能主义的分析视角[J].学海，2018(4)：175-181.

[185] 王彦智."放管服"改革中提高西藏(地)市县(区)政府承接能力的思考[J].西藏民族大学学报(哲学社会科学版)，2017，38(5)：18-23，154.

[186] 魏顺平.技术支持的文献研究法：数字化教育研究的一个尝试[J].现代教育技术，2010，20(6)：29-34.

[187] 卫鑫."放管服"改革的现实问题与完善路径[J].中国行政管理，2021(2)：155-157.

[188] 吴建南，阎波.政府绩效：理论诠释、实践分析与行动策略[J].西安交通大学学报(社会科学版)，2004(3)：31-40.

[189] 吴建南，马亮，杨宇谦.比较视角下的效能建设：绩效改进、创新与服务型政府[J].中国行政管理，2011(3)：35-40.

[190] 吴建南，张攀，刘张立."效能建设"十年扩散：面向中国省份的事件史分析[J].中国行政管理，2014(1)：76-82.

[191] 吴晓林.结构依然有效：迈向政治社会研究的"结构-过程"分析范式[J].政治学研究，2017(2)：96-108，128.

[192] 武小龙，刘祖云.村社空心化的形成及其治理逻辑——基于结构功能主义的分析范式[J].西北农林科技大学学报(社会科学版)，2014，14(4)：108-113.

[193] 吴玉宗.服务型政府：概念、内涵与特点[J].西南民族大学学报(人文社科版)，2004(2)：406-410.

[194] 习近平.决胜全面建成小康社会 夺取新时代中国特色社会主义伟大胜利[N].人民日报，2017-10-28(1).

[195] 习近平.决胜全面建成小康社会 夺取新时代中国特色社会主义伟大胜利——在中国共产党第十九次全国代表大会上的报告[J].前线，2017(11)：4-28.

[196] 习近平在东北三省考察并主持召开深入推进东北振兴座谈会时强调 解放思想锐意进取深化改革破解矛盾 以新气象新担当新作为推进东北振兴[J].奋斗，2018(19)：1-12，77.

[197] 习近平参加内蒙古代表团审议[J].内蒙古统战理论研究，2020(3)：8-9.

[198] 夏志强，李天兵.服务型政府研究的理论论争[J].行政论坛，2021，28(3)：41-50.

[199] 解安，杨峰."放、管、服"改革的经验启示及路径优化[J].中国行政管理，2018(5)：158-159.

[200] 谢庆奎.服务型政府建设的理论研究[J].学习与探索，2005(5)：81-82.

[201] 新加坡南洋理工大学南洋公共管理研究生院课题组.2013连氏中国服务型政府调查报告[J].电子政务，2014(4)：18-33.

[202] 燕继荣.服务型政府的研究路向——近十年来国内服务型政府研究综述[J].学海，2009(1)：191-201.

[203] 颜佳华，欧叶荣.有效的政府治理：基于行政文化创新视角的分析[J].河南师范大学学报(哲学社会科学版)，2016，43(3)：50-55.

[204] 杨代贵.论行政组织对行政效能的影响[J].江西社会科学，2003(1)：188-190.

[205] 杨黎婧.公众参与政府效能评价的悖论、困境与出路：一个基于三维机制的整合性框架[J].南京社会科学，2019(9)：71-78，102.

[206] 姚润田.简论"多快好省"方针[J].当代中国史研究，2009，16(03)：35-40，125.

[207] 叶托，胡税根.政府购买社会服务的绩效评估指标体系研究——基于德尔菲法和层次分析法的应用[J].广东行政学院学报，2015，27(2)：5-13，45.

[208] 应小丽，蒋国勇."放管服"改革的浙江实践与地方治理创新[J].中国行政管理，2018(3)：155-156.

[209] 郁建兴，徐越倩.从发展型政府到公共服务型政府——以浙江省为个案[J].马克思主义与现实，2004(5)：65-74.

[210] 俞文冉，陈乃宣.从"多快好省"到"一个中心、两个基本点"[J].武汉水利电力大学学报(社会科学版)，2000(4)：13-17，29.

[211] 贠娟绸.把"放管服效"改革推向纵深[N].山西经济日报，2017-06-19(1).

[212] 张波.房地产上市公司经营绩效评价[J].统计与决策，2006(4)：55-57.

[213] 张成福，党秀云.中国公共行政的现代化——发展与变革[J].行政论坛，1995(4)：3-9.

[214] 张电电，张红凤，范柏乃.地方政府职能转变绩效：概念界定、维度设计与实证测评[J].中国行政管理，2018(5)：33-39.

[215] 张发明，华文举，李玉茹.几种综合评价方法的稳定性分析[J].系统科学与数学，2019，39(4)：595-610.

[216] 张钢，徐贤春.地方政府能力的评价与规划——以浙江省11个城市为例[J].政治学研究，2005(2)：96-107.

[217] 张钢，徐贤春，刘蕾.长江三角洲16个城市政府能力的比较研究[J].管理世界，2004(8)：18-27.

[218] 张广瑞."多、快、好、省"[J].新闻与写作，1999(11)：44-45.

[219] 张紧跟.在赋予地方政府更多自主权的改革中激发地级市发展活力[J].探索，2019(1)：27-35.

[220] 张康之.行政道德的制度保障[J].浙江社会科学，1998(4)：64-69.

[221] 张康之.限制政府规模的理念[J].行政论坛,2000(4):7-13.

[222] 张珊珊,王晓丽,田慧生.质量管理学视角下教材管理效能的提升[J].课程·教材·教法,2020,40(1):50-54.

[223] 张占斌,孙飞.改革开放40年:中国"放管服"改革的理论逻辑与实践探索[J].中国行政管理,2019(8):20-27.

[224] 漳州市机关效能建设纪实[J].浙江国土资源,2004(5):30-33.

[225] 赵宏伟.深化"放管服"改革 优化区域营商环境[J].中国行政管理,2019(7):21-23.

[226] 赵光勇,辛斯童,罗梁波."放管服"改革:政府承诺与技术倒逼——浙江"最多跑一次"改革的考察[J].甘肃行政学院学报,2018(3):35-46,127.

[227] 赵曼,朱丽君.取消设立许可:养老机构事中事后监管研究[J].社会保障研究,2020(2):13-19.

[228] 赵如松,陈素萍,刘莹,等.政府效能评估指标体系初探[C].政府法制研究(2017年合订本),2017.

[229] 赵晓芳."三圈理论"视角下的社会组织活力研究[J].兰州学刊,2017(9):186-197.

[230] 郑布英.建设地方政府行政效能长效机制[J].四川行政学院学报,2005(2):18-20.

[231] 郑方辉,张兴.独立第三方评政府整体绩效:"广东试验"审视[J].学术研究,2014(8):31-36.

[232] 郑小强.政府职能转变动力机制研究——系统动力学观点[J].上海行政学院学报,2013,14(3):55-63.

[233] 郑修身.什么是秩序?生产秩序、工作秩序、教学科研秩序、人民群众生活秩序有什么区别?[J].中学政治课教学,1986(5):37.

[234] 中华人民共和国国民经济和社会发展第十三个五年规划纲要 第十一篇 构建全方位开放新格局[J].领导决策信息,2016(12):47-49.

[235] 中共中央关于构建社会主义和谐社会若干重大问题的决定[J].求是,2006(20):3-12.

[236] 中共中央国务院关于全面振兴东北地区等老工业基地的若干意见[N].人民日报,2016-04-27(1).

[237] 中国共产党第十九届中央委员会第三次全体会议公报[J].中国纪检监察,2018(4):4-5.

[238] 中国共产党第十九届中央委员会第四次全体会议公报[J].人民法治，2019(21)：8-11.

[239] 中国共产党第十九届中央委员会第五次全体会议公报[J].中国人大，2020(21)：6-8.

[240] 中国行政管理学会课题组.政府效能建设研究报告[J].中国行政管理，2012(2)：7-10.

[241] 中国行政管理学会课题组.深化"放管服"改革 建设人民满意的服务型政府[J].中国行政管理，2019(3)：6-12.

[242] 周定财.结构功能主义视角下地方服务型政府的结构分析[J].上海行政学院学报，2016，17(3)：43-52.

[243] 周小亮，吴洋宏.供给侧结构性改革绩效评价：基于经济增长动力视角[J].社会科学研究，2019(3)：8-18.

[244] 周怡.社会结构：由"形构"到"解构"——结构功能主义、结构主义和后结构主义理论之走向[J].社会学研究，2000(3)：55-66.

[245] 周云飞.基于PDCA循环的政府绩效管理流程模式研究[J].情报杂志，2009，28(10)：72-75，84.

[246] 周振超，蒋琪，彭华伟.税收"放管服"改革视域下纳税人营商环境满意度[J].重庆社会科学，2020(4)：51-61.

[247] 朱光磊，孙涛."规制-服务型"地方政府：定位、内涵与建设[J].中国人民大学学报，2005(1)：103-111.

[248] 朱正威，杨晶晶.国内政府效能问题研究综述[J].特区经济，2007(4)：271-272.

[249] 竺乾威.服务型政府：从职能回归本质[J].行政论坛，2019，26(5)：96-101.

[250] 庄嘉声.深化"放管服"改革 激发市场主体活力——学习6·25全国电视电话会议精神的体会[J].中国行政管理，2019(7)：11-14.

[251] 卓越.公共部门绩效评估初探[J].中国行政管理，2004(2)：71-76.

[252] 卓越.政府绩效评估的模式建构[J].政治学研究，2005(2)：88-95.

[253] 国务院.国务院关于东北全面振兴"十四五"实施方案的批复[EB/OL].(2021-11-08)[2021-09-13].http://www.gov.cn/zhengce/content/2021/09/13/content_5637015.htm.

[254] 韩艳.政府购买居家养老服务质量评估研究[D].厦门：厦门大学，2017.

[255] 李克强.衡量"放管服"改革成效要有明确量化指标[EB/OL].(2016-05-10)[2020-02-20].http://www.gov.cn/xinwen/2016-05/10/content_5071899.htm.

[256] 李克强.在全国深化"放管服"改革着力培育和激发市场主体活力电视电话会议上的讲话[EB/OL].(2021-11-09)[2021-06-02].http://www.gov.cn/gongbao/content/2021/content_5618940.htm.

[257] 李精精.工作激情影响员工创造性绩效的因果环机制研究[D].北京：北京科技大学，2020.

[258] Wollmann H.Evaluation in public-sector reform：Concepts and practice in international perspective[M].Cheltenham:Edward Elgar, 2003.

[259] Alam Siddiquee N.Public management reform in Malaysia：Recent initiatives and experiences[J].International Journal of Public Sector Management, 2006, 19(4)：339-358.

[260] Arnett D B, Sandvik I L, Sandvik K.Two paths to organizational effectiveness-product advantage and life-cycle flexibility[J].Journal of Business Research, 2018, 84：285-292.

[261] Bari Durra A. Assessment of training needs within the context of administrative reform in Jordan[J]. International Journal of Manpower, 1990, 11(7)：3-10.

[262] Billing T. Government fragmentation, administrative capacity, and public goods：The negative consequences of reform in Burkina Faso[J].Political Research Quarterly, 2019, 72(3)：669-685.

[263] Bonini Baraldi S. Evaluating results of public sector reforms in Rechtsstaat countries： The role of context and processes in the reform of the Italian and French cultural heritage system[J]. International Public Management Journal, 2014, 17(3)：411-432.

[264] Bowornwathana B, Poocharoen O. Bureaucratic politics and administrative reform： Why politics matters[J].Public Organization Review, 2010, 10(4)：303-321.

[265] Brewer G A.Does administrative reform improve bureaucratic performance? A cross-country empirical analysis[J].Public Finance & Management, 2004, 4(3)：399-428.

[266] Bruhn M, McKenzie D. Using administrative data to evaluate municipal reforms：An evaluation of the impact of Minas Fácil Expresso[J].Journal of Development Effectiveness, 2013, 5(3)：319-338.

[267] Connolly T, Conlon E J, Deutsch S J. Organizational effectiveness：A multiple-constituency approach[J].Academy of Management Review, 1980, 5(2):211-218.

[268] Donabedian A. Evaluating the quality of medical care[J]. The Milbank Quarterly, 2005, 83(4): 691-729.

[269] Donabedian A. The quality of care: How can it be assessed? [J]. JAMA, 1988, 260(12): 1743-1748.

[270] Donabedian A. The seven pillars of quality[J]. Archives of Pathology & Laboratory Medicine, 1990, 114(11): 1115-1118.

[271] Donabedian A. The role of outcomes in quality assessment and assurance[J]. Qrb Quality Review Bulletin, 1992, 18(11): 356-360.

[272] Guo B. China's administrative governance reform in the era of "new normal" [J]. Journal of Chinese Political Science, 2017, 22(2): 1-17.

[273] Hansen H F. Evaluation in and of public-sector reform: The case of Denmark in a Nordic perspective[J]. Scandinavian Political Studies, 2005, 28(4): 323-347.

[274] Askim J, Cheristensen T, Fimreite A L, et al. How to assess administrative reform? Investigating the adoption and preliminary impacts of the Norwegian Welfare administration reform[J]. Public Administration, 2010, 88(1): 232-246.

[275] Kuhlmann S. Reforming local government in Germany: Institutional changes and performance impacts[J]. German Politics, 2009, 18(2): 226-245.

[276] Kunkel S, Rosenqvist U, Westerling R. The structure of quality systems is important to the process and outcome, an empirical study of 386 hospital departments in Sweden[J]. Bmc Health Services Research, 2007, 7(1): 104.

[277] Lecy J D, Schmitz H P, Swedlund H. Non-governmental and not-for-profit organizational effectiveness: A modern synthesis[J]. Voluntas: International Journal of Voluntary and Nonprofit Organizations, 2012, 23(2): 434-457.

[278] Liebman B L. Assessing China's legal reforms[J]. Columbia Journal of Asian Law, 2009, 23 (1): 17-33.

[279] Liket K C, Maas K. Nonprofit organizational effectiveness: Analysis of best practices[J]. Nonprofit & Voluntary Sector Quarterly, 2015, 44(2): 268-296.

[280] Liu L, de Jong M, Huang Y. Assessing the administrative practice of environmental protection performance evaluation in China: The case of Shenzhen [J]. Journal of Cleaner Production, 2016, 134: 51-60.

[281] Lukasiewicz A, Bowmer K, Syme G J, et al. Assessing government intentions for Australian water reform using a social justice framework[J]. Society & Natural Resources, 2013, 26(11): 1314-1329.

[282] Brans M, De Visscher C, Vancoppenolle D. Administrative reform in Belgium: Maintenance or modernisation?[J]. West European Politics, 2006, 29(5): 979-998.

[283] Mitchell P H, Ferketich S, Jennings B M, et al. Quality health outcomes model[J]. Image: The Journal of Nursing Scholarship, 1998, 30(1): 43-46.

[284] Morrell M E. Survey and experimental evidence for a reliable and valid measure of internal political efficacy[J]. Public Opinion Quarterly, 2003, 67(4): 589-602.

[285] Morrell M E. Deliberation, democratic decision-making and internal political efficacy[J]. Political Behavior, 2005, 27(1): 49-69.

[286] Boyd N M. Administrative Reform in the States[J]. Public Administration Quarterly, 2009, 33(2): 155-163.

[287] Neshkova M I, Kostadinova T. The effectiveness of administrative reform in new democracies[J]. Public Administration Review, 2012, 72(3): 324-333.

[288] Quinn R E, Rohrbaugh J. A competing values approach to organizational effectiveness[J]. Public Productivity Review, 1981, 5(2): 122-140.

[289] Ra H M, Joo J. Evaluating customer-centred reforms in Korean local governments: Possibilities and limitations of reform measures for civil application[J]. International Review of Administrative Sciences, 2005, 71(3): 425-444.

[290] Sözen S. Recent administrative reforms in Turkey: A preliminary assessment[J]. International Journal of Business and Social Science, 2012, 3(9): 168-173.

[291] Sun M T W. Rhetoric or action? An assessment of the administrative reform in Taiwan[J]. Journal of Asian Public Policy, 2008, 1(1): 52-70.

[292] Wolak J. Self-confidence and gender gaps in political interest, attention, and efficacy[J]. The Journal of Politics, 2020, 82(4): 1490-1501.

[293] World Bank Group. Doing Business 2018[R]. A World Bank Group Flagship Report, 2018.

[294] Yang K, Pandey S K. How do perceived political environment and administrative reform affect employee commitment?[J]. Journal of Public Administration Research and Theory, 2008, 19(2): 335-360.

[295] Yokoyama M. Evaluation systems in local government: Are evaluation systems useful tools of administrative reform?[J]. Interdisciplinary Information Sciences, 2009, 15(2): 243-250.

[296] Yuchtman E, Seashore S E. A system resource approach to organizational effectiveness[J]. American Sociological Review, 1967, 32(6): 891-903.

附 录

附录A
"地级市政府'放管服'改革效能评价指标体系构建"专家咨询问卷（第一轮）

尊敬的专家：

  您好！我们是东北大学"地级市政府'放管服'改革效能评价指标体系构建"课题组工作人员。鉴于您扎实的理论学识与丰富的实践经验，我们诚挚地邀请您参加"地级市政府'放管服'改革效能评价指标体系构建"的专家咨询，您的意见对于提升评价指标体系的科学性与权威性至关重要，恳请您能够在百忙之中抽出时间，阅读、完成问卷填写工作，并在<u>一周内返回</u>。

  本研究尝试构建地级市政府"放管服"改革效能评价指标体系，我们认为"效能"中的"效"意指外显效用，指改革主体通过系列改革举措而做出的成绩；"能"意指内在潜能，指改革主体自身所具备的基础性改革要素，而"放管服"改革效能则等于两者的乘积。因此，本问卷第一部分是内在潜能指标重要度评价；第二部分是外显效用指标重要度评价；第三部分是专家的基本情况。本问卷采用匿名方式，所收集的各项数据仅用于学术研究，请您放心作答。填答此问卷预计需要<u>10~15分钟</u>。

  我们非常期待您的宝贵意见，敬请给予指导与帮助，在此由衷感谢您的配合！

东北大学
"地级市政府'放管服'改革效能评价指标体系构建"课题组

一、"放管服"改革内在潜能指标的重要度评价表

  我们初步提出关于"内在潜能"的<u>4项一级指标、15项二级指标</u>，表1为关于一级指标的专家评议，表2为关于二级指标的专家评议。如果您认为某项指标<u>没</u>

有存在的必要，需要删除，请在"重要程度"的框内写 <u>0 分</u>（<u>0=删除</u>），如果您认为某项指标<u>需要保留</u>，请您对其重要性做出判断，并在"重要程度"的框内写上相应分数（<u>1~5</u>），其中 <u>1=不重要，2=不太重要，3=一般，4=重要，5=非常重要</u>。如有需要<u>修改</u>或<u>增加</u>的指标，请您写在"<u>修改建议</u>"一栏中。

表1　内在潜能一级指标专家评议

	一级指标	指标内涵	重要程度
内在潜能	感知价值	改革主体对"放管服"改革重要性或意义的感知程度	
	改革能力	改革主体自身具备的、与"放管服"改革相关的综合素质	
	文化环境	凝结于改革主体内部的组织氛围	
	制度环境	改革主体自身在制度体系建设方面的基本情况	
修改建议			

表2　内在潜能二级指标专家评议

一级指标	二级指标	指标内涵	重要程度
感知价值	顶层价值	改革主体能够在多大程度上感知到"放管服"改革对推进国家治理体系和治理能力现代化的重要意义	
	内部价值	改革主体能够在多大程度上感知到"放管服"改革对政府权力调整与政府职能科学转变的重要意义	
	外部价值	改革主体能够在多大程度上感知到"放管服"改革对适应市场经济发展、满足民众美好生活需求的重要意义	
改革能力	资源获取能力	改革主体在获取人力、财力、物力资源方面的实际表现	
	资源配置能力	改革主体在科学、合理分配人力、财力、物力资源方面的实际表现	
	资源整合能力	改革主体在调动、整合人力、财力、物力资源方面的实际表现	
	资源运用能力	改革主体在运用人力、财力、物力资源，提供公共产品和服务方面的实际表现	
文化环境	服务文化	改革主体内部具有以人为本、抵制传统官本位的行政氛围	

续表

一级指标	二级指标	指标内涵	重要程度
文化环境	法治文化	改革主体内部具有按章办事、抵制人治的行政氛围	
	廉政文化	改革主体内部具有两袖清风、抵制腐败的行政氛围	
	勤政文化	改革主体内部具有尽职务实、抵制懒政怠政的行政氛围	
制度环境	制度的科学性	改革主体制定的制度具有科学性，符合发展逻辑与发展实际	
	制度的及时性	改革主体制定的制度具有及时性，能够切实解决新问题、满足新要求	
	制度的完备性	改革主体拥有系统、全面的制度体系	
	制度的稳定性	改革主体的制度体系相对稳定，没有朝令夕改现象	
修改建议			

二、"放管服"改革外显效用指标的重要度评价表

"外显效用"部分包含3项一级指标、9项二级指标、40项三级指标。表3为关于一级指标的专家评议，表4为关于二级指标的专家评议，表5为关于三级指标的专家评议。如果您认为某项指标没有存在的必要，需要删除，请在"重要程度"的框内写0分（0＝删除），如果您认为某项指标需要保留，请您对其重要性做出判断，并在"重要程度"的框内写上相应分数（1~5），其中1＝不重要，2＝不太重要，3＝一般，4＝重要，5＝非常重要。如有需要修改或增加的指标，请您写在"修改建议"一栏中。

表3　外显效用一级指标专家评议

	一级指标	指标内涵	重要程度
外显效用	改革效率	改革主体单位时间内的工作量	
	改革效果	改革主体对预期目标的实现程度	
	改革成本	改革主体为推进改革工作而投入的人力、物力和财力的总和	
修改建议			

表4 外显效用二级指标专家评议

一级指标	二级指标	指标内涵	重要程度
改革效率	行政审批效率	改革主体在行政审批改革方面的工作量（行政审批改革是简政放权的核心举措）	
	政府监管效率	改革主体在政府监管改革方面的工作量（政府监管改革是放管结合的核心举措）	
	政务服务效率	改革主体在政务服务改革方面的工作量（政务服务改革是优化服务的核心举措）	
改革效果	放出活力	简政放权的目的在于激发、释放市场和社会的自我生存与自我发展能力	
	管出秩序	放管结合的目的在于使市场和社会中的各类行为处于规范化状态，有条理、不混乱	
	服出品质	优化服务的目的在于提升政府服务质量，增强人民群众的满意度	
改革成本	人力投入	在"放管服"改革中，对改革人员的投入量	
	物力投入	在"放管服"改革中，对改革设施（如政务服务中心的自助服务系统等）的投入量	
	财力投入	在"放管服"改革中，因政策实施需要（如财政补贴等）而形成的资金投入量	
修改建议			

表5 外显效用三级指标专家评议

一级指标	二级指标	三级指标	指标内涵	重要程度
改革效率	行政审批效率	行政审批部门	改革主体对行政审批部门数量的实际削减量	
		行政审批事项	改革主体对行政审批事项数量的实际削减量	
		行政审批要件	改革主体对行政审批申报要件数量的实际削减量	
		行政审批环节	改革主体对行政审批办理环节数量的实际削减量	
		行政审批成本	改革主体对行政审批办理所付成本的实际削减量	

续表

一级指标	二级指标	三级指标	指标内涵	重要程度
改革效率	行政审批效率	行政审批时限	改革主体对行政审批办理所需时限的实际削减量	
	政府监管效率	政府监管标准	改革主体在规范行政执法规则与标准方面的实际工作量	
		政府监管行为	改革主体在制止执法乱象方面的实际工作量	
		政府监管方式	改革主体在推广"双随机、一公开"方面的实际工作量	
		政府监管机制	改革主体在开展跨部门综合监管方面的实际工作量	
		政府监管结果	改革主体在公开监管结果、接受监督方面的实际工作量	
	政务服务效率	一件事、一次办	改革主体切实做到"一件事、一次办"的事项数量	
		最多跑一次	改革主体切实做到"最多跑一次"的事项数量	
		就近办	改革主体切实做到"就近办"的事项数量	
		马上办	改革主体切实做到"马上办"的事项数量	
		网上办	改革主体切实做到"网上办"的事项数量	
		省内通办	改革主体切实做到"省内通办"的事项数量	
		跨省通办	改革主体切实做到"跨省通办"的事项数量	
改革效果	放出活力	生存力	"放管服"改革能够在多大程度上激发各类组织和个人的生命力,不断发展壮大	
		改造力	"放管服"改革能够在多大程度上减少政府干预,提升各类组织和个人的发展自主性	

续表

一级指标	二级指标	三级指标	指标内涵	重要程度
改革效果	放出活力	开放力	"放管服"改革能够在多大程度上提升对外开放水平,不受制于地方保护主义	
		吸引力	"放管服"改革能够在多大程度上增强对资本、劳动力等发展要素的吸引力	
		创新力	"放管服"改革能够在多大程度上提升发展的创新力,不断开发新技术	
		包容力	"放管服"改革能够在多大程度上促进不同类型的市场、社会主体的和谐共生	
	管出秩序	自由的进出秩序	"放管服"改革能够在多大程度上保障市场主体在准入和退出中的自由度	
		规范的生产秩序	"放管服"改革能够在多大程度上规范生产行为,避免生产事故的发生	
		公平的竞争秩序	"放管服"改革能够在多大程度上促进各类竞争的公平性,避免暗箱操作行为的出现	
		诚信的交易秩序	"放管服"改革能够在多大程度上保证各类交易中的诚信度,避免失信行为的发生	
		稳定的治安秩序	"放管服"改革能够在多大程度上维系社会治安的稳定	
	服出品质	服务环境满意度	"放管服"改革能够在多大程度上增强服务环境满意度	
		服务态度满意度	"放管服"改革能够在多大程度上增强服务态度满意度	
		服务指南满意度	"放管服"改革能够在多大程度上增强服务指南满意度	
		服务流程满意度	"放管服"改革能够在多大程度上增强服务流程满意度	
		服务内容满意度	"放管服"改革能够在多大程度上增强服务内容满意度	

续表

一级指标	二级指标	三级指标	指标内涵	重要程度
改革效果	服出品质	服务时限满意度	"放管服"改革能够在多大程度上增强服务时限满意度	
		服务成本满意度	"放管服"改革能够在多大程度上增强服务成本满意度	
		服务结果满意度	"放管服"改革能够在多大程度上增强服务结果满意度	
改革成本	人力投入	改革人员投入量	在"放管服"改革中,对改革人员的投入量	
	物力投入	改革设施投入量	在"放管服"改革中,对改革设施(如政务服务中心的自助服务系统等)的投入量	
	财力投入	改革资金投入量	在"放管服"改革中,因政策实施需要(如财政补贴等)而形成的资金投入量	
修改建议				

三、专家的基本情况

此调查仅用于学术研究，绝不泄露您的个人信息，请您根据个人的实际情况，将选项的序号填写在问题后的括号内，或在＿＿＿＿处将有关情况填写清楚。

1.您的性别（　　）[单选题]

A.男　　　　　　　B.女

2.您的年龄（　　）[单选题]

A.30岁及以下　　B.31~40岁　　　　C.41~50岁　　　　D.51~60岁

E.61岁及以上

3.您的最高学历（　　）[单选题]

A.博士　　　　　　B.硕士　　　　　　C.本科　　　　　　D.大专及以下

4.您的工作单位（　　）[单选题]

A.高等院校　　　　B.党政机关　　　　C.科研机构　　　　D.其他＿＿＿＿＿

5.您的专业技术职称（　　）[单选题]

　　A.正高级　　B.副高级　　C.中级　　D.初级　　E.无职称

6.您的专业背景（　　）[多选题，请您选出您所取得过的某一或某些领域的学位]

　　A.哲学　　　B.经济学　　C.法学　　　D.教育学　　E.文学
　　F.历史学　　G.理学　　　H.工学　　　I.农学　　　J.医学
　　K.军事学　　L.管理学　　M.艺术学

7.您的工作年限（　　）[单选题]

　　A.5年及以下　　　　　B.6~10年　　　　　　C.11~15年
　　D.16~20年　　　　　　E.21年及以上

8.本题须针对"内在潜能"和"外显效用"分别作答

　a.您对于"内在潜能"部分所咨询内容的熟悉程度（　　）[单选题]

　　A.非常熟悉　　　　　B.比较熟悉　　　　　C.一般
　　D.不太熟悉　　　　　E.完全不熟悉

　b.您对于"外显效用"部分所咨询内容的熟悉程度（　　）[单选题]

　　A.非常熟悉　　　　　B.比较熟悉　　　　　C.一般
　　D.不太熟悉　　　　　E.完全不熟悉

9.本题须针对"内在潜能"和"外显效用"分别作答

　a.您对本次调查中"内在潜能"部分的判断依据（请您根据自身情况，在相应的框内中打"√"。注：下表中3项判断依据均须填写）

判断依据	对专家判断的影响程度		
	大	中	小
实践经验			
理论分析			
直观感觉			

　b.您对本次调查中"外显效用"部分的判断依据（请您根据自身情况，在相应的框内中打"√"，注：下表中3项判断依据均须填写）

判断依据	对专家判断的影响程度		
	大	中	小
实践经验			
理论分析			

续表

判断依据	对专家判断的影响程度		
	大	中	小
直观感觉			

(问卷到此结束,非常感谢您的合作!)

附录 B
"地级市政府'放管服'改革效能评价指标体系构建"专家咨询问卷（第二轮）

尊敬的专家：

  您好！非常感谢您对本研究的指导，在您的支持下，第一轮专家咨询已经顺利完成，根据咨询结果和修改建议，我们设计了第二轮专家咨询问卷，现诚挚地邀请您参加，恳请您在百忙之中抽出时间，阅读、完成问卷填写工作，并在一周内返回。

  我们非常期待您的宝贵建议，敬请给予指导与帮助，在此由衷感谢您的支持！

东北大学
"地级市政府'放管服'改革效能评价指标体系构建"课题组

一、"放管服"改革内在潜能指标的重要度评价表

  根据第一轮的专家咨询结果和修改建议，我们对"内在潜能"的相关指标做出调整与优化，现针对4项一级指标、13项二级指标，再次向您征求意见，表1为一级指标的专家评议，表2为二级指标的专家评议。如果您认为某项指标<u>没有存在的必要</u>，需要删除，请在"重要程度"的框内写<u>0分</u>（0=删除），如果您认为某项指标<u>需要保留</u>，请您对其重要性做出判断，并在"重要程度"的框内写上相应分数（<u>1~5</u>），其中<u>1=不重要，2=不太重要，3=一般，4=重要，5=非常重要</u>。如有需要<u>修改或增加</u>的指标，请您<u>写在"修改建议"一栏</u>中。

表 1　内在潜能一级指标专家评议

	一级指标	指标内涵	重要程度
内在潜能	感知价值	改革者对"放管服"改革意义的感知	
	改革执行力	改革者对改革部署的落实能力	
	文化环境	改革推进过程中，行政组织的文化氛围	
	制度环境	改革的制度体系建设情况	
修改建议			

表2　内在潜能二级指标专家评议

一级指标	二级指标	指标内涵	重要程度
感知价值	政治价值	"放管服"改革对改善政府形象、提升公信力的意义	
	经济价值	"放管服"改革对改善营商环境、促进经济发展的意义	
	社会价值	"放管服"改革对提升人民群众获得感、幸福感、安全感的意义	
	自我价值	"放管服"改革对促进个人成长、提升职场竞争力的意义	
改革执行力	资源汲取能力	改革者汲取人力、财力、物力资源的实际水平	
	资源配置能力	改革者合理分配人力、财力、物力资源的实际水平	
	资源运用能力	改革者科学运用资源,提供公共产品和服务的实际水平	
文化环境	服务文化	行政组织展现出以人为本的服务理念	
	法治文化	行政组织展现出按章办事的法治理念	
	勤政文化	行政组织展现出尽职务实的勤政理念	
制度环境	制度的及时性	改革制度具有及时性,能够切实解决新问题、满足新要求	
	制度的稳定性	改革制度具有稳定性,没有朝令夕改现象	
	制度的适应性	改革制度具有韧性,能够有效地应对困难与诸多不确定性	
修改建议			

二、"放管服"改革外显效用指标的重要度评价表

根据第一轮的专家咨询结果和修改建议,我们对"外显效用"的相关指标做出调整与优化,现针对3项一级指标、9项二级指标、25项三级指标,再次向您征求意见,表3为一级指标的专家评议,表4为二级指标的专家评议,表5为三级指标专家评议。如果您认为某项指标没有存在的必要,需要删除,请在"重要程度"的框内写0分（0=删除）,如果您认为某项指标需要保留,请您对其重要性做出判断,并在"重要程度"的框内写上相应分数（1~5）,其中1=不重要,2=不太重要,3=一般,4=重要,5=非常重要。如有需要修改或增加的指标,请您写在"修改建议"一栏中。

表3 外显效用一级指标专家评议

一级指标	指标内涵	重要程度
改革效率	改革者在单位时间内完成的实际工作数量	
改革效果	改革预期目标的实现程度	
改革成本	为推进改革而支出的人力、物力和财力的总和	

外显效用

修改建议

表4 外显效用二级指标专家评议

一级指标	二级指标	指标内涵	重要程度
改革效率	行政放权效率	行政审批权下放的数量（行政放权改革是简政放权的核心举措）	
	政府监管效率	行政监管的及时性（政府监管改革是放管结合的核心举措）	
	政务服务效率	政务服务的及时性（政务服务改革是优化服务的核心举措）	
改革效果	放出活力	简政放权有助于激发、释放市场和社会的自我生存与自我发展能力	
	管出秩序	放管结合有助于规范市场和社会中的各类行为	
	服出品质	优化服务有助于提升政府服务质量，提升人民群众的满意度	
改革成本	人力投入	为推进"放管服"改革而投入的人员	
	物力投入	为推进"放管服"改革而投入的设施	
	财力投入	为推进"放管服"改革而支出的实际费用	

修改建议

表5 外显效用三级指标专家评议

一级指标	二级指标	三级指标	指标内涵	重要程度
改革效率	行政放权效率	内部放权	行政审批事项向下级政府的下移数量	
		外部放权	行政审批事项向市场和社会的转移数量	
	政府监管效率	问题识别	及时发现不良现象	
		问题处理	迅速制止不良行为	
	政务服务效率	一件事、一次办	做到"一件事、一次办"的事项数量	
		马上办	做到"马上办"的事项数量	
		网上办	做到"网上办"的事项数量	
		省内通办	做到"省内通办"的事项数量	
		跨省通办	做到"跨省通办"的事项数量	
改革效果	放出活力	生存力	激发了市场和社会的生命力	
		改造力	减少政府干预,提升市场与社会的发展自主性	
		开放力	提升对外开放水平,打破地方保护主义制约	
		吸引力	不断吸收、引进人才、资金等发展要素	
		创新力	不断开发新领域、新产品、新技术	
	管出秩序	自由的进出秩序	各类主体在准入和退出中的自由度	
		公平的竞争秩序	各类主体间竞争的公开、公正、公平性	
		诚信的交易秩序	各类主体诚实、守信地开展交易	
	服出品质	服务环境满意度	被服务者对服务环境的满意度	
		服务态度满意度	被服务者对服务态度的满意度	
		服务流程满意度	被服务者对服务流程的满意度	
		服务能力满意度	被服务者对业务熟练程度的满意度	
		服务结果满意度	被服务者对服务结果的满意度	
改革成本	人力投入	改革人员投入量	为推进"放管服"改革而投入的人员	
	物力投入	改革设施投入量	为推进"放管服"改革而投入的设施	
	财力投入	改革资金投入量	为推进"放管服"改革而支出的实际费用	
修改建议				

三、专家的基本情况

此调查仅用于学术研究,绝不泄露您的个人信息,请您根据个人的实际情况,将选项的序号填写在问题后的括号内。

1.您的性别（　　）[单选题]

A.男　　　　　B.女

2.您的年龄（　　）[单选题]

A.30岁及以下　　B.31~40岁　　C.41~50岁

D.51~60岁　　　E.61岁及以上

3.您的最高学历（　　）[单选题]

A.博士　　　　　B.硕士

C.本科　　　　　D.大专及以下

4.您的工作单位（　　）[单选题]

A.高等院校　　　B.党政机关　　C.科研机构

5.您的专业技术职称（　　）[单选题]

A.正高级　　　　B.副高级　　　C.中级

D.初级　　　　　E.无职称

6.您的专业背景（　　）[多选题,请您选出您所取得过的某一或某些领域的学位]

A.哲学　　　　B.经济学　　　C.法学　　　　D.教育学

E.文学　　　　F.历史学　　　G.理学　　　　H.工学

I.农学　　　　J.医学　　　　K.军事学　　　L.管理学

M.艺术学

7.您的工作年限（　　）[单选题]

A.5年及以下　　B.6~10年　　C.11~15年　　D.16~20年

E.21年及以上

8.本题须针对"内在潜能"和"外显效用"分别作答

a.您对于"内在潜能"部分所咨询内容的熟悉程度（　　）[单选题]

A.非常熟悉　　B.比较熟悉　　C.一般

D.不太熟悉　　E.完全不熟悉

b.您对于"外显效用"部分所咨询内容的熟悉程度（　　）[单选题]

A.非常熟悉　　B.比较熟悉　　C.一般

D.不太熟悉　　E.完全不熟悉

9.本题须针对"内在潜能"和"外显效用"分别作答

a.您对本次调查中"内在潜能"部分的判断依据(请您根据自身情况,在相应的框内中打"√",注:下表中3项判断依据均须填写)

判断依据	对专家判断的影响程度		
	大	中	小
实践经验			
理论分析			
直观感觉			

b.您对本次调查中"外显效用"部分的判断依据(请您根据自身情况,在相应的框内中打"√",注:下表中3项判断依据均须填写)

判断依据	对专家判断的影响程度		
	大	中	小
实践经验			
理论分析			
直观感觉			

(问卷到此结束,非常感谢您的支持!)

附录C
地级市政府"放管服"改革效能的问卷调查
（地级市政府公务员类）

尊敬的先生/女士：

您好！我们正在开展"地级市政府'放管服'改革效能评价"的研究工作，本调查旨在了解您对当地地级市政府"放管服"改革效能的真实想法。您的回答将为深入推进"放管服"改革提供重要参考。本问卷所有题项只可选择<u>一个答案</u>，对于您不知道或不了解的题目，可空下不填。本次调查以<u>匿名方式</u>进行，仅用于学术研究，并对问卷结果<u>严格保密</u>，恳请您在百忙之中抽出时间，根据您的<u>真实感受</u>客观作答，感谢您的大力支持！

东北大学
"地级市政府'放管服'改革效能评价"课题组

一、基本信息

1. 性　别：
A.男　　　　　　B.女

2. 年龄：
A.30岁及以下　　B.31～40岁　　　C.41～50岁　　　D.51～60岁
E.61岁及以上

3. 学历：
A.高中及以下　　B.专科　　　　　C.本科　　　　　D.研究生

4. 所在地区：_____省_____市

5. 行政级别：
A.厅局级及以上　B.县处级　　　　C.乡科级　　　　D.普通科员及以下
E.无[①]

6. 工作年限：
A.5年及以下　　 B.6～10年　　　 C.11～20年　　　D.21～30年
E.31年及以上

---
① 注：无，代表政府雇员。

二、"放管服"改革的内在潜能（说明：请结合您的工作经历及观察，从实际工作角度对下列有关地级市政府的表述做出判断，在相应的数字上打"√"，数字越大代表赞同度越高）

题号	您认为下列表述是否符合实际情况？	极不赞同	不赞同	较不赞同	中等程度	比较赞同	赞同	极其赞同
1	"放管服"改革对改善政府形象具有重要意义	1	2	3	4	5	6	7
2	"放管服"改革对促进经济发展具有重要意义	1	2	3	4	5	6	7
3	"放管服"改革对提升人民群众获得感、幸福感、安全感具有重要意义	1	2	3	4	5	6	7
4	工作中政府具备充足的人力、财力、物力资源	1	2	3	4	5	6	7
5	工作中政府能合理分配人力、财力、物力资源	1	2	3	4	5	6	7
6	工作中政府能科学运用人力、财力、物力资源来提供优质服务	1	2	3	4	5	6	7
7	工作中您能坚持以人为本的服务理念	1	2	3	4	5	6	7
8	工作中您能践行依法、依规办事的法治理念	1	2	3	4	5	6	7
9	工作中您能秉持尽职尽责、任劳任怨的勤政理念	1	2	3	4	5	6	7
10	改革制度具有及时性，能够切实解决现实问题	1	2	3	4	5	6	7
11	改革制度具有稳定性，没有朝令夕改现象	1	2	3	4	5	6	7
12	改革制度具有适应性，能够有效应对各种复杂因素	1	2	3	4	5	6	7

三、"放管服"改革的外显效用（说明：请结合您的工作经历及观察，从实际工作角度对下列有关地级市政府的表述做出判断，在相应的数字上打"√"，数字越大代表赞同度越高）

题号	您认为下列表述是否符合实际情况？	极不赞同	不赞同	较不赞同	中等程度	比较赞同	赞同	极其赞同
1	地级市政府向区级政府下放了应下放的审批事项	1	2	3	4	5	6	7
2	市政府取消了不必要的审批事项	1	2	3	4	5	6	7
3	监管部门能及时发现不良现象	1	2	3	4	5	6	7

续表

题号	您认为下列表述是否符合实际情况？	极不赞同	不赞同	较不赞同	中等程度	比较赞同	赞同	极其赞同
4	监管部门能迅速制止不良行为	1	2	3	4	5	6	7
5	服务事项能够做到"一件事、一次办"	1	2	3	4	5	6	7
6	服务事项能够做到"马上办"	1	2	3	4	5	6	7
7	服务事项能够做到"网上办"	1	2	3	4	5	6	7
8	具备省内异地办理条件的服务事项，能够做到"省内通办"	1	2	3	4	5	6	7
9	具备跨省份异地办理条件的服务事项，能够做到"跨省通办"	1	2	3	4	5	6	7
10	通过改革，各类组织（如企业、社会组织等）的活跃度不断增强	1	2	3	4	5	6	7
11	通过改革，减少政府过度干预，提升各类组织在发展中的自主性	1	2	3	4	5	6	7
12	本市的对外开放力度不断加大	1	2	3	4	5	6	7
13	本市对人才、投资的吸引力不断增强	1	2	3	4	5	6	7
14	通过改革，本市不断开发新材料、新设备、新技术、新工艺	1	2	3	4	5	6	7
15	企业、个体工商户等在行业准入和退出中的自由度不断提升	1	2	3	4	5	6	7
16	竞争中的公平、公正性不断提升	1	2	3	4	5	6	7
17	交易中的诚信度不断提升	1	2	3	4	5	6	7
18	办事环境不断改善	1	2	3	4	5	6	7
19	工作人员的服务态度不断提升	1	2	3	4	5	6	7
20	办事流程不断优化	1	2	3	4	5	6	7
21	工作人员对业务的熟练程度不断增强	1	2	3	4	5	6	7
22	通过改革，公民对办事结果的满意度不断增强	1	2	3	4	5	6	7
23	简政放权、放管结合、优化服务三项改革举措能够协调统一发展	1	2	3	4	5	6	7
24	伴随着改革的不断深入，简政放权、放管结合、优化服务三项改革举措的协同性在未来会越来越好	1	2	3	4	5	6	7

续表

题号	您认为下列表述是否符合实际情况？	极不赞同	不赞同	较不赞同	中等程度	比较赞同	赞同	极其赞同
25	改革中政府按照实际需求配备人员，没有人员的膨胀与冗余现象	1	2	3	4	5	6	7
26	改革中政府投入的各类设施得到广泛应用，没有闲置现象	1	2	3	4	5	6	7
27	改革中政府坚持少花钱、多办事	1	2	3	4	5	6	7

问卷到此结束，感谢您的支持，祝您工作顺利，开心、愉快！

附录 D
地级市政府"放管服"改革效能的问卷调查
（普通市民类）

尊敬的先生/女士：

您好！我们正在开展"地级市政府'放管服'改革效能评价"的研究工作，本调查的目的在于了解您对当地地级市政府"放管服"改革效能的真实想法。您的回答将为深入推进"放管服"改革提供重要参考。(注："放管服"改革是简政放权、放管结合、优化服务的简称，强调政府要把该放的权力放掉、该管的事务管好、该服务的服务到位，是我国深化行政体制改革的重大决策部署)。本问卷所有题项只可选择一个答案，对于您不知道或不了解的题目，可空下不填。本次调查以匿名方式进行，仅用于学术研究，并对问卷结果严格保密，恳请您在百忙之中抽出时间，根据您的真实感受客观作答，感谢您的大力支持！

东北大学

"地级市政府'放管服'改革效能评价"课题组

一、基本信息

1. 性别：

A. 男　　　　　　B. 女

2. 年龄：

A. 30 岁及以下　　B. 31~40 岁　　　C. 41~50 岁　　　D. 51~60 岁

E. 61 岁及以上

3. 学历：

A. 高中及以下　　B. 专科　　　　　C. 本科　　　　　D. 研究生

4. 所在地区：_____省_____市

5. 单位类型/身份：

A. 党政机关[①]　　B. 事业单位　　　C. 企业单位　　　D. 自由职业

E. 离退休　　　　F. 学生　　　　　G. 其他_____

[①] 注：党政机关中不包含地级市政府公务员。

6. 工作年限：
A.5年及以下   B.6～10年   C.11～20年   D.21～30年
E.31年及以上

二、"放管服"改革的内在潜能（说明：请结合您对政府的所见所闻以及去办事的亲身经历，从接受服务的角度对下列题目做出判断，在相应的数字上打"√"，数字越大代表赞同度越高）

题号	您认为下列陈述是否符合您所在地级市政府及其工作人员的实际情况？	极不赞同	不赞同	较不赞同	中等程度	比较赞同	赞同	极其赞同
1	政府认识到"放管服"改革对改善政府形象的重要意义	1	2	3	4	5	6	7
2	政府认识到"放管服"改革对促进经济发展的重要意义	1	2	3	4	5	6	7
3	政府认识到"放管服"改革对提升人民群众获得感、幸福感、安全感的重要意义	1	2	3	4	5	6	7
4	政府具备充足的人力、财力、物力资源	1	2	3	4	5	6	7
5	政府能合理分配人力、财力、物力资源	1	2	3	4	5	6	7
6	政府能科学运用人力、物力、财力资源，提供优质服务	1	2	3	4	5	6	7
7	您能感受到政府执政为民的服务意识	1	2	3	4	5	6	7
8	您能感受到政府依法、依规办事的法治观念	1	2	3	4	5	6	7
9	您能感受到政府勤政务实、任劳任怨的工作作风	1	2	3	4	5	6	7
10	改革制度具有及时性，能够切实解决现实问题	1	2	3	4	5	6	7
11	改革制度具有稳定性，没有朝令夕改现象	1	2	3	4	5	6	7

续表

题号	您认为下列陈述是否符合您所在地地级市政府及其工作人员的实际情况？	极不赞同	不赞同	较不赞同	中等程度	比较赞同	赞同	极其赞同
12	改革制度具有适应性，能够有效应对各种复杂因素	1	2	3	4	5	6	7

三、"放管服"改革的外显效用（说明：请结合您对政府的所见所闻以及去办事的亲身经历，从接受服务的角度对下列题目做出判断，在相应的数字上打"√"，数字越大代表赞同度越高）

题号	您认为下列陈述是否符合您所在地地级市政府及其工作人员的实际情况？	极不赞同	不赞同	较不赞同	中等程度	比较赞同	赞同	极其赞同
1	以前去地级市政府办的事，现在各区级政府就能办	1	2	3	4	5	6	7
2	通过改革，政府取消了不必要的审批事项	1	2	3	4	5	6	7
3	政府能及时发现不良现象，如生产、销售假冒伪劣产品等	1	2	3	4	5	6	7
4	政府能迅速制止不良行为，如生产、销售假冒伪劣产品等	1	2	3	4	5	6	7
5	服务事项能够做到"一件事、一次办"	1	2	3	4	5	6	7
6	服务事项能够做到"马上办"，不推诿、不拖沓	1	2	3	4	5	6	7
7	服务事项能够做到"网上办"	1	2	3	4	5	6	7
8	具备"省内通办"条件的服务事项，可在省内异地办理	1	2	3	4	5	6	7
9	具备"跨省通办"条件的服务事项，可跨省份异地办理	1	2	3	4	5	6	7
10	通过改革，各类组织（如企业、社会组织等）的活跃度不断增强	1	2	3	4	5	6	7
11	通过改革，减少政府过度干预，提升了各类组织在发展中的自主性	1	2	3	4	5	6	7
12	本市的对外开放力度不断加大	1	2	3	4	5	6	7
13	本市对人才、投资的吸引力不断增强	1	2	3	4	5	6	7

续表

题号	您认为下列陈述是否符合您所在地级市政府及其工作人员的实际情况？	极不赞同	不赞同	较不赞同	中等程度	比较赞同	赞同	极其赞同
14	通过改革，本市不断开发新材料、新设备、新技术、新工艺	1	2	3	4	5	6	7
15	企业、个体工商户等在行业准入和退出中的自由度不断提升	1	2	3	4	5	6	7
16	竞争中的公平、公正性不断提升	1	2	3	4	5	6	7
17	交易中的诚信度不断提升	1	2	3	4	5	6	7
18	政府的办事环境不断改善，让您在办事时感到舒适	1	2	3	4	5	6	7
19	工作人员能主动、热情、微笑地为您提供服务	1	2	3	4	5	6	7
20	政府的办事流程不断优化，不再需要您来回跑	1	2	3	4	5	6	7
21	去政府办事时，工作人员对业务的熟练程度不断增强	1	2	3	4	5	6	7
22	您对办事结果的满意度不断增强	1	2	3	4	5	6	7
23	简政放权、放管结合、优化服务三项改革举措能够协调统一发展	1	2	3	4	5	6	7
24	伴随着改革的不断深入，简政放权、放管结合、优化服务三项改革举措的协同性在未来会越来越好	1	2	3	4	5	6	7
25	改革中政府按照实际需求，配备人员，没有人员过剩现象	1	2	3	4	5	6	7
26	改革中政府投入的各类设施（如政务服务中心的自助服务系统等）得到广泛应用，没有闲置现象	1	2	3	4	5	6	7
27	改革中政府坚持少花钱、多办事	1	2	3	4	5	6	7

问卷到此结束，感谢您的支持，祝您工作顺利，开心、愉快！